水谷彰良
Akira Mizutani

美食家ロッシーニ

食通作曲家の愛した料理とワイン

Rossini Gourmet

春秋社

（エティエンヌ・カルジャ撮影、1862年頃。筆者所蔵）

ロッシーニの肖像写真

ネクタイピンはヘンデルのメダル付。内ポケットに収めたタマネギ型の懐中時計の鎖に鼻眼鏡をぶら下げている。

写真提供：「イル・カンピエッロ」（オーナーシェフ 内野 誠）

トゥルヌド・ロッシーニ

古典料理の精華とされるロッシーニの代表的な創作料理
（トゥルヌドは牛フィレ肉の心部と隣接する希少部位）

標準的なレシピ

厚さ２センチほどの牛フィレ肉を４枚用意し、まわりを細紐で縛って形を保つ。塩、胡椒を振り、バターで両面を返し焼きする。トゥルヌドと同じ厚さのパンのクルトン４枚をバターで揚げ、食卓へ出す皿に並べる。それぞれのトゥルヌドの上にバターで返し焼きしたフォアグラのエスカロップ一枚とトリュフの薄切り３枚をのせ、クルトンの上に並べる。肉の焼き汁にカップ半杯のマデイラ酒かマルサラ酒を混ぜてトゥルヌドにかける。熱いところを供する。

☞ ロッシーニの料理（50のレシピ）

写真提供：「イル・カンピエッロ」（オーナーシェフ 内野 誠）

トリュフ詰め七面鳥、ロッシーニ風

ロッシーニの大好物のトリュフ詰め七面鳥については愉快な逸話が残されている。詰め物に関しては謎だったが、近年「トリュフと栗（マロン）を詰めた七面鳥」のロッシーニ自筆レシピが発見された。

ロッシーニの自筆レシピ

栗を鍋に入れ、ラードまたは鶏脂で少し炒め、取り出して皮をむき、細かく切ったトリュフに加える。（加熱後）最後に上質な腸詰を取って挽き、前記のものと混ぜ合わせ、とろ火で（少し）煮たその詰め物のすべてを食べる前日に七面鳥に詰め、ローストする。

☞ ロッシーニの料理（50のレシピ）

写真提供：「イル・カンピエッロ」（オーナーシェフ 内野 誠）

注入したマカロニ、ロッシーニ風

ロッシーニが1857年頃に創作したマカロニ料理の傑作。銀もしくは象牙の注入器でフォアグラとトリュフの詰め物をマカロニに注入し、グラタンに仕上げる。

標準的なレシピ

ナポリ産のマカロニをゆで、水気をよく切っておく。フォアグラ、トリュフ、ヨークシャー・ハムのクリームをベシャメル・ソースでなめらかにした詰め物を用意する。それを銀の注入器の助けをかりてマカロニの穴に詰め、かまどに入れる皿に並べる。バター、上質のトマト、パルメザン・チーズで調理し、数分でグラタンになったら供する。

☞ ロッシーニの料理（50のレシピ）

写真提供：北九州市 千草ホテル「フランス料理 ミル・エルブ」
（初代総料理長 山縣 厚。1992年撮影）

鳩、ロッシーニ風

ロッシーニ風の名称は、牛のフィレ肉以外にもジビエや若鶏、舌平目などさまざまな食材の料理に用いられる。これはロッシーニ風の鳩料理。

標準的なレシピ

白鳩を３羽用意し、内蔵を抜いて清潔にしてからラードの薄切り１枚に包む。次に新鮮な豚の膀胱の中に、鳩肉、塩ひとつまみ、種をとったレモンの果肉１個分、マルサラ酒カップ半杯を詰める。細紐で膀胱をがま口のようにしっかり括り、塩を入れた水４リットルに入れ、蓋をして約１時間半ぐつぐつと煮る。膀胱を取り出し、鳩を１枚の皿に盛りつけ、上からスープを注いで供する。

☞ **ロッシーニの料理（50のレシピ）**

（1858年。ルーヴル美術館所蔵）

パスタを調理するロッシーニ

☞ V 美食家ロッシーニのカリカチュア

（1860年。カルナヴァレ博物館所蔵）

マカロニ皿の上のロッシーニ

☞ V 美食家ロッシーニのカリカチュア

（1867年７月４日付『ル・アンヌトン』フランス国立図書館所蔵）

ロッシーニのカリカチュア

中央左にロッシーニが調理に使用した注入器が描かれている。

☞ IIの ロッシーニのマカロニ注入器

美食家ロッシーニ　目次

はじめに

ロッシーニは味覚の法則を究めた第一人者で、ブリア゠サヴァランにもひけをとらぬ大家である。
（バルザック『近代興奮剤考』）[1]

日本のクラシック音楽愛好家がロッシーニと聞いてすぐに思い出すのは、《セビーリャの理髪師》と《ウィリアム・テル〔ギョーム・テル〕》の序曲だろう。その一方、「ロッシーニ風ステーキ」に名を残す食通と理解している人も多いはず。コロナ禍で外食業界が大打撃を受ける前の日本の高級ホテルとレストランでは、トリュフ、フォアグラ、牛フィレ肉を用いた「ロッシーニ風ステーキ」がクリスマス・ディナーのメインディッシュだったからである。

一例として、東京、神奈川、名古屋、大阪、福岡に展開するレストラン、キハチ（KIHACHI）が二〇一五年一二月に実施した「Chef's Best Rossini」を挙げておこう。これは七人のシェフがそれぞれテーマを決めて各店で個性的なロッシーニ料理を供する催しで、こう説明されていた――「料理の創造に情熱を注いだイタリアの美食作曲家ロッシーニ。彼がこよなく愛した、トリュフ、フォワグラ、牛肉を使った代表的な料理〝ロッシーニ〟に、KIHACHIの七人のシェフがそれぞれの想い

キハチが実施した「Chef's Best Rossini」の宣伝写真（2015年）

デニーズの「大麦牛フィレとフォアグラのロッシーニ風」

カルビーのポテトチップス「牛肉とフォアグラのロッシーニ味」（2015年春に限定販売）

を込めて、世界でたった一つの一皿を作りました。〔中略〕二〇一五年クリスマス限定、KIHACHIならではの遊び心溢れるクリスマスコースです[2]」。カルビーが期間限定でポテトチップス「牛肉とフォアグラのロッシーニ味」を発売したのも二〇一五年で、時代を遡ると二〇〇〇年にファミリーレストランのデニーズが冬の限定特別メニューに「牛フィレ肉のロッシーニ風」を発売して好評を博し、二〇一四年冬まで何度もメニューを飾ってきた。その結果、オペラと無縁な人々にも贅沢なステーキの代名詞として「ロッシーニ風」が認知されたのである。

美食家ロッシーニの名を日本で広めるきっかけとなったのが、一九九三年に初版が出版された拙著『ロッシーニと料理』（透土社。発売：丸善）である。副題は、「オペラを作曲した美食家の生涯、逸話、音楽、書簡、料理」。これは美食家ロッシーニとその料理に関する情報を網羅する世界初の試みで、二〇〇〇年に追補新版も出版されたが、版元の倒産により絶版となっていた。

その後オンデマンド出版の申し出もあったが、一九九三年が初出の本の複製は受け入れがたく、お断りせざるを得なかった。世界のロッシーニ研究が生誕二〇〇年の一九九二年を起点に新たな時代を迎え、それ以前の文献や言説を批判的考証なしに踏襲しえなくなったからだ。美食についても同様で、典拠不明の逸話もその初出を特定して真偽を見極める必要がある。近代のロッシーニ復興はオペラ作曲家としての再評価を第一に、クリティカル・エディションの作成を中心に進められたが、その過程で三七歳の若さでオペラの筆を折った後も七六歳で亡くなるまで時代の先端をゆく作曲家だったと理解され、系統的な調査を通じて一九世紀の最も重要な文化人としての見直しが加速した。これに伴い、存在しないと思われた自筆レシピを含むさまざまな資料の発見があり、美食家としての側面にも新たな光が当てられるようになったのである。

筆者も研究者の一人として調査を続け、ロッシーニのトリュフ・サラダのレシピや逸話の初出とその流布、ヴァーグナーが自伝に記したロッシーニが出元とされる警句とこれを掲載した新聞を特定して日本ロッシーニ協会の紀要に発表するとともに、海外の研究者にも報告済みである。

『ロッシーニと料理』初版
(1993年)

本書はこうした過去三〇年間の個人研究に基づくリニューアル版であり、旧著の章立てと文章の一部を残しながらも記述を全面的に改めた。そしてロッシーニの書簡、一九世紀の新聞、デュマ（父）、バルザック、ハイネの文学作品からの引用を増やし、逸話についても典拠と異同を明らかにして出典を注記した。旧著で出典不明とした「トリュフはきのこのモーツァルトである」などの広く知られた言葉もドイツの作家による捏造とし、「引退後にロッシーニがボローニャで豚を飼育した」「パリでレストランを開いた」事実が無いことも今回明らかにしておいた。けれどもこうした言説が彼に帰せられ、伝説化したのは紛れもない事実である。天才作曲家、一九世紀の最も特異な文化人として注目され続けたロッシーニだからこそ、誤解や中傷の的であり続けたのだ。こうした現象は大作曲家としての評価が決定的になった現在も同様で、ロッシーニに関するフェイクニュースがインターネット上に溢れかえっている。

存命中のロッシーニはそうした事態を嘆きながらも面白がり、みずから伝説化に一役かったふしがある。警句と会話の達人である彼は、自分が気の利いた冗談を言えばただちにパリの新聞に載り、アレンジされて世界各国の新聞に転載されることを知っていたのだ。一八六七年に《ローエングリン》に関してドイツ人作曲家エーミル・ナウマンに語った「ヴァーグナー氏の音楽には美しい瞬間がある。でもあいにく一五分だけ！」もその一つで、すぐに人の知るところとなり、翌年にはアマチュア作曲家のオペレッタの感想を求められたナポレオン三世が返答をためらい、「私は音楽に関して詳しくありません。でも私はそれをロッシーニがヴァーグナーの音楽について言った、〈美しい瞬間がある。でも、あいにく一五分だけね！〉だと思います。ともあれ、とてもきれいでしたが」と答えたのである。(3)

本書で明らかにするように、ロッシーニはオペラ作曲家として活動する間に美食に目覚め、時代最高の料理人カレームとの交遊を通じて「筋金入りの食通」との名声を得た。バルザックが「ロッシーニは味覚の法則を究めた第一人者で、ブリア＝サヴァランにもひけをとらぬ大家」と書いたのは一八三九年、ロッシーニ四七歳のときである。それゆえ彼の美味愛好を早すぎる引退の謎解きに利用し、「食卓の喜びを満喫するために音楽の筆を折った」とする言説が繰り返されてきた。だが、これも伝説にすぎぬことは、彼が最後まで時代の最前線に立つ作曲家だったことでも明白である。次にその生涯を略述しておこう。

時代を駆け抜けた天才ロッシーニ

モーツァルトの死から二か月半後の一七九二年二月二九日、ジョアキーノ・ロッシーニ（Gioachino Rossini, 1792-1868）はアドリア海に面した中部イタリアのペーザロで生まれた。一四歳でボローニャの音楽学校に入学し、一六歳で作曲した六曲の弦楽四重奏曲により早熟な才能を現すと、一八歳で最初の歌劇を作曲した。オペラ作曲家としての活動は一八一〇〜二九年の二〇年間。全三九作のうち《セミラーミデ》までの三四作がベートーヴェンの交響曲第六番と第九番の間に書かれたので後期古典派に属するが、デビュー作《結婚手形》から三七歳で完成した《ギヨーム・テル》までに遂げた進化は通常の音楽史の半世紀分に相当し、その意味でも時代を駆け抜けた天才と言える。手がけたジャンルは、ファルサ、オペラ・ブッファ、オペラ・セリア、オペラ・セミセリア、フランス語のグラントペラである。一連の古典的形式を順次制覇する足跡を手短に追ってみよう。(4)

ヴェネツィア初演の一幕ファルサで世に出たロッシーニは一八一二年に《幸せな間違い》で最初

若き日のロッシーニの肖像
（ロッシーニの家所蔵）

の成功を得ると、同年ミラノ・スカラ座でオペラ・ブッファ《試金石》を初演し、一躍脚光を浴びた。翌年初演した《アルジェのイタリア女》は後世の研究者から「音楽のシュルレアリスム」と呼ばれる奇想に富み、二三歳で作曲した《セビーリャの理髪師》（一八一六年）、シンデレラ物語を題材とする《ラ・チェネレントラ》（一八一七年）で不朽の名声を得ると、このジャンルを卒業した。続いて喜劇的人物を交えたシリアスなオペラ・セミセリアに関心を移し、《泥棒かささぎ》（一八一七年）の名作を生んだが、現在は一八一五年から七年間にナポリのサン・カルロ劇場で時代最高の歌手を得て作曲したオペラ・セリアの革新性が高く評価される。デズデーモナ殺害とオテッロの自害を舞台上で写実的に描く《オテッロ》（一八一六年）、旧約聖書に基づく宗教劇《エジプトのモゼ》（一八一八年）、狂乱オペラの先駆をなすラシーヌ原作の《エルミオーネ》（一八一九年）、ロマンティック・オペラの出発点となる《湖の女》（一八一九年）、劇と音楽を高次に統合した《マオメット二世》（一八二〇年）がそれである。

　ロッシーニ時代のイタリアではフランス支配の影響でカストラートが追放され、その代わりを務める女性コントラルトが台頭した。低声女性歌手の豊潤な声と技巧に魅せられた彼はこれを喜歌劇のヒロインに据え、ナポリ時代のオペラ・セリアでは後に最初の妻となるスペイン人ソプラノ、イザベッラ・コルブランを絶対的な主役に、頭声やファルセットを駆使して超高音を歌うテノールを最大限に活用した。かくして高度な声楽技巧を極限まで開花させたロッシーニは古典的造形美の頂点をなす《セミラーミデ》（一八二三年）に到達し、イタリアでのキャリアもここで閉じられる。フランス政府の求めでパリに活動の場を移した彼は、国王シャルル一〇世の戴冠を祝う《ランスへの旅》（一八二五年）を経て、パリ・オペラ座で四つのフランス語の歌劇を初演した。その最後が自由を希求する民衆の闘いを壮大なスケールで描き、ロマン主義的グラントペラの扉を開いた《ギヨーム・テル》（一八二九年）である。

ロッシーニはその後も四つの新作オペラを書く契約をフランス王室と結んでいたが、一八三〇年パリで七月革命が勃発し、その未来を絶たれてしまう——新王ルイ・フィリップが旧王室との契約を無効としたのだ。ロッシーニはオペラの筆を折ったと公言してパリにとどまり、年六〇〇〇フランの終身年金の支払いを求める訴訟を起こした。そして非公開の約束で《スタバト・マーテル》第一稿（一八三二年）を作曲、サロン音楽家として人気を博すと歌曲・重唱曲集《音楽の夜会》（一八三五年）を出版した。勝訴して帰国し、ボローニャで引退生活に入ったのは一八三六年、四四歳のとき。母校の名誉校長となり、パリで最も美しい高級娼婦といわれたオランプ・ペリシエを二人目の妻に迎えた彼は、悠々自適の余生を送ることにした。

イザベッラ・コルブランの肖像
（ミラノ・スカラ座博物館所蔵）

ここで人生を終えても、ロッシーニは後世に偉大な作曲家として名を残したに違いない。だが、彼には栄光に満ちた晩年があった。一八五五年に再度パリに移住して創作意欲がよみがえり、私的演奏の目的で作曲した一五〇曲にのぼるピアノ曲と声楽曲を毎週土曜日に催す音楽の夜会で披露し、音楽界にセンセーションを巻き起こしたのだ。「競争相手のいない四流ピアニスト」と自称するロッシーニが作曲したのは《ロマンティックな挽肉》《バター》《干しぶどう》《痙攣前奏曲》《不吉なワルツ》《喘息練習曲》など風変わりな題名のピアノ曲や、みずから考案して中国音階と名付けた半音の無い全音音階の歌曲である。

《老いの過ち》と総題された晩年の作品は斬新な着想と和声法でフランス近代音楽に影響を与えると共に、ビゼーやサン゠サーンスといった若き才能を世に送り出す手助けもした。ベルカントの喪失を嘆き、叫ぶような歌唱を嫌ったロッシーニはヴェルディとヴァーグナーのオペラを忌避したが、《リゴレット》の四重唱を夜会で演奏させ、《ローエングリン》の独創性を評価した。皮肉屋で権力にへつらうことがなかった彼は、シャルル一〇世からナポレオン三世まで三代のフランス王からレジョン・ドヌール勲章を授与されながら、「勲章よりもソーセージをもらった方が嬉しい」と公言して憚らなかった。

そんな変人でもあるロッシーニが《小ミサ・ソレムニス〔小荘厳ミサ曲〕》（一八六三年）とその管弦楽伴奏版を遺してパリ近郊パシーで没したのは、明治維新の年でもある一八六八年一一月一三日。その報に接したヴァーグナーは追悼文の中で「私がこれまで芸術界で出会った最も偉大で真に尊敬に値する人間」と称え、ヴェルディは《ロッシーニのためのミサ曲〔レクイエム〕》の共作を一二人の作曲家に呼びかけた。子どものいないロッシーニは自分の遺産を基にペーザロに音楽学校を設立するよう指示し、現在のロッシーニ音楽院が誕生する（一八八二年開校）。困窮した引退オペラ歌手のための老人ホームも彼の遺言と遺産によりパリ公立病院に併設され（一八八九年開所）、現在もカトリック牧師病院連合によって運営されている。

ロッシーニのオペラの特質は歌の技巧を極限まで高めた華麗な声楽様式と機知に富む管弦楽の高次の融合にあったが、その人気はドラマを重視するヴァーグナーとヴェルディの時代に急落し、プッチーニが活躍する二〇世紀初頭には《セビーリャの理髪師》を代表作とする軽薄な喜歌劇作曲家として記憶されたのだった。復活が本格化するのは一九七九年に出版が始まるロッシーニ財団の全集版と、翌八〇年に生誕の地ペーザロで開始されたロッシーニ・オペラ・フェスティヴァルのおかげで、ベルカント歌手の復興もここで始まった。二〇一七年にはイタリア上院議会においてロッシーニ没後一五〇年を祝う特別法案が可決され、「人類の偉大な価値、自由、愛、生と死の意味、大いなる人間の情熱を普遍的言語の音楽により独創的かつ無類の力で表現した偉人」を称えるべく、二〇一八年がロッシーニ年（anno rossiniano）と宣言されている。

ロッシーニの写真（エルヴィン兄弟撮影、筆者所蔵）

かくしてロッシーニとその作品の意義が再認識されたかに思われるが、二〇二三年の時点で全三九のオペラうち全集版の既刊は二九作にとどまり、一九九二年に出版が始まったロッシーニ財団の『書簡とドキュメント集』もその完結にはなお長い時を要する。それゆえロッシーニの生涯と業績を正しく理解し、再構築できるようになるのはまだ先の話なのである。

美食家ロッシーニ——食通作曲家の愛した料理とワイン

I　ロッシーニの自筆メニュー

田舎の奥まった所には、ペチコートをつけたカレームともいうべき知られざる天才女料理人たちがいて、単純ないんげん豆の料理を作らせても非のうちどころのない料理を前にうなずく癖のあるロッシーニを、そうさせずにおかぬ術を心得ている。

（バルザック『ラ・ラブイユーズ』[1]）

ヨーロッパにおける味覚の大使

ロッシーニが好んだ食品と料理は世界各国に及び、産地や特定の店とも結びついていた。ナポリ産のマカロニ、アスコリ・ピチェーノのオリーヴとトリュフ、ボローニャのモルタデッラとトルテッリーニ、モデナのベッレンターニの店のザンポーネ、コテキーノ、司祭帽、ストラスブールのパテ、ナポリ風ゼッポレ、ゴルゴンゾーラ、イギリスのスティルトンとチェダーチーズ、ミラノのビッフィのパネットーネ、モデナのバルサミコ酢、シャンパーニュ、ボルドーワイン、ドイツのラインワイン、ポルトガルのマデイラ、スペインのアリカンテ、ストラスブールのビール……書簡や自筆メニュー、注文書に登場する食品と飲み物をざっと挙げても二〇を超える。これに逸話で言及されるトリュフ詰め七面鳥、牡蠣、アスパラガス、シャトー・ラフィット、ガスコーニュのイワシを足しても不充分。ロッシーニの創作とされる料理も一覧表に加えなければならないからである。現代の研究者ジュゼッペ・ジョヴァネッティは、ロッシーニが国境を越えて食材と美味を愛し、その普及にも貢献したことから、著書『ロッシーニ、洗練された美食（*Rossini, raffinato gourmet*）』の副題に「ヨーロッパにおける味覚の大使（*Ambasciatore del gusto europeo*）」の称号を捧げている。(2)

以上の食品と料理については逐次紹介することにし、本章では現存するロッシーニの自筆メニューを明らかにし、ロッシーニの食卓の豊かさとそれに要した配慮、料理の構成を見ておこう。それはまた、彼の美食を裏づける貴重な証拠でもある。続く食の逸話はロッシーニの人となりを理解する手がかりであるとともに、美食伝説を形成した素材がどのように語られ、流布したかを教えてくれる。作り話と思われる逸話に一抹の真実があり、事実として語り継がれる話が事実無根であるところに虚実取り混ぜた伝説たる所以があるが、私はそうした伝説を生んだロッシーニという人物の不思議さを思わずにはいられない。彼は人々に自分を美食家と印象づけながら、みずから生み出した食通のイメージを皮肉な面持ちで見つめる人間でもあったのだ。それゆえ虚構と思われる逸話にも、真実の一端が見出せるのである。

現存する六つのロッシーニ自筆メニュー

ロッシーニが自分の晩餐会でどんな料理を食べ、何を飲んでいたかについては、現存する彼の自筆メニューが最も重要な一次資料となる（自筆レシピについては「ロッシーニの料理（50のレシピ）」で明らかにする）。自筆メニューは旧著初版に三種掲げ、新版に二種追加したが、現在は新たに発見されたメモ書きを含めて六点確認しうる。

六種のメニューのうち三つ（以下①〜③）はフィレンツェのロレンツォ・メディチ図書館（Biblioteca Medicea Laurenziana di Firenze）、一つはパリ公立病院連合アーカイヴ（Archives de Assistance Publique de Paris）に所蔵され、残る二点は個人コレクションとなっている[3]。文字はイタリア語もしくはイタリア語化したフランス語で誤字を含み、書かれた年代は不明である。

ロレンツォ・メディチ図書館所蔵の①は前菜にマカロニ、赤身のハム、ザンポーネ（モデナ特産の豚肉加工品。Ⅳの項目「ザンポーネ、コテキーノ、司祭帽」参照）をマデイラ酒で食し、番号を付された一一の料理はフライ、魚、肉、シチューと盛り沢山の内容で、料理に合わせて各国のワインが組み合わされている。

メニュー①に掲げられたワインは次の六種で、産地は五か国に及んでいる。

マデイラ（Madeira ロッシーニの表記は Madera）――ポルトガル領マデイラ島産の甘口ワイン。食前酒として飲まれるほか料理酒としても使われる。

ボルドー（Bordeaux ロッシーニの表記は Bordò）――フランス南西部ボルドー地方でつくられるワインの総括的な名称で、メドック、グラーヴ、サン＝テミリオン他の分類名称がある。ロッシーニが好んだ銘柄については本書Ⅲの「ロッシーニとワイン」の項目にゆずる。

レーノ（Reno［ライン Rhein］）――ライン川流域でつくられるドイツ・ワインのイタリア語の呼称。ロッシーニはドイツ旅行でこれに夢中となり、精通していた。

シャンパーニュ（Champagne ロッシーニの表記は Schiampagne）――フランスのシャンパーニュ地方でつくられる発泡性の白ワイン。日本ではシャンパンとも称される。

アリカンテ（Alicante）――スペイン・バレンシア州のアリカンテ県を中心につくられる甘口ワイン。

ラクリマ（Lacrima）――不明。マルケ州を中心に古代の黒ブドウ品種でつくられるモッロ・ダルバの涙（Lacrima di Morro d'Alba）もしくはナポリのヴェズヴィオ山の丘陵でつくられるキリストの涙（Lacryma Christi）のどちらかと思われる。

フィレンツェに現存するもう一つのメニュー②は、どちらもキャヴィア（チョウザメの卵巣の塩漬）とボッタルゲ（ボラやマグロの卵巣の塩漬）の珍味を前菜に含む点で①と異なる。ロッシーニは1〜4（3と4の番号を逆に記載）の後に新たに1〜4の番号を与えて前半と後半に分けているが、六種のワインとその順序はおおむねメニュー①と一致する。

フィレンツェに現存する残る一つ③は前菜のキャヴィアとボッタルゲが②と同じで、番号の代わりに五か所に×を付け、ワインの記載がない。

以上のメニューに比して品数の少ないのが、パリ公立病院連合アーカイヴ所蔵のメニュー④であ

自筆メニュー①

以下、原語表記はロッシーニの記載に準拠。

	マケローニ［マカロニ］	
	サルーメ・ディ・マーグロ［赤身のハム］	マデラ
	ザンポーネ	
1	フリット［フライ］	ボルドー
2	ペーシェ［魚］	
3	フィレッティ・ディ・ポッロ［鶏のフィレ肉］	
4	ストゥファート［煮込み料理］	
5	パスティッチョ・リフレッド［冷製パイ］	レーノ
6	ロッソ・エ・インサラータ［卵の黄身とサラダ］	シャンパーニュ
	ポンチェ［ローマ風アイスクリーム。下記メニュー③の略称と推測］	
7	タルトゥーフィ・アッラ・ボロニェーゼ［ボローニャ風トリュフ］	
8	えんどう豆のバターあえ	
9	ドルチェ・カルド［ケーキ］	
10	果物、チーズ等々	アリカンテ
11	ジェラート［アイスクリーム］	ラクリマ

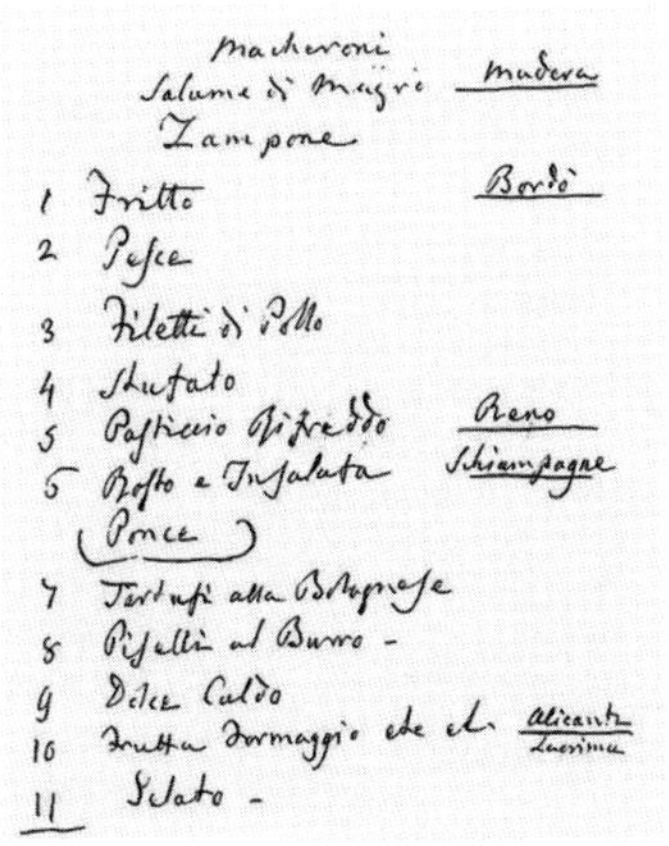

	Macheroni	
	Salume di magro	Madera
	Zampone	
1	Fritto	Bordò
2	Pesce	
3	Filetti di Pollo	
4	Stufato	
5	Pasticcio rifreddo	Reno
6	Rosso e Insalata	Schiampagne
	Ponce	
7	Tartufi alla Bolognese	
8	Piselli al Burro	
9	Dolce Caldo	
10	Frutta Formaggi, etc etc.	Alicante
11	Gelato	Lacrima

自筆メニュー②

マケローニ

プロシュット、キャヴィア、ボッタルゲ、バター

1　さまざまなフライ　マデラ

2　魚

4　ストゥファート　ボルドー

3　プロシュット

ポンチェ　―

1　パルメザン・チーズのパニエリーニ

2　えんどう豆のバターあえ　レーノ

3　ボローニャ風オムレツ

4　ツグミの赤身、煮野菜のサラダ　シャンパーニュ

ドルチェ・カルド　―

果物、レモンとバターのジェラート

ラクリマ

マデラ、ボルドー、レーノ、シャンパーニュ、アリカンテ

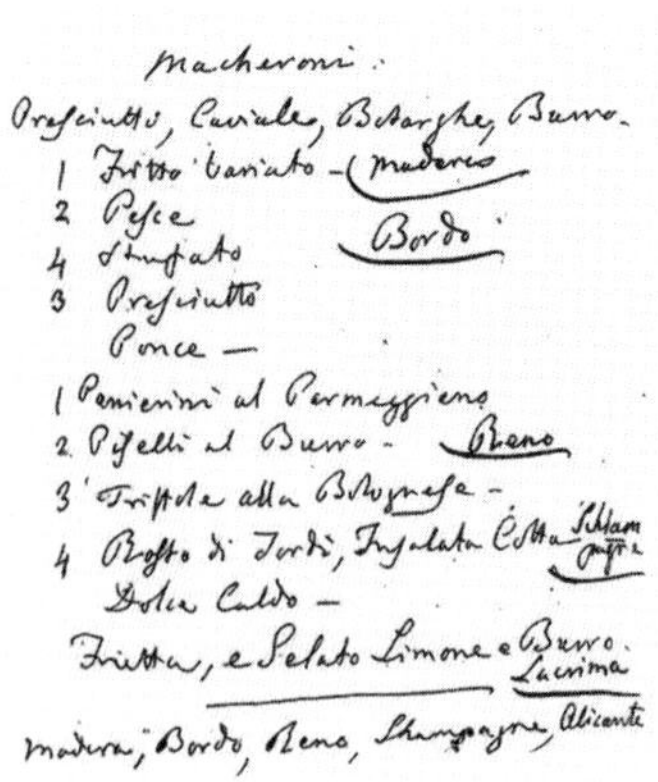

Macheroni

Prosciutto, Caviale, Bottarghe, Burro

1　Fritto variator　Madera

2　Pesce

4　Stufato　Bordò

3　Prosciutto

Ponce ―

1　Panierini al Parmeggiano

2　Piselli al Burro　Reno

3　Frittate alla Bolognese

4　Rosso di Tordi, Insalata Cotta　Schiam-pagne

Dolce Caldo

Frutta, e Gelato Limone e Burro

Lacrima

Madera, Bordo, Reno, Shiampagne, Alicante

自筆メニュー③

マケローニ
キャヴィア、マグロ、ボッタルゲ、バター
ザンポーネ
フリット
×　魚、ポルト酒のソース付き
×　鶏のフィレ肉、オムレツ付き
ストゥファート
ローマ風ポンチェ
豆
ボローニャ風オムレツ
×　ストラスブールのパスティッチョ、ゼリー寄せ
ヤマシギのロースト、オマール・エビのサラダ
×　ドルチェ
×　ジェラート
果物　等々

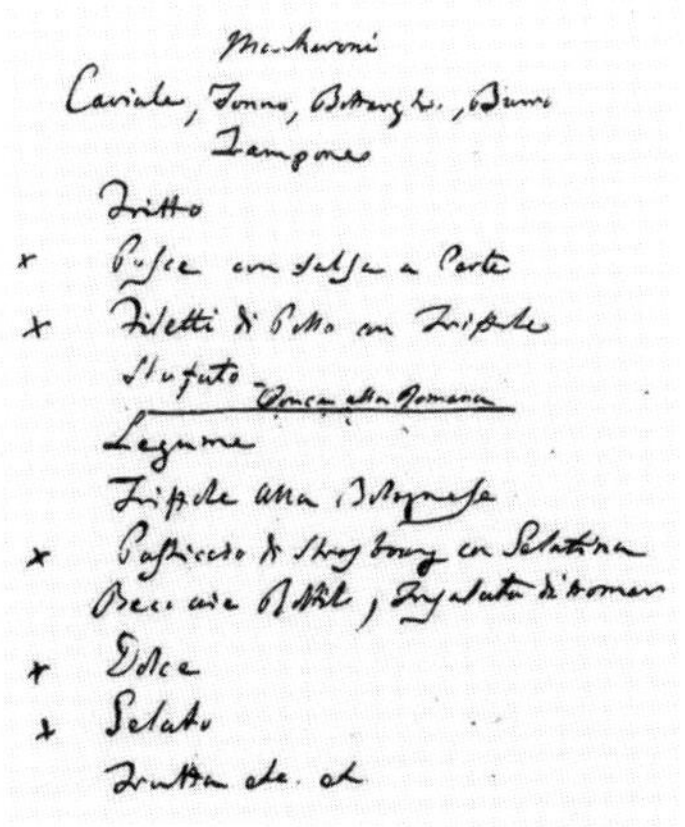

Macheroni
Caviale, Tonno, Bottarghe, Burro
Zampone
Fritto
×　Pesce con salsa a Porto
×　Filetti di Pollo con Frittate
Stufato
Ponce alla Romana
Legume
Frittate alla Bolognese
×　Pasticcio di Strasbourg con Gelatina
Beccaccie Rostite, Insalata d'homar[4]
×　Dolce
×　Gelato
Frutta etc etc

る。

五つ目のレシピはフランス銀行頭取アレクシス・ピエ＝ヴィル伯爵宛の招待状に書かれた献立で、家庭の小晩餐のメニュー（Menu d'un petit diner de famille）と付記されている（パリの個人コレクション）。(5)

六つ目はイギリスの古書店で売却されたメモ書きで、デジタル複製がペーザロのロッシーニの家で公開されている。そこに書かれているのは上から、リゾット、コテキーノ、フリット、魚、マカロニのパスティッチョ、少し間を空けて、バターと＊＊＊［判読できず］のマカロニ、コテキーノ、フリット・ヴァリアート、米を添えた鶏、ウズラの＊＊＊、カルチョーフィの＊＊＊と続く。(6) 他の五つのメニューが正式なコース料理であるのに対し、これが主菜のメモ書きであることは、活字が印刷された紙の裏に大急ぎで書かれたことでも分かる。(7)


以上六種が現存するロッシーニ自筆メニューのすべてであるが、料理の豊富さ、イタリアとフランスの食材の巧みな配合に、アンフィトリオン（饗応する主人）の面目躍如たるものがある。料理とワインの組み合わせにも「筋金入りの食通」（ジャン＝フランソワ・ルヴェル『美食の文化史』）ならではのこだわりがあり、ロッシーニの美食が伝説や自己演出でないことの証明といえよう。

自筆メニュー④

マケローニ
サルーミ・ディ・マーグロ　マデラ
ザンポーネ
マデラ
魚　―　ボルドー
フィレット　―
ボルドー　パスティッチョ　レーノ
きのこ
レーノ　七面鳥
~~シャンパーニュ~~　シャンパーニュ
ドルチェ
フォルマッジョ
~~シャンパーニュ~~　ヴィッラ・コッレ

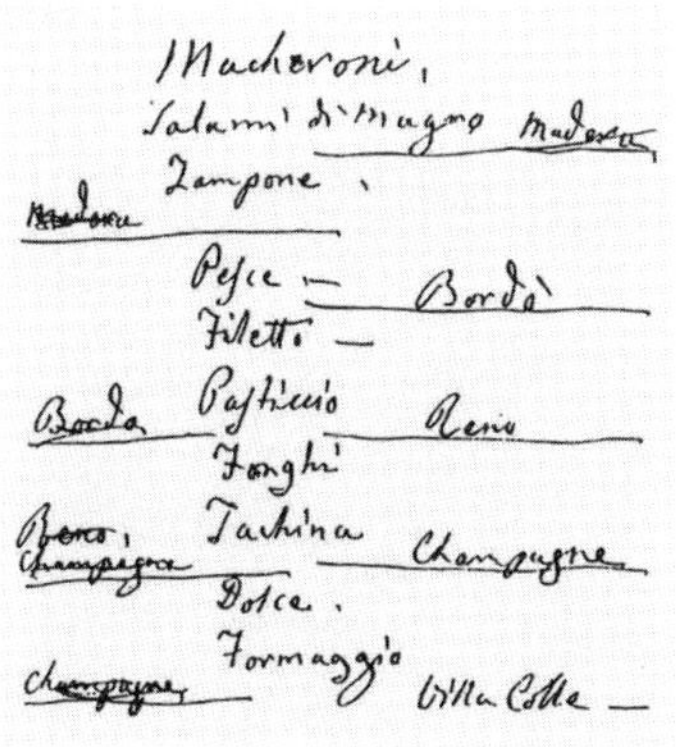

Macheroni
Salumi di Magro　Madera
Zampone
Madera
Pesce　―　Bordò
Filetto　―
Bordò　Pasticcio　Reno
Funghi
Reno,　Tachina
~~Champagne~~　Champagne
Dolce
Formaggio
~~Champagne~~　Villa Colle

自筆メニュー⑤　家庭の小晩餐のメニュー

ヴェルミセル［太めのスパゲッティ］のポタージュ	Potage au Vermicelle
サーモンの切り身［オランダ・ソース］	Tranche de Saumon [Sauce hollandaise]
エストラゴン風味の肥鶏	Poularde a L'estragon
マデラ風味の牛フィレ肉［またはア・ラ・モードの牛肉］	Filet de Bœuf au madere [ou Bœuf a la mode]
ヤマウズラの串焼き	Perdreaux a la Broche
サラダ	Salade
バリグール風アーティチョーク	Artichaut a la Barigould [Artichauts à la barigoule]
ライス・プディング	Gateau au Riz
四つのデザート	Le quatre mendicants
食後酒	Rogome ［Rogomme ブランデーまたはリキュールの一種］

自筆メニュー⑥　メモ書き

リゾット Risotto ―
コテキーノ Cotichino [sic] ―
フリット Fritto ―　　　＊＊＊［ワインの銘柄？］
魚 Pesce　　　　　　　＊＊＊［ワインの銘柄？］
マカロニのパスティッチョ Pasticcio di Macheroni
―バター、＊＊＊のマカロニ Macheroni al Burro ＊＊＊
―コテキーノ Cotechino
　フライの盛り合わせ Fritto variato
　米を添えた鶏 Polli con Riso
　ウズラの ＊＊＊ Quagliette ＊＊＊
　カルチョーフィの ＊＊＊ Carciofi ＊＊＊

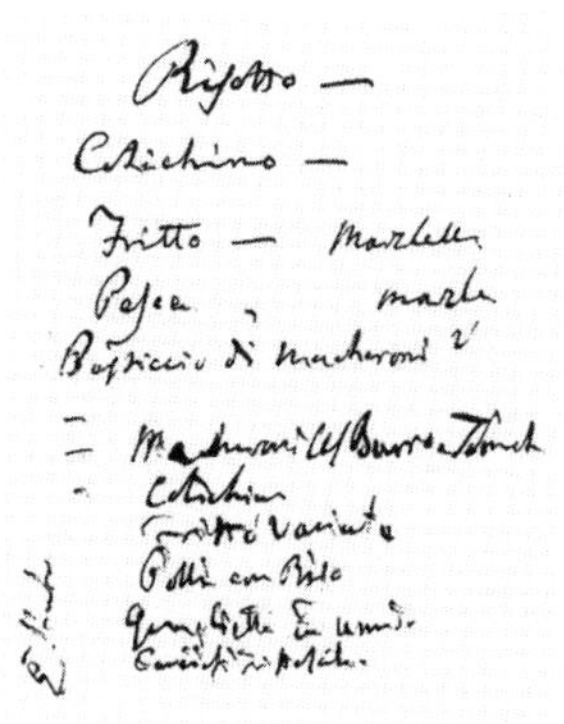

註：＊＊＊は判読不明または該当する銘柄なし。

風刺新聞『ラ・リュンヌ』に掲載されたロッシーニのカリカチュア（1867年7月6日、筆者所蔵）

II　トリュフ、フォアグラ、マカロニ

人々は学者たちにこの塊茎の正体を尋ねた。二千年の議論を経た後でも彼らは最初の日と同じように答えた――「何も知らない」。トリュフそのものに尋ねたら、こう答えた――「私を食べ、そして神を崇めよ」。トリュフの歴史を書くことは世界文明史を書くことを意味する。

（アレクサンドル・デュマ『料理大辞典』[1]）

トリュフ復興の近代

「トリュフの歴史を書くことは世界文明史を書くことを意味する」とアレクサンドル・デュマは遺著『料理大事典』で述べた。なんと大袈裟な、と呆れてはいけない。トリュフの名称が歴史文書に現れたのは紀元前一六世紀、ピュタゴラスがその生理的効能について記した最初の人とされ[2]、料理研究家アーダ・ウルバーニによればトリュフに関する記述は紀元前三〇〇〇年のメソポタミアに遡るというから[3]、デュマの言葉も大言壮語ではない。それほどトリュフと人間の歴史は縁が深いの

である。

珍味の獲得と美食は卓越した威信と権力の象徴として機能しただけでなく、権力者たちの食の快楽へのあくなき欲望は交易や植民地支配の拡大とも密接な係わりがあった。今日ではフランスやイタリアと結びつくトリュフだが、古代ローマ時代のイタリア地域では収穫されず、中近東や北アフリカから輸入されていた。ローマ帝国の首都は、世界各地から集められた食品の保存倉庫であるとともに、これを消費する巨大な胃袋になっていたのである。

トリュフの受容史は他書にゆずるが、芳香を放つこのきのこは一貫して美食家の食卓を潤したのではなく、帝政ローマ末期から一四世紀頃まで断絶期間があるというのが通説である。美食文学の創始者の一人、ブリア＝サヴァラン（Jean Anthelme Brillat-Savarin, 1755-1826）は『味覚の生理学（*Physiologie du goût*）』（パリ、一八二六年）の中でトリュフの復興が近世であり、一七八〇年頃のパリでもトリュフは稀で、一九世紀に入って黄金時代を迎えたと記している。確かにその栄光は、一八〇〇年代のヨーロッパでひときわ輝かしいものとなっていた。

訓練された犬や豚の嗅覚を利用して探し出すトリュフの姿形はお世辞にも美しいとはいえない。パリの二月革命で王宮の食料倉庫が略奪にあった際もトリュフは手つかずで残されたというから、庶民は見たこともなかったのだろう。素人目には動物の排泄物にしか見えないこの塊茎の中に、えもいわれぬ香気が潜んでいるから不思議。食通にとっては芸術品に等しく、ブリア＝サヴァランは「料理のダイヤモンド」、デュマは「神々の果肉」、キュルノンスキーは「芳香を放つ真珠」[4]、他の食通は「黒い黄金」「植物の王」「ペリゴール料理の香り高き魂」と称えた。ロッシーニは「きのこのモーツァルト」と命名したと伝えられるが、その真偽は後章で明らかにしたい。

ロッシーニにとって最高の品は、ノルチャ（Norcia ウンブリア地方の村で、良質な黒トリュフの産地。養豚が盛んな地域としても有名）の黒トリュフと、ピエモンテもしくはアスコリ・ピチェーノの白トリュフである。晩年の彼はイタリアの友人から定期的にこれを贈られ、パリの輸入食品店でも購入して喜々としてふるまったから、フランス最高級のペリゴール産より優れていると考えたのだろう。ロッシーニはさまざまな料理にトリュフを用い、ピエモンテの白トリュフのサラダを考案して「トリュフを生食した最初の人」との評判を得た（レシピは本書「ロッシーニの料理（50のレシピ）」の「ピエモンテのトリュフ、ロッシーニ風」参照）。但し、トリュフを生食したのはロッシーニが最初ではなく、一六世紀にフェッラーラ公アルフォンソが生トリュフのサラダをシャルトル公に供した記録が残されている。[5]

天使が運ぶトリュフ（1851年）

トリュフのイラスト（1882年）

ロッシーニのトリュフ詰め七面鳥

ロッシーニとトリュフに関する有名な逸話に、「トリュフ詰め七面鳥」がある。

誰かが、パガニーニの演奏会を聴いた翌日、ロッシーニがこのヴァイオリニストに宛てて書いた手紙の話をした。〔中略〕その中でロッシーニは、自分の人生でかつて三度しか涙を流したことがないと告白した。最初は自分の初めてのオペラが観客に野次られたとき。二度目は友人たちとの船遊びで手にしたトリュフ詰め七面鳥をガルダ湖に落としたとき。最後は前日パガニーニの演奏を聴きながら。

（ゴンクール『日記』[6]）

これは一八七六年一月二〇日にエドモン・ド・ゴンクール（Edmond de Goncourt, 1822-1896）が日記に記した、前夜、皇女の喫煙室で話題になったエピソードである。この話をロッシーニがパガニーニ宛の手紙に記した事実は確認しえないが、現代の研究者レート・ミュラーは検証可能な最も古いヴァージョンを、一八三四年パリで出版された『世界伝記辞典（*Biographie universelle et portative des contemporains*）』第五巻の補遺「パガニーニ（Paganini）」とする[7]。そこにはこう書かれている。

〔パガニーニの〕演奏会の一つが終わり、誰かがロッシーニにパガニーニをどう思うか尋ねると、著名なマエストロは答えた――「私は自分の人生で三度しか泣いたことがない。一度目は私の最初のオペラが初演で失敗したとき、二度目は友人たちと船にいて私たちが食べようとしたトリュフ詰め七面鳥が水の中に落ちたとき、そして三度目は、初めてパガニーニ［の演奏］を聴いたとき。[8]

（『世界伝記辞典』第五巻・補遺、一八三四年）

ロッシーニの生前も死後も、パリのサロンはこうした笑話で溢れていたのだろう。この話は語り手ごとに異なるヴァージョンで伝えられるが、共通するのは「舟遊びでトリュフの詰まった七面鳥を船から落として泣いた」というオチだけで、次のヴァリアントがある――「最初は《セビーリャの理髪師》が野次られて。二度目は同郷人カラーファが歌うアリアを聴いたとき。三度目は船遊びでトリュフ詰め七面鳥を水に落として」、「最初はパガニーニを聴いたとき。二度目は舟遊びのさなか、ピエモンテのトリュフが詰まった七面鳥を船から落として」。

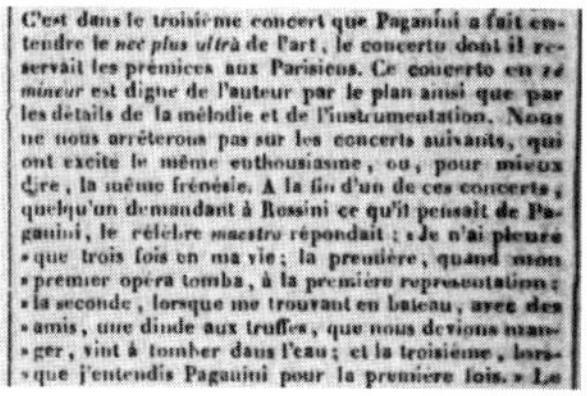
C'est dans le troisième concert que Paganini a fait entendre le *nec plus ultrà* de l'art, le concerto dont il réservait les prémices aux Parisiens. Ce concerto en *ré mineur* est digne de l'auteur par le plan ainsi que par les détails de la mélodie et de l'instrumentation. Nous ne nous arrêterons pas sur les concerts suivants, qui ont excité le même enthousiasme, ou, pour mieux dire, la même frénésie. A la fin d'un de ces concerts, quelqu'un demandant à Rossini ce qu'il pensait de Paganini, le célèbre *maestro* répondait : « Je n'ai pleuré » que trois fois en ma vie ; la première, quand mon » premier opéra tomba, à la première représentation ; » la seconde, lorsque me trouvant en bateau, avec des » amis, une dinde aux truffes, que nous devions man» ger, vint à tomber dans l'eau ; et la troisième, lors» que j'entendis Paganini pour la première fois. » Le

『世界伝記辞典』第5巻・補遺の「パガニーニ」より（1834年）

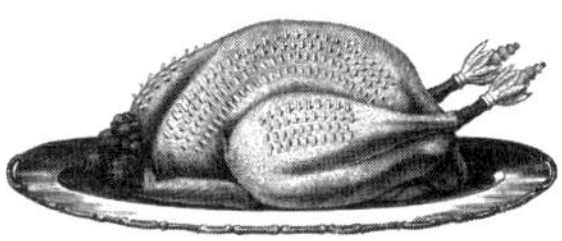

トリュフを添えた七面鳥（1870年）

トリュフ詰め七面鳥に関して、作家エウジェーニオ・ケッキ（Eugenio Checchi, 1838-1932）は『ロッシーニ（*Rossini*）』（フィレンツェ、一八九八年）の中で次の逸話を紹介している。

> 友人との賭に勝ったロッシーニは、トリュフ詰め七面鳥を受け取ることになっていた。ところが負けた方は、そのことをすっかり忘れていた。
> ある日、ロッシーニは友人を訪れて訊ねた。
> 「ところで、例のトリュフ詰め七面鳥はいつ食べられるのかね？」
> 「それがですねマエストロ、まだ最高級のトリュフが採れる季節じゃないのですよ」
> 「まさか、そんなはずはない！ 虚報だ！ きっと七面鳥がトリュフを詰められるのが嫌で、そんなデマを流しているのだよ」
> （ケッキ『ロッシーニ[9]』）

この話は複数のロッシーニ本に転載されたが、筆者は初出と思われる記述を一八四〇年二月二三日付の週刊新聞『ラ・ガストロノミー（*La Gastronomie*）』に見つけることができた。「ロッシーニとトリュフ詰め七面鳥（Rossini et La dinde truffée）」と題された次の文章がそれである。

> 偉大なマエストロ、著名なロッシーニは、作曲家として彼が得たのと同等の名声をエスプリの人として持つに値する。［中略］今日では、音楽芸術を最も前進させ、最も豊かなエスプリを具えた人が美食を理解する特権的人間の名簿の最初にあることに注目しよう。

ある晩ブフ座［パリのイタリア劇場］のフォワイエで、ロッシーニはイタリア人の王子とトリュフ詰め七面鳥をめぐる賭けをした。ロッシーニが勝ち、この世にトリュフ詰め七面鳥以外に忘れるものが無かった彼は、王子がそれを実行すると指定した日を待ち焦がれた。けれどもその幸せな時が訪れなかったので、マエストロが敗者を責め立てると、［中略］王子はトリュフが完全に成熟しておらず、望ましい香りをまだ完全に獲得していないのです、と口ごもって詫びるしかなかった。するとロッシーニは答えた――「ミオ・カーロ、注意しなさい、その噂を流したのは七面鳥たちなのです」。これがとどめとなり、翌日七面鳥は焼き串に刺されていた。[10]

この話がただちに流布したことは、同年三月八日付のパリの音楽新聞『ルヴュ・エ・ガゼット・ミュジカル・ド・パリ（*Revue et Gazette Musicale de Paris*）』、三月一七日付『ラ・プレス（*La Presse*）』と三月一八日付『ラ・コメルス（*La Commerce*）』に転載され、同年六月に英語訳が『ロンドン・マガジン（*The London Magazine*）』第一巻第五号に「ロッシーニの逸話（Anecdotes of Rossini）」と題して掲載されたことでも分かる。[11] 英語訳には引退後のロッシーニが教皇領で大規模な魚の商いを営み、現在ボローニャに住み、住居を裕福な崇拝者に高額で売ろうと目論んでいるとの話が前段に追加されているが、教皇領で魚の商いをした事実は無い。けれども当時ロッシーニがトリュフ詰め七面鳥に夢中だ

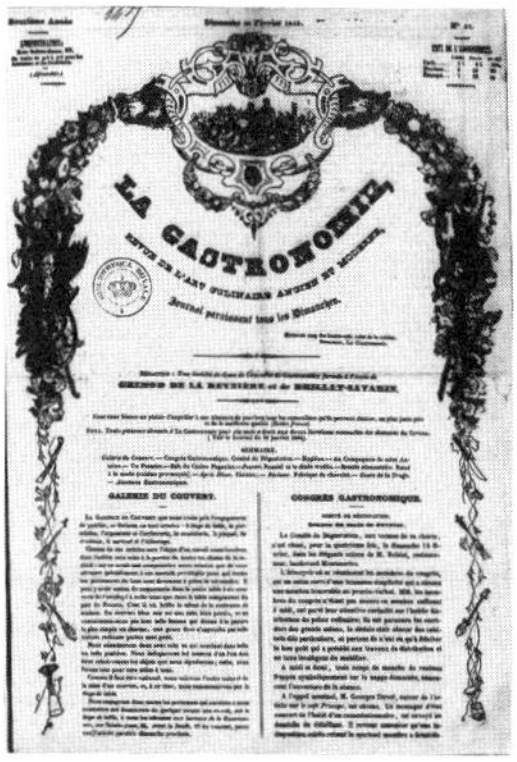
LA GASTRONOMIE

1840年2月23日付『ラ・ガストロノミー』

ったことは、同じ一八四〇年にロッシーニの愛人オランプ・ペリシエが友人クヴェールに宛てた手紙に、「私たちは病気です。食べすぎだから？　退屈だから？　そのどちらもです。〔中略〕王子はトリュフ詰め七面鳥（dinde aux truffes）を作り、リュフェック（Ruffec）のそれが後回しになりました」と書かれたことでも分かる（一八四〇年三月二日付）[12]。

ロッシーニ自身の書簡では、一八四一年一二月一三日付のマリーア・エルコラーニ公妃（Maria Malvezzi Hercolani, 1780-1865 ボローニャの有名な貴族で自由主義者の保護者）宛の手紙でパリからボローニャに「トリュフ詰め七面鳥とストラスブールのパテ〔後述〕」が届いたと報せ、「この貧しい品を私たちと分かち合いませんか？」と招いている[13]。三年後のマッテーオ・コンティ・カステッリ公爵（Matteo Conti Castelli, 1780-1855 ボローニャ国家守備隊の設立者の一人で参謀長）宛の手紙にも、「今朝あなたの所から、コンティ夫人がご主人と息子さんと共に、今度の水曜日、我が家にトリュフ詰め七面鳥とストラスブールのパテを食べにいらしてくれるとの報せがありました。公爵様さえよろしければ、明日ペリシエ夫人が御礼に伺います」と書かれている（一八四四年七月一三日付）[14]。

トリュフ詰め七面鳥とひと口に言っても、調理法や詰め物によって料理名が異なり、例えば後にロッシーニの親友となる料理人アントナン・カレーム（詳細は本書Ⅶ「ロッシーニとその時代」参照）は『パリの宮廷菓子職人（*Le Pâtissier royal parisien*）』（パリ、一八一五年）の中で「トリュフ詰め七面鳥の蒸し焼き（braisée）」「トリュフ詰め七面鳥の串焼き（à la broche）」を挙げ[15]、ロッシーニ自筆の「トリュフと栗（マロン）を詰めた七面鳥」のレシピも現存する（「ロッシーニの料理（50のレシピ）」参照）。

なお、幼い頃に歌劇《ラ・チェネレントラ》を観劇して熱烈なロッシーニ崇拝者となった前記ケッキは、ロッシーニの友人グリエルモ・カステッラーニ（Guglielmo Castellani, 1836-1896 ローマ在住の陶芸家）から得た次の逸話を紹介している。

ロッシーニの気のおけない友人、ローマのグリエルモ・カステッラーニは、マエストロの好物トリュフにまつわる逸話を私に話してくれた。ノルチャのトリュフが好きだった彼［ロッシーニ］は、イタリアの友人たちからそれを大量に入手するとさっそくパリの有力者たちを正餐に招いて御馳走したが、台所でトリュフを薄切りにするのはロッシーニ自身の任務だった。彼はそれをとても重要な仕事と考えていたのである。さて、あるときマエストロが台所でこの作業に夢中になっているのを見て、カステッラーニはあっと驚いた。テーブルの前に立ち、トリュフの薄切りを散らさぬよう顔を近づけていたロッシーニは、自分が数日来風邪に悩まされていたのをすっかり忘れ、煙草を飲む習慣でチョコレート色になった鼻水が規則的に料理に滴り落ちていたのである。人のいいカステッラーニはしばらく我慢していたが、ついに堪忍袋の緒を切らして叫んだ。

――「マエストロ、自分の鼻水が料理に垂れているのが見えないのですか？　私は殺されたってそのトリュフのマカロニを食べませんよ！」

――「知らん顔して気にしないことだね（ロッシーニは色の付いた絹の大きなハンカチで鼻をこすりながら、落ち着きはらって答えた）。「他の客が気づかなければいいんだよ。皆がこのマカロニをどんな風に味わうか、見ものだよ！」

（ケッキ『ロッシーニ』[16]）

この逸話は創作された笑話のように思えるが、ロッシーニの嗜好や病歴を考えると俄然真実味を帯びてくる。彼はかぎ煙草を終生愛し[17]、消費量も並み外れていたからだ（現存する注文書や受領書から、晩年の彼がボローニャからパリに定期的にかぎ煙草を一〇キロ箱で取り寄せ、その都度一〇〇フランの関税金を支払ったことが判る）。これでは鼻水がチョコレート色になっても不思議でない。当時ロッシーニは慢性的な風邪症状――カタルと診断されていた――に苦しみ、「私がこの世で恐れるものが二つある。カタルとジャーナリストだ」と語っていた（エドモン・ミショット『個人的回想、R・ヴァーグナーのロッシーニ訪問[18]』）。

フォアグラとトゥルヌド・ロッシーニ

「新フランス料理」の追随者たちは、一枚の牛フィレ肉とフォアグラ、トリュフの料理である一九世紀のトゥルヌド・ロッシーニを、あまりにも人工的で複雑だとして偉そうにしりぞけるくせに、自分の方ではフォアグラとトリュフを至る所にばらまいている。
（ルヴェル『美食の文化史[19]』）

トリュフほどではなくてもフォアグラ受容の歴史も古く、古代ローマに遡ることができる。当時のフォアグラはいちじくで肥らせた鵞鳥から採られたが、充分に肥ったところで蜂蜜入りのワインを大量に飲ませてあの世に送っていたという。けれどもトリュフ同様、長い空白期があった。ローマ時代以降の文献に登場するのは一五・一六世紀、近代美食の栄誉を受けるようになったのはトリュフ入りフォアグラ・パテが考案された一八世紀後半からとされるのだ。考案者については諸説あるが、一七八〇年頃に考案された「コンタード風フォアグラ・パテ（Pâté de foie gras à la Contades）」をもってその栄光が始まるとされる。コンタード元帥から宴会用の珍しく美味な料理を作るよう命じられた料理長ジャン＝ピエール・クローズ（Jean-Pierre Clause）が一夜で考え出したこの料理はフォアグラ史を「根底から塗りかえ」、「フランス革命に匹敵する震撼をもたらした」のである（宇田川悟）[20]。そしてクローズのフォアグラ・パテにトリュフを加える改革が革命期に料理人ニコラ＝フランソワ・ドワイヤン（Nicolas-François Doyen）によってなされ、「トリュフ入りフォアグラ・パテ（Pâté de foie gras truffé）」が誕生する。これにより、ドワイヤンはフォアグラ・パテに「魂を込めた」と称えられたという。

フォアグラ・パテ、ルネサンス風（1868年）

爾来、フォアグラとトリュフは「宝石箱と真珠」の組合せとして美食家の食卓に欠かせぬものとなり、ロッシーニ風と呼ばれる料理の源になった。食材としてのフォアグラ以外にフォアグラ・パテも愛したロッシーニはこれをパリの食品店ボントゥ（Bontou）で購入し（一八六六年二月二一日[21]付の明細書が現存）、すでに紹介した手紙からもストラスブールのパテ（コンタード風フォアグラ・パテの別名）を珍重したことがわかる。

トゥルヌド・ロッシーニ

ロッシーニの名をフランス料理史に永遠にとどめるのが、古典料理の精華とされる「トゥルヌド・ロッシーニ（Tournedos Rossini）」である。トゥルヌドは牛フィレの心部《クール》から取った丸く厚めの切り身で、牛フィレ肉のメダイヨン（médaillon 円形もしくは楕円形に切った切り身）とも呼ばれる。トゥルヌド・ロッシーニの標準的レシピは次のとおり。

> 厚さ二センチほどの牛フィレ肉［トゥルヌド］を四枚用意し、まわりを細紐で縛って形を保つ。塩、胡椒を振り、バターで両面を返し焼きする。トゥルヌドと同じ厚さのパンのクルトン四枚をバターで揚げ、食卓へ出す皿に並べる。それぞれのトゥルヌドの上にバターで返し焼きしたフォアグラのエスカロップ一枚とトリュフの薄切り三枚をのせ、クルトンの上に並べる。肉の焼き汁にカップ半杯のマデイラ酒かマルサラ酒［シチリア島原産の甘口ワイン］を混ぜてトゥルヌドにかける。熱いところを供する。
>
> （モッレージ『マルケ料理　歴史と民俗の間で』）(22)

『美食の文化史』の著者ジャン＝フランソワ・ルヴェルは、この料理をひときわ高く評価する――「［トゥルヌド・ロッシーニの］調理法はロッシーニが筋金入りの食通であったことを今もなお実感させる。［中略］見かけはシンプルだが、その背後に高級料理の技術がある。まず揚げたクルトンに溶かした濃縮肉汁《グラス・ド・ヴィヤンド》をかけなければならないが、これがまず第一に難しい。次いで牛フィレ肉の上にフォアグラを一枚とトリュフをのせる。最後にマデラ酒で鍋底についた旨味を煮溶かし、トリュフのエッセンス入りドゥミ＝グラス・ソースを注いでソースを作る。［中略］この料理にはカレームの姿が裏にちらついている(23)」

ルヴェルはこの料理にカレームの影響を示唆するが、二〇世紀の料理事典などではロッシーニがカフェ・アングレの料理長アドルフ・デュグレレ（Adolphe Dugléré, 1805-1884）にレシピを与えたとされる。カフェ・アングレ（Café Anglais）は一八〇二年にイタリアン大通りとマリヴォー通りの角に開店したレストランで、その店名は同年イギリスと結ばれたアミアンの和約にちなんで付けられた。バルザックの小説にも現れるレストランの老舗で、一八五五年からボルドー出身のアレクサンドル・デロンム（Alexandre Delhomme）が経営者となって新たな人気を博した。

カレームの弟子で一八四八年までロッチルド家のシェフを務めたデュグレレがカフェ・アングレのシェフになるのは「プロヴァンス兄弟（Les Frères Provençaux）」のシェフを経た一八六六年で、「ポ

カフェ・アングレ

トゥルヌド・ロッシーニの調理例

タージュ・ジェレミニ（potage Germiny）」「ポンム・アンナ（Pommes Anna）」のほかさまざまな創作料理で名を馳せ、一八六七年パリ万国博覧会のさなか行われた有名な「三皇帝のディネ（dîner des Trois Empereurs）」――ロシア皇帝アレクサンドル二世らを主賓とする晩餐会――もデュグレレがシェフを務めるカフェ・アングレが舞台だった。

以上の略歴だけでもパリのロッシーニとの接点が感じられるが、デュグレレと面識があったという確かな証拠はなく、「トゥルヌド・ロッシーニ」のレシピを与えた根拠を示した文献と資料も絶無で、ロッシーニが彼を「台所のモーツァルト」と命名した話も極めて怪しい[24]。それでもデュグレレがトゥルヌド・ロッシーニをメニューに載せたことは、一八七九年一二月三〇日付『オルドル・ド・パリ（*L'Ordre de Paris*）』に「素晴らしいトゥルヌド・ソテ・ロッシーニ。この繊細な料理はカフェ・アングレの常連に高く評価されている」と書かれたことでも判る[25]。

だが、この料理には現在も解けぬ謎がある。トゥルヌド（Tournedos）の名称は一六世紀の北フランス、ノルマンディーに地名として存在し[26]、その後も地名や人名として文献に見出せるものの、一八世紀末に出版された釣果に関する系統的百科事典の項目「Tournedos」ではメッツの魚市場で行われる魚の陳列法と説明されているからだ[27]。レストランで供されるトゥルヌドに関する記述は、一八三七年一〇月七日付『ラ・モード（*La Mode*）』のプロヴァンソー兄弟に関する話に「辛いソースをかけた薄切り肉の一種であるトゥルヌド（Le tournedos, sorte d'émincé à sauce piquante）」が供された、と書かれている[28]。

筆者の知るかぎり、料理書にトゥルヌドのレシピが現れるのは一八六四年パリで出版されたヴィダレイン『家庭料理（*La Cuisinière des familles*）』が最初で、「トゥルヌド、またはソテした牛のエスカロップ（Tournedos, ou escalopes de boeuf sautées）」と題し、「フィレ肉または偽のフィレ肉（二人分で約二五〇グラム）を用意し、筋と皮をよく取り除き、約三～四センチの小片に切る。各部分をわずかに平らにし、五フラン硬貨の形と円周にして厚さを二倍にする」と説明されている[29]。そこでのソースは刻んだエシャロットとマッシュルームをバターでソテして作られ、トリュフ・ソースのフィレ・ステーキはその一つ前に「ソテしたフィレ肉、トリュフ風（Filet sautéaux truffés）」としてレシピを掲げている。

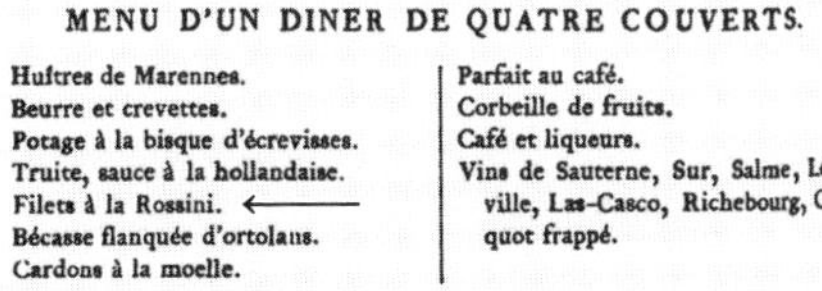
MENU D'UN DINER DE QUATRE COUVERTS.

Huîtres de Marennes.
Beurre et crevettes.
Potage à la bisque d'écrevisses.
Truite, sauce à la hollandaise.
Filets à la Rossini. ←
Bécasse flanquée d'ortolans.
Cardons à la moelle.
Parfait au café.
Corbeille de fruits.
Café et liqueurs.
Vins de Sauterne, Sur, Salme, Léoville, Las-Casco, Richebourg, Cliquot frappé.

デュマ『料理大辞典』の「マニー氏が準備した4人用の晩餐メニュー」（←フィレ肉 ロッシーニ風）

これは一八六七年パリで出版されたジュール・グーフェ（Jules Gouffé, 1807-1877）の『料理の本（*Le livre de cuisine*）』も同様で、「牛フィレのエスカロップ、トリュフ風（Escalopes de filet de boeuf aux truffes）」に続いてソースにトリュフを含まない「トゥルヌ＝ド（TOURNE-DOS）」のレシピを掲げている[30]。一八六八年の新聞広告欄には「トリュフ・ソースのトゥルヌド（Tournedos sauce aux truffes）」があるものの[31]、ロッシーニの生前にロッシーニ風と称するトゥルヌドを新聞と料理書に見つけることはできない。

興味深いのは、後述するデュマ『料理大辞典』の中の「マニー氏が準備した四人用の晩餐メニュー（Menu d'un diner de quatre couverts dressé par M. Magny）」に「フィレ肉、ロッシーニ風（Filets à la Rossini）」があること[32]。近年トゥルヌド・ロッシーニの生みの親として、カレームやデュグレレと共に名前が挙がるのが、フィリップ（Philippe）の料理長から一八四二年に独立してパリ六区にマニーを開店したモデスト・マニー（Modeste Magny, 1812-1879）なのである。これはデュマの書のメニューに「フィレ肉、ロッシーニ風」があるだけでなく、一八九四年一一月一四日の新聞『フィガロ（*Le Figaro*）』に掲載された文章「レストラン・マニー」に基づく推測と思われる。そこにはこう書かれている。

〔一八四二年の開店から五、六年過ぎると〕幸運が彼〔マニー〕に初期の顧客としてロッシーニを連れてきた。〔中略〕レストランの経営者と音楽家は二人の間でフィレ・ロッシーニ（filet Rossini）とピュレ・マニー（la purée Magny）を考案した。フィレ・ロッシーニは三つのキャスロール〔片手鍋〕――一つは肉のため、もう一つはフォアグラのバター炒め用、最後はマデイラ酒入りのトリュフ用――の中で調理された。ピュレ・マニーはベイクドポテトをスプーンですくってふるいにかけ、ノルマンディーで生産される最も新鮮なバターを同量用いて作られた。〔以下略〕[33]

執筆者は『ジュルナル・デ・デバ』の編集者でもあるギー・トメル（Guy Tomel, 1855-1898）だが、情報源は不明で、マニーも一五年前に没したので作り話の可能性が高いと筆者は考えるが、英語訳が翌年ボストンの月刊誌『アトランティック・マンスリー（*The Atlantic Monthly*）』に「ロッシーニ、作曲家で美食家（Rossini, Composer and Gourmet）」と題して転載されたことから、[34]英語圏の読者にもマニーがトゥルヌド・ロッシーニの考案者と誤解されたようだ。一八九四年に閉店した「マニー」は、フロベール、サント＝ブーヴ、ジョルジュ・サンド、ルナン、ゴンクールら著名な文学者が贔屓にしたレストランとしても知られる[35]。

これに関して料理家レイモン・オリヴェは「料理に食通や著名人の名を冠することは、その人への賛辞もしくは感謝の意思表示であり、創作者や名を冠せられた人物の謙虚さは命名の深い由来について明かすことがない。ときには料理につけられた人名は、後からその人物の食の嗜好を表したものである」としたうえで、「我々はロッシーニの名をもつトゥルヌドが彼自身の創作であると知っているが、トゥルヌドという言葉の語源を知らない。我々はまた、彼が自分の料理人と結婚したことも知っている」と幾分含みをもたせた説明をしている（『フランス食卓史』[36]）。だが、ロッシーニの最初の妻イザベッラ・コルブランはオペラ歌手、二人の妻オランプ・ペリシエも裏社交界（ドゥミ＝モンド）の高級娼婦であって料理人ではない。そうした誤解はシャティヨン＝プレシが『一九世紀末の食卓生活（*La vie à table à la fin du XIXe siècle*）』（パリ、一八九四年）に「ロッシーニが美食家の殿堂《パンテオン》に座を占めるのは彼が自分の料理女と結婚したからではなく〔中略〕、たくさんの逸話が示すようにロッシーニが徹底して食べる人、才気に富み、繊細な料理の鑑定家であり、ときにはみずから調理しようとしたからである」と書いたのが発端であろう[37]。

トゥルヌドに語源については、料理大事典『ラルース・ガストロノミック（*Larousse Gastronomique*）』（パリ、一九九六年）に名称の起源の一つがロッシーニに由来すると書かれている[38]。これに関して、次の逸話が知られている。

ある日、新しい肉料理を思いついたロッシーニは自分のコックにそれを調理させた。ところが台所で調理手順を監視する主人を邪魔に思った料理人は、「そんなことをされても上手く料理できません」と嘆いた。するとロッシーニはこう言った。「よろしい、それならよそを向いて調理したまえ。わしに背を向けてね（tournez moi le dos）……」

（マッシモ・アルベリーニ『食卓四千年史』[39]）

逸話の初出は不明でも、トゥルヌドの語源をフランス語の「背を向ける tourner le dos」に求め、トリュフとフォアグラを用いる調理法をロッシーニが考案したことは料理界の常識となっている。

ロッシーニとマカロニ

イタリア人にとって、音楽は感覚上の快楽以外の何ものでもない。音楽という非常に美しい表現形式に対して彼らが抱く敬意といったら、うまい料理法に向ける以上のものではない。彼らの好む音楽は、熟慮も注意力もなしにすぐさまなじめる曲であって、まるでマカロニ料理に求めるものと同じなのだ。

（ベルリオーズ『回想録』[40]）

フランス語のマカロニ（macaroni）は、イタリア人に対する蔑称でもある。フランス人にとって最高の料理が自国の料理であることは言を俟たないから、パスタを偏愛するイタリア人は美食の何たるかを知らぬ野蛮人と決めつけられさえする。イタリア音楽はマカロニのように安直で快楽に奉仕するものでしかないというベルリオーズの批判も、大方のフランス人のイタリア蔑視を前提にした表現であろう。当時パリでは快楽主義の烙印を押されたイタリア音楽とベートーヴェンに代表されるドイツ音楽との確執があり、イタリア派の旗手で食通音楽家ロッシーニへの個人攻撃が盛んに行われていた。バルザックとハイネはマカロニ派、デュマとベルリオーズは反マカロニ派――これは彼らのロッシーニとの関係やイタリア・オペラに対する評価と一致する。マカロニの好き嫌いに、イタリア文化受容に対する態度が反映しているのである。

ベルリオーズはしばしばロッシーニの「食いしん坊」を話題に誹謗中傷を行った。ロッシーニがヴェーバーの音楽を評して「あれを聴くとたちまち下痢をする」と言ったと憤慨し、「胃袋の人間に心情の人間がわかってたまるものか」と回想録に記したのもその一つである。《幻想交響曲》の作曲家は食通ではなかった。感覚上の快楽と胃袋を軽蔑するベルリオーズにとって、美食と金銭崇拝はブルジョアジーや俗物のシンボルでしかない――「率直に言って、イタリア人のためにオペラを作曲するくらいなら、サン・ドニ通りの食料品店で胡椒や肉桂を売った方がよいと思う」「私は、まるでオーヴンで焼かれるパイみたいに毎日パリでつくられる、オペラ・コミックと呼ばれる楽しくて有用な音楽を書きたいとは微塵も思わなかった」（ベルリオーズ『回想録』第四三章と第五九章）。

これに対し、ロッシーニの友人バルザックはマカロニ・パイが好物で、ロワイヤル街でマカロニ入りの小型パイを見つけると友人レオン・ゴズランを誘って買いに行き、あるだけ全部買い占めたという[41]。同じ作家でマカロニ嫌いを公言したのが後述するアレクサンドル・デュマで、ロッシーニの家でマカロニ料理に手を付けず不興をかっている。

現存するロッシーニの書簡で最初にマカロニに言及されるのは一八二四〜二九年に書かれたバルベーイ（Barbei）なる人物を昼食に招く手紙で、「ぼくの古典的なマカロニ（classici maccheroni）」を共にしたいと書かれている。[42] 晩年パリで暮らした彼の悩みの種は、良質なパスタが手に入らぬことだった。生のパスタを見て産地を言い当てる目利きの彼は本場ナポリ産でないと我慢できなかったから、商店に出向いて吟味することも怠らなかった。これに関して次の逸話が残されている。

ある日、ロッシーニは若いミショット（Edomond Michotte, 1830-1914 ベルギー生まれの音楽愛好家で晩年のロッシーニの友人）に伴われてカナヴェリ（Canaveri）がパリで経営するパスタ商店を訪ねた。そして三階に上ると店主に話しかけた──「あなたがカナヴェリさん？ ナポリのマカロニを持っていると聞いて来たのだが、見せてもらえないか？」

「これがそうだって？」──ロッシーニはそれを見るなり言った──「これはジェノヴァ産のマカロニじゃないか！」

「旦那、あたしゃ請け合いますがね……」店主は抗弁した。

「もういい」──マエストロは答えた──「ナポリ産のマカロニが無いなら他に用はない。さようなら！」。そして階段を下り始めた。

マエストロが二階に降りると、三階に残ったミショットが店主に言った──「あの紳士が誰か知らないのですか？ ロッシーニですよ……偉大な作曲家の……」

「ロッシーニ？」――店主は答えた――「それは知りませんでした。でもあの人がマカロニと同じくらい音楽に精通していれば、さぞかし立派な音楽を書くことでしょう！」

後から追いついたミショットは、カナヴェリの店の出口でその言葉を伝えた。

「なんとまあ！」――ロッシーニは叫んだ――「これまでずいぶん人から褒められたが、これほど立派な賛辞は初めてだよ！」

（ラディチョッティ『典拠のあるロッシーニ逸話集』(43)）

注入したマカロニ料理

美食家ロッシーニの名を高めた料理が、銀製もしくは象牙製の注入器でフォアグラやトリュフの詰め物をする「注入したマカロニ、ロッシーニ風」である。基本的な調理法は次のとおり。

ナポリ産のマカロニをゆで、水気をよく切っておく。フォアグラ、トリュフ、ヨークシャー・ハムのクリームをベシャメル・ソースでなめらかにした詰め物を用意する。それを銀の注射器の助けをかりてマカロニの穴に詰め、かまどに入れる皿に並べる。バター、上質のトマト、パルメザン・チーズで調理し、数分でグラタンになったら供する。

（モッレージ『マルケ料理　歴史と民俗の間で』(44)）

注入したマカロニは、ロッシーニの創作料理の中でも自信作だった。音楽に対して謙虚だった彼もマカロニ料理では自分が世界一と公言し、テュイルリー宮殿の給仕頭に「《セビーリャの理髪師》序曲や《ギヨーム・テル》の三重唱をとやかく言おうと、《モゼ》よりも《ローエングリン》が好きと言おうと勝手だが、マカロニ料理の調理法のことで私に意見できる者はいない」と言い、自分の考案したレシピどおりにマカロニを調理してナポレオン三世に食べさせるよう命じたという[45]。

この料理は一八五七年頃に考案されたと推測しうるが、ロッシーニが最初のパリ滞在でマカロニを調理したことはカレームが『一九世紀フランス料理術（*L'art de la cuisine française au dix-neuvième siècle*）』第一巻（パリ、一八三三年）に「マカロニ・ポタージュ、ロッシーニ風」のレシピを載せ、このポタージュは著名な食通音楽家［ロッシーニ］にふさわしい」と付記したことでも分かる（「ロッシーニの料理（50のレシピ）」参照）。

マカロニにフォアグラとトリュフを詰める料理は、ロッシーニに先立ちオペラ・コミックの作曲家ニコロ・イズアール（Nicolò Isouard, 1775-1818）が得意にしていた。一八二七年パリで出版された『美食家の作法、美食術の完全な提要（*Code gourmand, manuel complet de gastronomie*）』（第二版）に、こう書かれているのだ――「ニコロ［・イズアール］は彼の時間をピアノとキャスロールの間で過ごした。彼は自分の食卓に供するマカロニをみずから調理していた。小さな注入器の助けを借りてマカロニの穴に牛の骨髄を注入し、そこにフォアグラ、野禽の切り身、トリュフを合わせ入れ、これを食べるときは常に最も精神を集中させ、放心せぬよう片方の掌を目の前にかざしていた」[46]。その著者オラース＝ナポレオン・レソン（Horace-Napoleon Raisson, 1798-1854）はバルザックの友人でもある作家・

ジャーナリストで、一八二五年から二七年まで『新美食家年鑑（*Nouvel almanach des gourmands*）』、続いて一八二七年から二九年まで前記『美食家の作法、美食術の完全な提要』を出版している。

だが、イズアールの料理は後世の料理書に残らない。一九世紀半ばにロッシーニが新たに完成した調理法がマカロニ料理の傑作とされたからである。ロッシーニの家でマカロニ料理を供された詩人・作家ジョゼフ・メリ（Joseph Méry, 1797-1866《セミラーミデ》の仏語訳《セミラミス》を作成した詩人・台本作家）による賛辞は、アンドレ・カストロ『食卓史』（一九七二年）の中で次のように引用されている。[47]

ルーは黄金色に輝き、東洋の芳香を放っている
なめらかさは、まるでオリンポスの神肴のよう
晩餐のさなか、太陽光線にも見紛う一本のマカロニは
《セミラーミデ》序曲の如く鳴り響く

この詩的な賛辞の出典を明らかにした文献は無く、筆者も旧著にカストロから引用したが、その後の調査で初出と思われる文章を見つけることができた。それが一八五九年パリで出版されたシャルル・モンスレ『詩的な料理人（*La cuisinière poétique*）』に掲載されたメリ筆『ロッシーニ家での晩餐（*Un Diner chez Rossini*）』である。[48]そこでは古今東西のマカロニ料理に精通したメリがロッシーニの家で食した一皿から受けた衝撃が、次のように書かれている。

> 先月まで私は、あらゆるマカロニ料理を知っていると思っていました。なんという間違いでしょう！［中略］私は《モイーズ》や《ギヨーム・テル》の神のごとき創造者［ロッシーニ］の食卓に仲間として晩餐をとりながら、自分が何も知らないと理解したのです。そこには金のようなルーの、東洋の如き香りを放つ、オリンポスの神肴のようになめらかな一皿のメロディアスなマカロニがありました。晩餐のはじめに、《セミラーミデ》序曲のように光り輝く、太陽光線にも見紛うマカロニが。それを見た会食者たちの感激ときたら！彼［ロッシーニ］は黙っていましたが、その沈黙の中になんという表情があったことでしょう！
>
> ［新たな］ホルンを発明した私たちの素晴らしいヴィヴィエは機知を失くしていました。傑作《マザニエッロ》の有名な作曲家でナポリのメロディアスな息子カラッファ［カラーファ］は、マカロニの誕生に立ち会ったと思いました。［中略］このマカロニは、バール［セム族の神］への祈り「偉大なる神よ［《セミラーミデ》の導入曲で祭祀長オーロエが歌う厳粛な歌「左様…偉大なる神よ…神意はしかと Sì ...gran Nume...t'intesi」］」のようなものから導かれています。それはすべて同じ起源に由来します。お辞儀をして味わいましょう。(49)

メリと友人たちが「マカロニの誕生に立ち会った」と感銘を受けた晩餐会の行われた時期は、ロッシーニがパリに再移住して健康を取り戻した一八五七年の春と推測しうる。同年一月一五日付の新聞『曙光（*L'Aube*）』に、ロッシーニが友人の腕を借りて毎日二時間大通りを散歩できるようになり、夕方にはカラーファらごく限られた友人だけを居間に迎えたが、神経に触るので音楽の演奏はなく、音楽の話を嫌ってすぐに話題をマカロニに変えた[50]。三月五日付の新聞『谷間のこだま（*L'Écho des vallées*）』にも、「ロッシーニは彼の《ギヨーム・テル》の収入で真のマカロニ・パルメザンを完成すべく身を捧げている。誰の手も届かぬ二つの傑作」と書かれているのだ[51]。

ロッシーニは一八二四～二九年の最初のパリ滞在で自分が調理するマカロニ料理を「古典的なマカロニ」と手紙に記していたが、その後長い時間をかけて改良を重ね、「古典」を脱却して新たなマカロニを完成したのである。メリはロッシーニの家でこれを食する一〇年前に出版した短編小説『ラ・セミラーミデ（*La Semiramide*）』（パリ、一八四七年）の中で、ロッシーニを「素晴らしく食べ、音楽の話を決してしない人」「イタリアがマカロニで育んだ最も優れた人」とし、食事の席で彼と音楽の話をすべく「ペーザロの白鳥……」と話しかけられるとフォークを笏のように振って遮り、「フィレ肉にぴったりのソースの作り方を教えてほしいですか？ 簡単です。レモンをスライスし、その果汁をスペイン産のトウガラシのパウダーとジャワ産の良質なカリック［carick 不明］に絞り入れ、油に溶かしたアンチョビで薄めるのです。このレシピはド・キュシー氏［『料理術（*L'art culinaire*）』の著者キュシー侯爵（Marquis de Cussy, 1766-1837）］に由来します。この偉大な名前に頭を下げてください」と語ったと記している[52]。

注入したマカロニの調理例

ロッシーニのマカロニ料理をきっかけにパリのレストランにマカロニ・ブームが巻き起こり、《イタリアのマカロニ（*Macaroni d'Italie*）》と

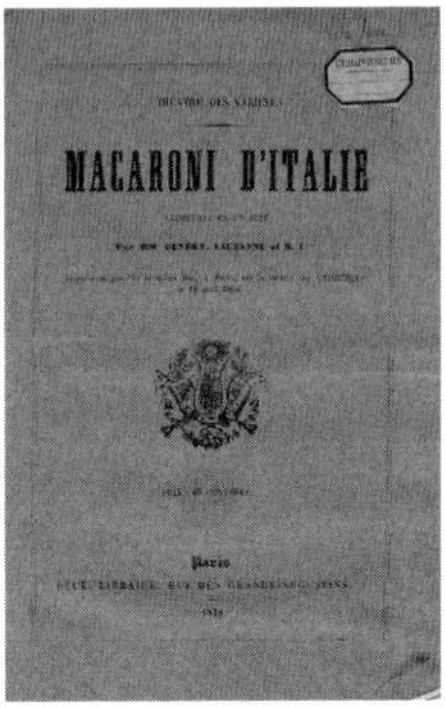

《イタリアのマカロニ》印刷台本（大英図書館所蔵）

題した歌芝居が一八五八年四月一二日、ヴァリエテ座で初演された（フェリックス＝オーギュスト・デュヴェール［Félix-Auguste Duvert, 1795-1876］ほか共作のヴォードヴィル）。そんな俄かブームに異を唱えたのがパリ在住のイタリア人作家ピエル・アンジェロ・フィオレンティーノ（Pier Angelo Fiorentino, 1811-1864）である。《イタリアのマカロニ》初演の九日後、彼は日刊紙『フィガロ＝プログラム（*Figaro-programme*）』（四月二一日付）に寄稿した文章の中で、パリのレストランのマカロニ料理はロッシーニのそれとは似ても似つかぬまがい物だと批判したのである。

> イタリアのマカロニ。言うのは簡単です。でもどのような肉の漉し汁、どのようなトマトのピュレ、どのようなおろしたパルメザン、どのようなバター・クリーム、どのような生地の繊細さ、煮る際のポイント、入念な監視、そしてこの複雑な料理にどれほど細心の注意が必要であるのか知れば、世界一の料理であるフランス料理を侮辱するみじめな紛い物を放棄するでしょう。完璧なマカロニ料理を作るには、《ギヨーム・テル》の作曲家ロッシーニのすべての天才が必要なのです。私たちはその素晴らしい料理をラブラーシュの家で食べました。でも偉大な芸術家［ラブラーシュ］はその秘密を、他の多くの秘密と共に彼の墓に持って行ったばかりです。[53]

ロッシーニのマカロニを称えるこの文章は後日『美食家年鑑』その他に転載され、広く人の知るところとなる(54)。

一八五七年四月一五日、ロッシーニは妻オランプに《取るに足らない音楽（*Musique anodine*）》と自虐的に題した歌曲集を贈り、献呈の辞に、「私の長期にわたる恐ろしい病（機能的汚辱）のあいだ私を労ってくれた、その愛情深き賢明な看護への感謝の証として」と記した。そこに収められたピアノのための前奏曲とメタスタージオの歌詞「黙って嘆こう（*Mi lagnerò tacendo*）」による六つの歌曲の原曲はパリに戻る前から作曲されていたが、このアルバムは気力と体力を回復したロッシーニが私邸で美食の晩餐会と音楽の夜会を催す出発点となった。

パリの名士を招いて行う晩餐会には本場ナポリ産のマカロニが不可欠だったので、イタリアの友人たちはパリのマエストロにこれを送って切らさぬようにした。ナポリの音楽院司書でベッリーニの親友でもあったフランチェスコ・フローリモ（Francesco Florimo,1800-1888）もその一人で、ロッシーニは一八五九年三月四日付のフローリモ宛の手紙に「マカロニが届きません」と書き、「マカロニのないG・ロッシーニ!!!!」と署名している(55)。一八六一年六月一七日付のフローリモ宛の手紙では、ナポリから発送されたマカロニがマルセイユの税関で止め置かれたトラブルを伝え、七月二九日付で問題の解決とマカロニの受領を報せた(56)。そんなマカロニに対するロッシーニの情熱に呆れ、「ロッシーニは彼のオペラのポスターに背を向け、自分の栄光よりもマカロニを大切にしている」と書く新聞も現れた（『ラ・ガゼット・ド・フランス（*La Gazette de France*）』一八六〇年二月二一日付(57)）。

イタリアから届くマカロニへの礼状は幾つも残されており、一八六三年二月一七日付の手紙では一昨日マカロニとトマトのパスタ（pasta di Pomidoro[sic]）が届いたと報せ、「トマトの入った壺が壊れていましたが（そのことでこの高貴な食品の良い結果が損なわれることはありません）、すべて良い状態でした」と記している。(58)

晩餐会に出席を求める手書きの招待状も残されている。その一つ、一八六四年三月二六日付の手紙では、四月二日に「最も輝かしい珠玉の大晩餐会の一つ」を催すので「私のマカロニをむさぼり食べに、六時一五分に拙宅に」お出でくださいと求めている。(59) 亡くなる三か月前の一八六八年八月一一日にオペラ作曲家フェデリーコ・リッチ（Federico Ricci, 1809-1877）に送った手紙でも、「今度の土曜日六時半ちょうどにパシーに二つのマカロニ料理（due macaroncelli）を食べにくるようロッシーニ夫人があなたがたに望んでいます」と遠回しに出席を求めている。(60) ロッシーニの晩餐会の概要は、「Ⅶ ロッシーニとその時代」の「晩年のロッシーニ、美食の晩餐会と死」で明らかにしたい。

なお、ティエリー・ボヴェールは一八六六年一二月二六日にロッシーニが口述したマカロニ料理の作り方を書き写したとするレシピを『ロッシーニ、食道楽の過ち（*Rossini, Les Péchés de gourmandise*）』（パリ、一九九七年）に掲載したが、(61) 出典不明で疑義があるため本書では採用しない。

ロッシーニのマカロニ注入器

ロッシーニが考案した「注入したマカロニ」の調理に不可欠なのが注入器である。これは西洋料理で一般に用いる筒形の注入器で、ロッシーニは銀製もしくは象牙製のそれを用いてマカロニにトリュフやフォアグラの詰め物をした。これに関する証言として、フランコ・リドルフィがペーザロのアーカイヴの写しのフランス語から翻訳したとするデュモンテイユの次の文章がその後の文献に無批判に踏襲されている。

そのときロッシーニが、デリケートで肥り気味の手に銀の注入器を握りしめて現れた。トリュフのピュレの詰まったそれで、彼はパスタの円筒の一つ一つにこの比類のないソースを忍耐強く注入していった。そしてそれらをあたかも揺りかごの中へ赤ん坊を戻すように、キャスロールの中に置いた。ロッシーニはお気に入りの料理を見守りながら、恍惚としてじっとその場に佇んでいた。マカロニがたてる軽やかな囁きを、神曲の妙なる調べに耳を傾けるかのように聞きながら。

（フランコ・リドルフィ『ロッシーニとの食卓』一九八七年）[62]

旧著ではこれをパリの雑誌に発表されたものと推測したが、その後の調査で初出と思われる文章を一八八七年五月七日付の新聞『ラ・フランス（*La France*）』掲載の「ロッシーニ風マカロニ（*Macaroni à la Rossini*）」に見つけることができた。執筆者はペリゴール出身のジャーナリストで、『食の芸術（*L'art du bien manger*）』（一九〇一年、パリ）の著者としても知られるジャン＝カミーユ・フュルベール＝デュモンテイユ（Jean-Camille Fulbert-Dumonteil, 1831-1912）である。

フュルベール＝デュモンテイユの「ロッシーニ風マカロニ」は、一八八七年にイタリア政府の求めでロッシーニのなきがらがパリからフィレンツェに移送されることになり、同年四月三〇日、その柩をペール・ラシェーズの墓から地上に出す記念式典が催されたことを受けて書かれた。そこでは完璧な防腐措置を施された遺体が生前の姿をとどめていたとの報道を基に、「彼は眠っているようだった。微笑んでいるようだった。彼の機知に富む巧みな言い方でこう尋ねているようだった。〈私のマカロニはすぐに用意できますか?……〉［中略］ロッシーニが《ギヨーム・テル》序曲と同じように誇りにしていた有名なマカロニの不滅のレシピ、そのレシピがここにあります」と前置きし、次の文章を続けている。

イタリアの大理石の乳鉢の中に、よく潰してアリカンテの古酒で希釈した家禽の肝臓と香りのよいトリュフの美味なソース――オレンジ・ジュースとナツメグで軽く風味をつけた美味しいピュレがある。銀の鍋から注意深く取り出した太いマカロニの筒は、長い調理の愛撫によって柔らかくふくらみ、白いナプキンの上で湯気を立てている……

そのときロッシーニが繊細でぽっちゃりとした彼の手に……トリュフのピュレで満たした銀の注入器を握りしめて現れ、忍耐強くその比類ないソースをナポリの筒のそれぞれに注入した。

それから揺りかごの中の赤子のようにキャスロールの中にそっと置くと、マカロニはうっとりするような湯気の中でその調理を終えていた。ロッシーニはそこにとどまり、じっと動かず、魅せられ、彼のお気に入りの料理を見守っていた。彼の愛するマカロニの軽やかな囁きを、神曲の妙なるアリアの調べに耳を傾けるかのように聴きながら!

――マエストロは「それを見つけたのは私だぞ!」と興奮して叫び、彼のトリュフのマカロニを嬉々として味わった。本当にそれは驚異だった！《ギヨーム・テル》の作曲者が音楽を付けたラグーを想像してほしい。ジュール・ジャナンはこのトリュフ入りのマカロニとドン・ファン［ドン・ジョヴァンニ］のセレナードの間に魅力的な類似点を見出した……。けれどもある日、マルセイユ出身のメリはこの有名なマカロニにオリーヴのかけらを加えれば完璧になると考えた。彼は褒められると期待したがロッシーニはひどく腹を立て、この作家と二度と話をしなかった。(63)

この文章は一八九〇年一二月発行の月刊誌『食堂（*La Salle à manger*）』(64)、一八九一年九月二七日付の週刊農業新聞『耕作者（*Le Cultivateur*）』(65)、一八九八年七月二三日付『レヴェヌマン（*L'Événement*）』(66)その他に再掲載されている。

ロッシーニの注入器に関する証言に、一八六四年三月にロッシーニの夜会に出席したリリー・モールトン夫人（Lillie Moulton［後の Lillie de Hegermann-Lindencrone］, 1844-1928）が書いた次の文章がある。

私はロッシーニの書き物机を見ました。それは決して忘れることができない代物です。筆、櫛、爪楊枝、釘、そして乱雑に置かれたあらゆる種類のごみ。そしてそのごたまぜの中に有名なロッシーニ風マカロニ（*macaroni à la Rossini*）のためにロッシーニが使う筒［注入器］があったのです。メッテルニヒ侯は、この世のいかなる権力も彼がロッシーニ風（*à la Rossini*）の食べ物に手を出すよう誘惑しないだろうと言いました。とりわけマカロニ、挽き肉とあらゆる種類の残り物を詰め物にし、丸太小屋みたいに皿の上に積まれた先週の食べ物、と彼が言ったそれを――「私は、それを思い出すたびに震えがくるよ（J'ai des frissons chaque fois que j'y pense）[67]」

これを書いたリリー・モールトンはパリでアメリカ人銀行家の息子チャールズ・モールトン（Charles Moulton フランスではシャルル・ムルトン）と結婚して社交界デビューし、ナポレオン三世のサロンに迎えられて歌手としても高い評価を得た。その回想録は彼女が母と叔母に書き送った大量の手紙に基づいており、そこに綴られた一八五八年から一八七五年までの社交生活、各界著名人たちとの会話は同時代証言として信憑性が高い[68]。

ここでの問題はメッテルニヒ侯が先週ロッシーニの晩餐会で食した「注入したマカロニ」に関する発言で、文字どおり受け取れば「思い出すだけで身震いするほどひどい料理」となる。これをそのまま信じたのが『ロッシーニの仮面』（一九九〇年）の著者マーリオ・ニコラーオで、その言葉を受け、「ロッシーニの料理は、残された彼の調理法からもわかるように、脂っこく、味は複雑で、非常に「塩辛い」。［中略］決して美味しいものではない」と断じている[69]。だが、「塩辛い」との断言は根拠を欠く。最大の間違いは、ロッシーニの親友が辛辣な冗談が大好きなマエストロに倣って正反対の表現を用いるのを知らぬこと。発言者メッテルニヒ侯（Richard Klemens Fürst von Metternich-Winneburg, 1829-1895）はかつてロッシーニ最大の保護者の一人だったオーストリア宰相メッテルニヒ侯爵の息子で、一八五九年からパリ在住のオーストリア大使としてロッシーニと親しく、その夜会の常連だったのだ。そんな彼だからこそ、晩餐会で供される美味なマカロニ料理を「挽き肉とあらゆる種類の残り物を詰め物にし、丸太小屋みたいに皿の上に積まれた」「思い出すだけで身震いするような食べ物」と評して周囲の笑いを誘ったのである。これは夜会の常連で長年の友人でもある作曲家オベールも同様で、その日オベールはモールトン夫人にロッシーニが「オベールは小さな音楽を作る偉大な音楽家だ」と評したと明かし、自分は「ロッシーニはとても偉大な音楽家で美しい音楽を作るけれど、料理は最悪だね」と言い返した、と話したのである(70)。

おそらく読者は、ロッシーニの書き物机にあらゆる種類のごみと一緒に「有名なロッシーニ風マカロニのための注入器があった」というモールトン夫人の言葉に驚かれたにちがいない。これもまたロッシーニの自虐的な行為と思われ、複数所持する注入器（同時代の証言に銀製と象牙製がある）の一つをこれ見よがしに放置したのだろう。禿げ頭の彼は人前にでるときは常にかつらを被ったが、夜会の客の目につくところに悪趣味なかつらを置くこともあったのである。

ロッシーニが調理に使った注入器は作曲家の死後、一八六九年三月一二日と一三日にパリのオテル・ドルオで行われた遺品オークションにかけられた。落札した人物と注入器のその後は不明だが、三月一五日付の新聞『ル・ゴーロワ（*Le Gaulois*）』は、商人が二七六フランで入手したと書く(71)。同日付の『ラ・プティト・プレス（*La Petite Press*）』は、競売にかけられた注入器についてこう報じている。

　最も興味深い品物の一つが象牙の注入器で、今や伝説となったこの油圧機はあの世にいるマエストロの気まぐれから彼の遺言書の条項で競売に付すよう望んでいた。それはクラリネットや他の楽器と一緒に展示され、ピストルもあった。これはマカロニを紡ぐための器具と言われていたが、実はプルソーニャック氏に襲い掛かる薬剤師のギャルソンたちが手にしていたものだ［訳

註：浣腸器とほのめかしている」。シリンダーはほどよい大きさで先端が長く細く、ほとんどカニユール〔浣腸器の嘴管〕……。針が付いていて、象牙は真っ白に見える。[72]

注入器の形状は、ロッシーニ自身が描いたイラストと風刺新聞のカリカチュアによって知ることができる。イラストはパシーのロッシーニの邸宅を設計したシャルル・ドゥソー（Charles Doussault, 1814-1880）が一八六九年四月一〇日付の新聞『イリュストラシオン（*L'Illustration*）』に掲載したものである。[73] そこに描かれた注入器は単純な仕組みの筒形押し出し器で説明文に「象牙製」とあり、ロッシーニは楽器コレクションを含むスケッチを完成させるために「プルソーニャック氏にふさわしい、注入器のストラディヴァリウスであるこの器具が不可欠だった」と語ったと説明文に書かれている。これもロッシーニの自虐的ジョークで、マカロニに詰め物をする注入器をストラディヴァリウスの名器に譬え、モリエールの喜劇『プルソーニャック氏（*Monsieur de Pourceaugnac*）』（一六六九年）の中で浣腸器を手にした医者と薬剤師から主人公が逃げ回るシーンを思い出させるのである。

これとは異なる構図の自筆イラストも存在し、一八五七年にドゥソーに贈られたことを示す添え書きがある。[74] 同じ形状の注入器は、一八六七年七月四日の風刺新聞『ル・アンヌトン〔コガネムシ〕（*Le Hanneton*）』に掲載されたロッシーニのカリカチュアにも描かれている（図版参照。ロッシーニが注入器でマカロニにソースを注入する姿をグロテスクに描いた一八六八年のカリカチュアは、「V　美食家ロッシーニのカリカチュア」で紹介する）。

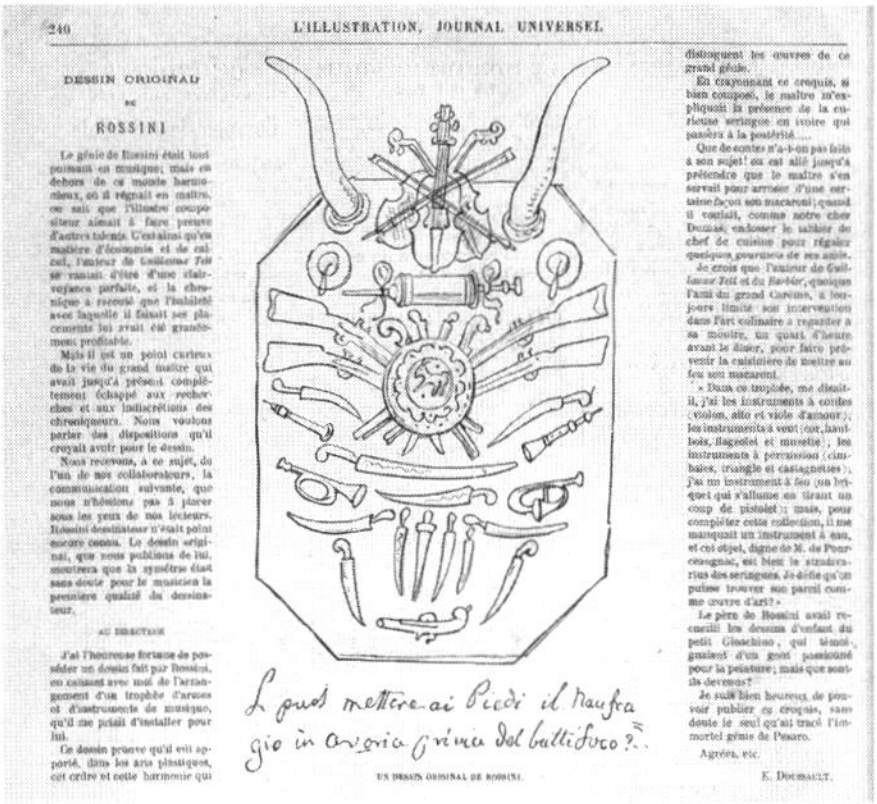
240　L'ILLUSTRATION, JOURNAL UNIVERSEL

DESSIN ORIGINAL DE ROSSINI

Le génie de Rossini était tout puissant en musique; mais en dehors de ce monde harmonieux, où il régnait en maître, on sait que l'illustre compositeur aimait à faire preuve d'autres talents. C'est ainsi qu'en matière d'économie et de calcul, l'auteur de *Guillaume Tell* se vantait d'être d'une clairvoyance parfaite, et la chronique a raconté que l'habileté avec laquelle il faisait ses placements lui avait été grandement profitable.

Mais il est un point curieux de la vie du grand maître qui avait jusqu'à présent complètement échappé aux recherches et aux indiscrétions des chroniqueurs. Nous voulons parler des dispositions qu'il croyait avoir pour le dessin.

Nous recevons, à ce sujet, de l'un de nos collaborateurs, la communication suivante, que nous n'hésitons pas à placer sous les yeux de nos lecteurs. Rossini dessinateur n'était point encore connu. Le dessin original, que nous publions de lui, montrera que la symétrie était sans doute pour le musicien la première qualité du dessinateur.

AU DIRECTEUR

J'ai l'heureuse fortune de posséder un dessin fait par Rossini, en causant avec moi de l'arrangement d'un trophée d'armes et d'instruments de musique, qu'il me priait d'installer pour lui.

Ce dessin prouve qu'il eût apporté, dans les arts plastiques, cet ordre et cette harmonie qui distinguent les œuvres de ce grand génie.

En crayonnant ce croquis, si bien composé, le maître m'expliquait la présence de la curieuse seringue en ivoire qui passera à la postérité....

Que de contes n'a-t-on pas faits à son sujet! on est allé jusqu'à prétendre que le maître s'en servait pour arroser d'une certaine façon son macaroni; quand il voulait, comme notre cher Dumas, endosser le tablier de chef de cuisine pour régaler quelques gourmets de ses amis.

Je crois que l'auteur de *Guillaume Tell* et du *Barbier*, quoique l'ami du grand Carême, a toujours limité son intervention dans l'art culinaire à regarder à sa montre, un quart d'heure avant le dîner, pour faire prévenir la cuisinière de mettre au feu son macaroni.

« Dans ce trophée, me disait-il, j'ai les instruments à cordes (violon, alto et viole d'amour); les instruments à vent (cor, hautbois, flageolet et musette); les instruments à percussion (cimbales, triangle et castagnettes); j'ai un instrument à feu (un briquet qui s'allume en tirant un coup de pistolet); mais, pour compléter cette collection, il me manquait un instrument à eau, et cet objet, digne de M. de Pourceaugnac, est bien le stradivarius des seringues. Je défie qu'on puisse trouver son pareil comme œuvre d'art? »

Le père de Rossini avait recueilli les dessins d'enfant du petit Gioachino, qui témoignaient d'un goût passionné pour la peinture; mais que sont-ils devenus?

Je suis bien heureux de pouvoir publier ce croquis, sans doute le seul qu'ait tracé l'immortel génie de Pesaro.

Agréez, etc.

E. DOUBAULT.

UN DESSIN ORIGINAL DE ROSSINI.

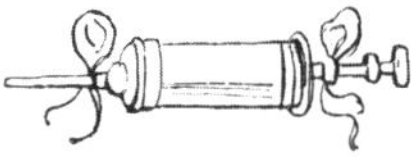

『イリュストラシオン』1869年4月10日付のロッシーニ自筆デッサンとその注入器（フランス国立図書館所蔵）

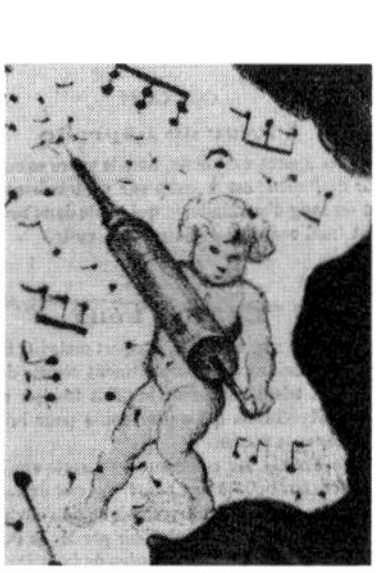

『ル・アンヌトン』1867年7月4日号のカリカチュアとその注入器（フランス国立図書館所蔵）

デュマとロッシーニのマカロニ戦争

『三銃士』（一八四四年）、『モンテ・クリスト伯』（一八四四〜四六年）で名高いアレクサンドル・デュマ［父］（Alexandre Dumas, 1802-1870）は、遺著となる『料理大辞典』（後述）によってその名を料理の歴史に残した。そんな彼が、後世に「マカロニ戦争」と呼ばれる闘いをロッシーニと繰り広げたことを知る人は少ないのではないか。

デュマが一八三〇年代初頭にロッシーニと面識を得たことは、一八三一年にオペラ座で初演されたマイアベーア《悪魔のロベール》の感想をロッシーニに尋ね、ルイ・フィリップ王の舞踏会の向こうを張って催した仮装大舞踏会にロッシーニがフィガロに扮して出席し、ラ・ファイエットと人気を二分したことでも分かる。このとき料理を手配したのはデュマ自身で、安上がりに大量の材料を調達するため狩猟許可を得て九頭の子鹿と三匹のウサギを獲り、レストラン・シュヴェの主人に頼んで他の食材と交換した。シュヴェは、五〇ポンドの鮭、鹿の丸焼き、巨大なパテのほか三〇〇本のボルドー、三〇〇本のブルゴーニュ、五〇〇本のシャンパンを用意したという（デュマ『わが回想録』第九巻、一八六三年）[75]。

一八三二年にパリでコレラが流行するとデュマはスイスに逃れてイタリアを旅行し、一八三五年にも一年間イタリアに住んだが、マカロニだけは好きになれなかった。帰国後も同様で、ガイ・エンドアのデュマ伝『パリの王様』は当時芸術家たちに居酒屋でマカロニを食べることが流行したのに、デュマはそれを一目見て嫌いになったという。彼にとってそれは、「香料の入ったソースの上にぶつかけた、濡れた洗濯布のような」食べ物だったのだ[76]。

そんなマカロニ嫌いのデュマも、自分が創刊した新聞『モンテ＝クリスト（*Le Monte-Cristo*）』に美味しいマカロニ料理のレシピを知りたいと投書が来ると、ロッシーニに手紙を書いてこれを尋ねた。その顛末を記したのが一八五八年六月三日に掲載した「マカロニック閑談（Causerie macaronique）」で、「私はマカロニが嫌いです」「私はイタリアに五年間滞在しましたが、二口目を噛んだことがありません。［中略］それがどのように調理されたか気にも留めませんでした。ですから私の読者の一人からマカロニのレシピを尋ねられたとき、私は大いに恥じ入りました」と前置きし、次のように述べている。

> 私は［レシピの掲載を］八日間先に延ばし、ロッシーニに手紙を書きました。ロッシーニはナポリの最高のマカロニを食べた人と云われていたからです。

アレクサンドル・デュマ（ナダール撮影、1855年）

MONTE-CRISTO

JOURNAL HEBDOMADAIRE DE ROMANS, D'HISTOIRE, DE VOYAGES ET DE POÉSIE

PAR ALEXANDRE DUMAS, SEUL.

CAUSERIE MACARONIQUE.

『モンテ＝クリスト』（1858年6月3日付。フランス国立図書館）

ロッシーニは彼の家にマカロニを食べに来るよう招待する魅力的な手紙（私の友人オムがたったいま受け取りました）を私にくれました。それを食べたら私にレシピをあげるというのです。私はロッシーニの家で晩餐をとりました。けれども私がマカロニを食べないのを見たロッシーニは、それを他の人に調理させる価値がないと判断しました。どれほど求めても、私は何ももらえませんでした。そんなわけで、私はあなた方に一つのことを信じていると率直に言いましょう。それは、ロッシーニがマカロニを食べることに満足するだけで、調理するのは彼の料理人だということです。

ロッシーニは今後も、過去、現在、未来の作曲家たちのトップであることに満足しますが、マカロニストとしての自分の名声は捨てるでしょう。[77]

この話はさまざまな新聞に転載され、二か月後にはニューヨークの週刊音楽新聞『音楽世界（*The Musical World*）』（八月二二日付）にも英語訳が載っている。[78] だがデュマは、後日この話をアレンジし、一八六三年一二月九日付『ル・プティ・ジュルナル（*Le Petit journal*）』に「ナポリ人の自称美食家への第二の手紙（Deuxième lettre a un prétendu gourmand napolitain）」と題して次のように再話した。

［料理への偏見と戦う私は］最高のマカロニ、つまりは最も良く調理されたマカロニを食べることができるのがナポリ、最良のレシピを持っているのがロッシーニであり、それがシチリアを通じてルクッルス［美食家として有名な共和制ローマの政治家］からプルチネッラに至る歴代の美食

家たちに伝播したことをここで否定しなければなりません。［中略］マカロニの偏見が染みついたナポリ人たちと夕食をとることになった私はロッシーニに手紙を書き、マカロニを作るために彼のレシピを送ってもらおうとしました。私が彼の音楽に夢中なので私のことをとても好きだったロッシーニは、彼の料理よりも《ギヨーム・テル》を悪く言うのを好むだろうと思い、私に答えました。「親愛なるデュマよ、私は自分のレシピをあげません、それはあまりにも貴重だから。けれども明日我が家にマカロニを食べに来てください。あなたが人に言われるほど本当に料理上手なら、あなたはデカ鼻王［ナポリ王フェルディナンド四世］のお気に入りの料理の素材が良く分かるでしょう。［中略］私は急いで招待に応じました。いやはや！ 神々と人間を前に、コーモス［ギリシア神話の宴会と祝祭の神］とグリモ・ド・ラ・レニエール［『美食家年鑑』を出版した美食家］、を前に言わせてもらえば、ロッシーニのマカロニは平凡でした。(79)

デュマの話はこれで終わらない。ロッシーニの死の一〇日後、『ラ・プティト・プレス』に「マカロニのレシピ（La Recette du macaroni）」と題した執筆者不明のコラムが掲載され、『モンテ＝クリスト』のデュマの文章をロッシーニに対する非礼な行いとして再話すると、(81) それを読んだデュマはただちに反論の書簡を同紙に寄せ、「パンと塩を分け合った人についてあまり悪く言いたくない」と述べつつロッシーニを「偽の食通」「エゴイストであると同時にけちで悪意のある人だった」と書くのである（一二月一日付）。(82) けれどもこの文章に含まれるロッシーニ宛の手紙と受け取った返信、両者の会話は作り話と思われるので割愛する。デュマの虚言癖は同時代に広く知られており、ダッシュ伯爵夫人によればデュマはよく嘘をつき、一週間経つと嘘と作り話が彼にとっての事実になっていたのである。[83]

これに先立ち、デュマは『世紀（*Le Siècle*）』紙の連載を一八四三年に書籍化したイタリア紀行『コリコロ（*Le Corricolo*）』の中でロッシーニが《オテッロ》を作曲した際の出来事を詳述し、一八四九年六月の『ル・コンスティテュシオネル（*Le Constitutionnel*）』に寄稿した短編小説『ロッシーニ家での晩餐（*Un dîner chez Rossini*）』にボローニャのロッシーニを訪問した際の会話を記している。『コリコロ』のそれは空想の産物にすぎないが、『ロッシーニ家での晩餐』にはロッシーニが自分の調理するマカロニ添えのストゥファート［煮込み料理］をイタリア半島で最も完璧を期したと豪語した、グリモ・ド・ラ・レニエールとブリア・サヴァランを称賛した、など美食に関する証言を紹介し、ロッシーニを「マカロニを至高のものとし、シュークルート［ザワークラウト］を軽蔑する男」と書いた。[84]

このようにロッシーニを小説のネタにして儲けたデュマが、なぜマカロニ料理をめぐって執拗に誹謗中傷するようになったのか。その答えは美食家としてのロッシーニの名声への嫉妬だけでなく、これがきっかけで芽生えたデュマの野心にあった。彼はロッシーニのマカロニにケチをつける二週間前の一八五八年五月二〇日付『モンテ＝クリスト』に発表した「料理閑談（Causerie culinaire）」の中で、「文学の名声よりも実用的な料理本で後世に自分の名を残す」と宣言していたのである。そんな野心の結実が遺著となる『料理大辞典（*Grand Dictionnaire de cuisine*）』である。未完の草稿は一八七〇年三月に出版社アルフォンス・ルメールに手渡されていたが、同年一二月五日のデュマの死で宙に浮き、ルコント・ド・リールとアナトール・フランスの編集で初版が出版されたのは一八七三年だった。

興味深いのは、『料理大辞典』に掲載された三〇〇〇を超えるレシピの一つが「白トリュフと黒トリュフのラグー、ロッシーニ風」であること（「ロッシーニの料理（50のレシピ）」参照）。既述のように、同書の「マニー氏が準備した四人用の晩餐メニュー」にも「フィレ肉、ロッシーニ風」があるから、マカロニを嫌ってもそれ以外の料理を評価していたのかもしれない。

小説家で食通、デュマのカリカチュア

GRAND DICTIONNAIRE
DE
CUISINE
PAR
ALEXANDRE DUMAS
PARIS
ALPHONSE LEMERRE, ÉDITEUR

デュマ『料理大辞典』のタイトル頁（パリ、1873年）

III

コーヒー、ワイン、菓子、野菜と果物、逸話

コーヒー党の一人に有名なロッシーニがいる。
（バルザック『近代興奮剤考』）

コーヒー（バルザックとロッシーニ）

文豪オノレ・ド・バルザック（Honoré de Balzac, 1799-1850）は、一八三〇年代のロッシーニの遊び仲間だった。これに関する証言を見る前に、バルザックが『近代興奮剤考』（*Traité des excitants modernes*）』（一八三九年）に書いたエピソードを紹介しておこう。

バルザックは酒、とくに蒸留酒が苦手だった。彼の言を信じれば、普段飲みつけないうえに長年にわたるコーヒーの大量摂取が原因で酔えなくなってしまったのだ。一八二二年のある日、彼はこれを聞いた友人から酒の飲み比べを挑まれ、二人で一七本空けた末に凱歌がバルザックにあがった

という。ところが喫煙経験の無かったバルザックは無理やり喫わされた二本の葉巻が効いて酔いがまわり、そのままイタリア劇場にロッシーニの歌劇《泥棒かささぎ》を観に行ったものの、やがて始まった音楽は……

この世ならぬ幻想的な楽の音に聞こえ、法悦境の女性の耳許に天から降りてくる調べのごとし。輝く雲の彼方から届く歌声は、人の作品につきまとう欠点がすべて拭い去られて、ただただ芸術家の魂がこめる神々しさに溢れんばかり。オーケストラも何か大きな楽器のように見えて、何かをやっているのはわかるのだが、何がどう動いているのやら。ただぼんやりベースを弾く袖、弓の動き、トロンボーンの金管、クラリネット、照明が目に映るのみ、楽士の姿はどこにも見当たらぬ……(1)

というありさま。オペラが終わり、千鳥足でうろつく彼の姿は当然のことながら上流人士から胡散臭い目で見られたが、「ロッシーニが私に丁重な挨拶をし」「二言、三言」言葉をかけてくれたおかげでとびきり美しい御婦人が出口まで腕を貸してくれ、ことなきを得たという。ロッシーニがなんと言ったのか、この酔っぱらいの記憶にはないが、「さぞや気の利いた言葉だったに違いない。話をさせても音楽にひけをとらぬロッシーニ」のことだから(2)。

面白い内容なので話の腰を折るのは気がひけるが、ロッシーニの最初のパリ訪問は一八二三年一一月だから、バルザックの言う一八二二年に会えるはずがないことは記しておこう。[3]

バルザックが初めてロッシーニと面識を得たのは一〇年後の一八三二年一月、後にロッシーニの妻となるオランプ・ペリシエ（Olympe Pélissier, 1797-1878）から自宅で催す晩餐に招かれたのがきっかけだった。ペリシエのバルザック宛の手紙には、こう書かれている――「次の月曜日、一月九日、あなたを頼れますか？ ロッシーニが拙宅で食事をするのです。一年を始めるのにとても良いことですわ」（一八三二年一月二日付）[4]。パリ随一の裏社交界の高級娼婦（ドゥミ＝モンデーヌ）オランプ・ペリシエのサロンには、パリのジャーナリスト、政治家、芸術家が出入りしていた。彼女は一八二三年頃から二八年まで画家オラース・ヴェルネ（Émile Jean-Horace Vernet, 1789-1863）、作家ウジェーヌ・シュー（Eugène Sue, 1804-1857）の愛人だった。

似たような体型の、食いしん坊と才気でひけをとらないバルザックとロッシーニは、すぐに親しくなった。ロッシーニはバルザックを「あまりに偉大な巨人」（バルザック宛の手紙、一八三三年一一月一七日付）と呼び[5]、バルザックはロッシーニを「いずれホメロスのように尊敬を集めるだろう」（小説『ランジェ公爵夫人』一八三四年）、「一番いとしい人」（ハンスカ夫人宛の手紙、一八三八年一一月一五日付）と書く。彼らの楽しみは、グルメの会を開いて大騒ぎすることだ。バルザックのハンスカ夫人（Eveline Hańska, 1801-1882）宛の手紙には次のように書かれている。

バルザックの肖像（フランス国立図書館所蔵）

今度の土曜日、私のオペラ座の桟敷の虎たちに食事をふるまいます。そして理由もなく贅沢三昧をするのです。ロッシーニ、彼の情婦［Cara donna］オランプ、ノディエと一緒です。それからサンドー、とても才能ある政治家なのに不当に評価されているボエン（Bohain）なる男、ヨーロッパで最高の美味を誇るワイン、大変珍しい花々、高価で極上の御馳走といった五つの虎。つまるところ、私は自分を際立たせようと思っているのです。

（ハンスカ夫人宛、一八三四年一〇月二六日付）(6)

「虎」はバルザックが自分の遊び仲間を指す言葉、「今度の土曜日」は一一月一日に該当する。この宴会の結果は、ハンスカ夫人宛の手紙に次のように報告されている。

ぼくの晩餐！　大変な成功でした。ロッシーニは君主たちの所だってこんなに素晴らしく食べ、飲んだことはないと断言しました。この晩餐は才気で輝いていました。美しいオランプは愛想が

オラース・ヴェルネが描いたユディト（1830年。ボストン美術館所蔵）

オランプ・ペリシエ

良くて慎みがあり、まさに完璧。ロトゥール＝メズレ（Lautour-Mézeray）は機知に富んだ男で、彼はロッシーニ、ノディエ、マリトゥルヌ（Malitourne）の銃撃戦を驚くべき砲兵の勢いで消し去りました。

［中略。昨日劇場で］オランプはぼくにロッシーニを示しながらこう言いました。「あなたにはここにいるお方の魂がどれほど美しく崇高か、どれほど善良か想像もできないでしょう……だって彼は、人前では嘲笑で身を包み、辛辣なのですから」（同前、一八三四年一一月二六日付）[7]

「コーヒーの効能を熟知するコーヒー通」を自認するバルザックは、前記『近代興奮剤考』の中で眠気を吹き飛ばし頭脳を明晰にするこの液体を「徹夜仕事と知的労働の福音」と呼び、ロッシーニがその効き目について「コーヒーが効くのは二週間から二〇日くらい。有難いことにちょうどオペラを一つ仕上げるのにいい期間だ」と話したと記している。[8] 同様の言葉がバルザックのロール・シュルヴィル宛の書簡に見出せる――「コーヒーはもう私に長期の活力を与えてくれません。以前はそれが二か月続きましたが、今では一五日間以上の興奮をもたらさないのです。これはロッシーニが利益を得るのに割り当てた期間と同じです」（日付なし。一八三八年一〇月一六日と推測）[9]

だが、債鬼に追われ借金返済のために自分の肉体を毎日一八時間――ときには二四時間――も机に縛りつけ、孤独のなかで五万杯の特別濃厚なコーヒーを飲んで膨大な作品を執筆したバルザックとは異なり、ロッシーニがコーヒーをがぶのみしながら徹夜でオペラを作曲した話は見つからない。《セビーリャの理髪師》のロジーナと《ラ・チェネレントラ》アンジェリーナを創唱したリゲッテイ＝ジョルジが『覚書［かつて歌手だった女の返書］』（一八二三年）で証言したように、ロッシーニは周囲の雑音に邪魔されることなく作曲し、友人たちに「もっと騒いで自分を助けてくれるよう頼んだ」のである。[10] 多い年で年に五作のオペラを作曲した売れっ子だったから、作曲が間に合わず興行師のアパートで缶詰にされた経験もあったが、ある手紙（日付不詳）の中で当時を振り返り、缶詰にされている間、「マカロニ一皿以外、なにも貰えなかった」と書いているから、[11] 彼の場合は一刻も早く美味しい料理にありつこうと筆を運ぶ姿を想像してしまう。大急ぎで作曲する羽目に陥るのは、それまで遊んでいたつけがまわったか、興がのらず締め切り間際までほったらかしにしたのが原因である。

ロッシーニとワイン

ところで、ロッシーニが「ほろ酔いかげんでないと作曲できなかった」「酒瓶に囲まれて傑作を書いた」と書く者もいる。けれどもそれは当てにならない意見というより中傷にすぎず、信じるわけにはゆかない。そうした話は彼がワイン通であったことに由来するのだろう。最初のパリ時代にイタリアからワインを取り寄せたことは、一八二五年八月二日と一八二六年一二月一〇日付の両親宛の手紙にビッフィ（Biffi）氏へのワインやシャンパーニュの代金支払いに言及したことでも判る（金額は二〇〇フランと二九六フラン）。[12]

ロッシーニは各国の王侯貴族やロッチルドのような大富豪との交流で鑑識眼を高め、無類のワイン通になっていた。一八三六年四月、パリのロッチルド家を訪れた劇作家グリルパルツァー（Franz Grillparzer, 1791-1872）は、ロッシーニがワインの鑑定家と知って驚愕する。

ロートシルト［ロッチルド］の客のなかにはロッシーニもいた。何年か前にイタリアで彼をちょっと見かけたことがあったが、今ではすっかりフランス人に成りきっていて、外国語を生まれながらのフランス人のように話し、ウィットや警句は尽きるところを知らなかった。彼の食道楽は有名である。彼はこの家の知人でもあったけれど、このときは大口で買うシャンペンの試飲のために特に招待されていた。彼はこの道の優れた通と見られていたのだ。

（グリルパルツァー『自伝』[13]）

同年六〜七月にはロッチルド一族の招きでベルギーとドイツを旅行した。これは英国ロスチャイルド家の当主ライオネル・ド・ロスチャイルド男爵が従姉妹に当たるシャルロット・フォン・ロートシルトとフランクフルトで挙げる結婚式に出席を求められたためで、ロッシーニは行く先々で大歓迎された。約一週間のフランクフルト滞在では、二七歳のメンデルスゾーン（Felix Mendelssohn Bartholdy, 1809-1847）と再会する。メンデルスゾーンはそのときのことを、母と妹レベッカへの手紙に次のように記している。

昨日の朝、ぼくはヒラーを訪ねました。そこで誰に会ったか分かりますか？大きくて丸々と太り、愛想の良い、陽気なロッシーニです！ 彼みたいに楽しく機知に富む人を、ぼくは本当に僅かしか知りません。ぼくたちは彼といる間、ずっと笑い続けていました。ぼくたちはゼバスティアン・バッハの《ロ短調ミサ曲》とその他の作品を聖セシリア協会のミサで演奏させると彼に約束しました。ロッシーニがゼバスティアン・バッハを感嘆して聴くなんて、なんと素敵でしょう。［中略］彼は、自分はドイツに夢中で、ラインの宿ではあまりに熱心にワインリストを見たから給仕が部屋までついてきた、さもないと彼は二度とそれを取り戻せなかっただろうね、と言いました。［中略］なんという才気、活力、表情と言葉のすべてに具わる洗練でしょう。彼を天才と思わぬ人は、一度でいいから彼と話をする必要があります。そうすれば、すぐに自分の意見を変えるでしょう。

（メンデルスゾーンの手紙、一八三六年七月一四日付）(14)

ロッシーニが稀代のワイン通であることは、一八三四年に大量のボルドーワインをイタリアに送った際の手紙でも証明しうる。これはマルセイユの港からヴェネツィアに大樽で四つ送り、そこで

ロッシーニの肖像（1836年。筆者所蔵）

メンデルスゾーンの肖像（1837年）

積み替えてボローニャの実家に届けるよう手配した父ジュゼッペ宛の手紙で、その量を「ボトルで一二〇〇本分」と記し、樽の開封、ボトルに詰め替える際の注意と貯蔵法について次の三つの手紙で説明している。

樽は輸送中の品質を保つため別な樽で覆われており、その隙間にはコルク栓が詰められています。ですから樽の覆いを開ける際にコルク栓を壊さぬよう注意してください！　第一の樽には、ワインを取り出すための青銅の蛇口が二つ入っています。第二、第三、第四の樽に、コルク栓もしくはフランス語のブションが見つかります。［中略］一樽当たりの関税は一五〇〜二〇六フランを想定してください。
（父ジュゼッペ宛、一八三四年三月五日付）[15]

樽の上部の蓋を開け、棒を直接差し込んで五〜六分間ワインをかき混ぜてください。［中略］後は八日間ワインを寝かせ、それをボトルに移すのですが、瓶の中でコルク栓がワインに触れぬよう注意してください。コルク栓とワインの間に指二本分の空きを残すように。ワインにはその空気が必要なのです。［中略］ヴェネツィアから四樽届いたら、後で説明するボトルへの移し替えを行なう前に、湿気の少ない良いワイン庫に八日間から一〇日間、置きっぱなしにしてくださ い。それからボトルに移しますが、樽の終わりに取れる二、三本分のワインは常にとても濁っているので注意してください。その部分をボトルに入れるには、糊の付いていない濾紙を通せば上手くいきます。［中略］愛しいヴィヴァッツァ［父の渾名］、美味しいワインを何本か飲みたいと思ったらたくさんお金がかかりますし、労を惜しんでもいけません。ワインをボトルに移してから、少なくとも六か月は待つのです。(16)

（同前、一八三四年三月一九日付）

あなたに言い忘れましたが、コルク栓はそれをボトルに差し込む前に、蒸留酒で湿らせておかねばなりません。これには二つ理由があります。第一に、ボトルの口をきちんと閉じるのに栓を湿らせる必要があること。第二に、乾いた栓がワインに悪い味を与えるのを防ぐためです。それが原因で、しばしば良質なワインでなくなってしまうのです。(17)

（同前宛、一八三四年三月二六日付）

ボルドーの銘柄は不明だが、親友のスペイン人銀行家アグアド侯爵（Alexandre-Marie Aguado, 1784-1842）が所有するワイナリーのシャトー・マルゴー（Château Margaux）と推測されている。

晩年のロッシーニは私邸に立派なワイン貯蔵庫を備え、世界の逸品を取り揃えていた。これについてはパリ公立病院のアーカイヴに所蔵されるロッシーニの注文書や領収書から詳細を知ることができる。ワインはボルドー（Bordeaux）――サンテミリオン（Saint-Émilion）、サンテステフ（Saint-Estèphe）、ポイヤック（Pauillac）、ペイラゲ（Peyraguey）――を中心に、ブルゴーニュ（Bourgogne）、コート・ド・ボーヌ（Côte de Beaune）、シャンパーニュ、シチリアのマルサーラ（Marsala）とズッコ（Zucco）などがあり、フランス・ワインは産地の卸業者から最上級品を大樽（ボトルにして約三〇〇本）で取り寄せたことが判る。

ボルドーの卸業者ガロス（TH. Galos）のロッシーニ宛の手紙には、次のように書かれている。

親愛なるマエストロ

貴方からの八日付のご親切な手紙を、確かに頂戴しました。貴方のお求めのワインは良い状態にありまして、私としても喜ばしいかぎりです。ペイラゲ酒の成功は、私には驚くべきことではありません。それは神の霊薬（アンブロワジー・デ・デュー）だからです。それを飲んだら、もう他のものは飲めません。でも、それは当社の品にしか見出せないと信じてください。なぜなら第一級の白ワインでも、収穫期によって等級が異なるからです。そこでこうなります。

第一　最上級ワイン（ヴァン・デクストラ・テット）

第二　上級ワイン（ヴァン・ド・テット）

第三　中級ワイン（ヴァン・ド・サントル）

第四　下級ワイン（ヴァン・ド・クー）

それぞれの等級は大樽で貯蔵され、各カテゴリーで質的には同じですが、卸業者は通例一つの等級を三〇〇〇フラン、または四〇〇〇フラン、または四五〇〇フラン、もしくは五〇〇〇フランで買い付けます。そして自分の所でそれらを混ぜ合わせ、自分の商売に都合よく均してしまうのです。そうした卸業者は元々違う値段のワインを均一価格にしてしまいます。貴方もお分かりのように、同じ産地でも味に違いがあるのはこれが原因です。［後略］

私は貴方を友人として、また食通として遇しておりますので、貴方には第一等級、すなわちとびきり出来のいい一八六一年産の最上級品をお送りした次第です。それらのワインの大樽ならびに瓶詰めの価格は次のとおりです。
一八六一年産の大樽
ペイラゲ　最上級　二五〇〇フラン
同　　上級　二〇〇〇フラン
同　　中級　一五〇〇フラン
一八六四年産　最上級　二〇〇〇フラン

私は先頃、セイエール男爵様のお求めで最上級の大樽一つ分を瓶詰めにし、そのワインで素晴らしい成功を得ました。彼の家でこれに匹敵するものはけっして見出せません。瓶詰めワインの価格は次のとおりです。

ペイラゲ　一八六一年産　最上級　ボトル当たり一〇フラン
同　　同　　上級　ボトル当たり八フラン
同　　同　　中級　ボトル当たり七フラン
同　　一八五九年産　　ボトル当たり五フラン

もしもピエ＝ヴィル伯爵が何らかの取引をお望みでしたら、私はとても幸せに存じますし、できる限りのサーヴィスをさせていただきます。その旨、折あらばお伝えください。

では、愛しいマエストロにして友よ、さようなら。私の格別の敬意を信じてください。

敬具　ＴＨ　ガロ

（ロッシーニ宛、一八六七年九月一一日、ボルドー）[18]

ペイラゲは一八五五年パリ万国博覧会において白ワインの公式格付第一級に認定された貴腐ワインで、ジロンド県ソーテルヌ村、ボンム村とその周辺で造られる。前の手紙から、ボルドーの納入業者はロッシーニを食通と認めて一八六一年産の最上級品を届け、ロッシーニの口利きでピエ＝ヴィル伯爵と取引ができるよう期待したことが判る。ロッシーニがピエ＝ヴィル伯爵のために《小ミサ・ソレムニス》を作曲したことは、広く知られていた。

スペインの酒はこれを専門に扱うJ・ロメロの店から購入し、ビールもパリ近郊のイギリス人業者にストラスブールのビールを納入させ、大量に消費した記録が残されている。こうした取り寄せとは別に、ロッシーニはジェイムズ・ド・ロッチルド男爵からシャトー・ラフィットを定期的に贈られていた（後の項目参照）。

ロッシーニが催す晩餐で料理に合わせて産地の異なる五〜六種類のワインが供されたことは、自筆メニューが証明する。銘酒のコレクションに、フランス、イタリア、スペイン、ポルトガルのほかペルーのワインもあったことは、リスボン王立劇場の音楽監督を務めるシチリア生まれの作曲家コッポラ（Pietro Antonio Coppola, 1793-1876）宛の次の手紙に書かれている。

［ファローボ伯爵］の奥様の逝去は知らされておりました。でも彼が喪に服していても、旅の親切なお仲間と一緒にわが家へ晩餐をとりにくる約束に変わりがないことを願っていました。私はキンタラの侯爵――彼はこう呼ばれているのです――を豪華な晩餐でもてなし、私のフランス、イタリア、スペイン、ポルトガル、ペルー等々のワイン・コレクションを味わっていただくのが

自慢で楽しみだったのです。でもマデイラだけはお出しできなかったでしょう。何か月も前からそれをきらしており、補充できなかったのです。これについてはむしろ、リスボンのあなたの所にまだ古いマデイラを持っている愛好家たちがいると思いますので、可能なら何本か購入していただけると幸いです。そうしていただけたら、私は健康に良いその貴重なワインで最高の喜びを味わえるでしょう。あなたはそれをファローボ伯爵の家で飲めるとは、何と幸せなのでしょう。

（ピエートロ・アントーニオ・コッポラ宛、一八六七年一〇月一六日付、パリ）[19]

菓子（ムスタッチョーリ、ゼッポレ、パネットーネ）

ロッシーニは菓子も好んだが、デザートを含めて料理人が調理したのでこれに関する情報は乏しい。書簡で言及された菓子やドルチェでは、ナポリに活動の場を移した一八一五年九月二六日と推定される母宛の手紙に「ムスタッチョーリを届けることができません」と書かれている。[20] ムスタッチョーリ（Mustaccioli）はナポリでクリスマスから新年にかけて食される、外側をチョコレートでコーティングした菓子で、一般的な作り方は次のとおり――「小麦粉、砕いたアーモンド、砂糖、カカオパウダー、オレンジの皮のすりおろしを混ぜて水で練った生地を平らに伸ばしてしばらく寝かせ、ひし形の枠で抜く。これを熱で溶かしたダークチョコレートにくぐらせてコーティングし、涼しい場所に放置して固まらせて出来上がる[21]」

ナポリの菓子は、ゼッポレも次の書簡に見出せる。

トルテッリーニは喜んで頂戴しました。ところで君にお願いがあるのだが、ナポリ風ゼッポレをぼくのコックに作らせたいので、そのレシピを送ってもらえないだろうか。この料理を完璧に仕上げるために、必要な材料とその配合を教えてほしいのだ。

（ドメーニコ・ドンゼッリ宛、一八五〇年一月三日、フィレンツェ）[22]

ドメーニコ・ドンゼッリ（Domenico Donzelli, 1790-1873）はロッシーニの歌劇《ランスへの旅》騎士ベルフィオーレ、ベッリーニ《ノルマ》ポッリオーネなどを創唱したテノールである。ロッシーニは生涯にわたって親しく交際し、一八二六年二月七日付の手紙に「ぼくにモルタデッラを一本持ってきてくれるよう君の妻へ伝えてくれないか、一緒に食べようじゃないか」と書いている。[23]ゼッポレ（Zeppole）はドーナツ状をしたフリッテッラ（揚菓子）の一種で、主な原料は小麦粉と砂糖だけだが、作り方は地方ごとに異なる。一八三四年にペーザロで出版されたヴィンチェンツォ・アニョレ

ムスタッチョーリ

ゼッポレ

ッティの料理書は、ナポリ風ゼッポレの調理法を次のように説明している。

ナポリ風ゼッポレ Zeppole alla napoletana

水を加えた少量のワインを沸騰させ、塩少々とローズマリー一枚を入れ、次いでローズマリーを取り出す。セモリーナと小麦粉を、捏ねやすいパスタを作るのに適量加え、よく火をとおす。冷めたらすぐに油もしくはラードを足し、ケーキ台の上で充分に手で捏ねる。次にそれを幾つかのドーナツ状に形作り、きつね色に揚げる。その際軽く仕上げるために、細い焼き串で突いて穴をあける。仕上げに粉状またはシロップ状の砂糖をかけて供する。お好みで、熱いままでも冷ましてもよい。

(アニョレッティ『料理人と菓子料理人の手引き』第二巻)[24]

ミラノから定期的に届けられるパネットーネも、ロッシーニの好物だった。

あなたへの手紙のレパートリーは、私の感謝で使い尽くされてしまいます。この新たな一八六五年の手紙では、共通の友人ブラーガが届けてくれたパネットーネが最高の出版社主(寄贈者)に相応しく、そしてあまりに有名なカヴァティーナ《ディ・タンティ・パルピティ[こんなに胸騒ぎが]》の作曲家(受領者)にふさわしいものだったと言うにとどめましょう。あなたの親切で成り立つこの関係は、私にとってははなはだ貴重なものです。なぜならそれは、創設者ジョヴァンニの記憶を蘇らせてくれるからです!

(ティート・リコルディ宛、一八六五年一月一二日、パリ)[25]

パネットーネ（Panettone）はクリスマス前後に食される、ドライフルーツの入ったミラノの伝統的な発酵菓子パンである。音楽出版社リコルディの創業者ジョヴァンニ・リコルディ（Giovanni Ricordi, 1785-1853）が定期的にロッシーニに贈ったのは一八四七年にパオロ・ビッフィ（Paolo Biffi）が創業した菓子店「ビッフィ」のパネットーネで、教皇ピウス九世への献上品としても知られる。

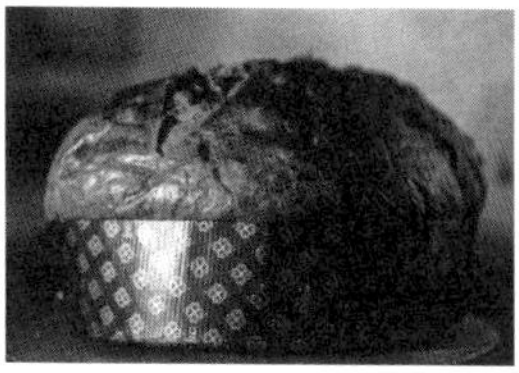

ビッフィのパネットーネ

一八四七年一二月二八日付のロッシーニのジョヴァンニ宛の礼状には、「あなたのパネットーネはクリスマス・イヴの私の会食者たちの幸福となり、誰もがあなたの健康に乾杯しました」と書かれている。[26] ジョヴァンニの死後は息子ティート（Tito Ricordi, 1811-1888）がこれを引き継ぎ、共通の友人であるチェリスト、ガエターノ・ブラーガがパリのロッシーニに届けた。工程に四〇時間かけるビッフィのオリジナル製法のパネットーネ・トラディツィオナーレは、現在も販売されている。[27]

野菜と果物

品種改良と流通の発達で世界各地の食材が輸入される現代とは異なり、一九世紀半ばのパリで暮らすロッシーニはイタリア食品を専門業者から購入し、故郷の友人から野菜や果物の種を取り寄せて栽培した。友人たちも折にふれ旬の野菜と果物をパリに送ってくれた。これについてはロッシーニの注文書、依頼状と礼状から情報を得ることができ、ナポリで歌劇《新聞》を作曲中の一八一六年の母宛の手紙の追伸にも「メロンの種を二枡ぼくに送ってください」と書かれている（一八一六年九月一〇日付）。(28)

野菜の種は一八五九年四月にフェンネル（fennel〔英〕、フヌイユ fenouil〔仏〕、フィノッキオ finocchio〔伊〕）の種をボローニャの友人、翌六〇年にブロッコリーの種をローマの友人に依頼する手紙を送った。(29) ズッキーニの種は一八六一年七月四日付でボローニャのファービに求め、(30) 一八六四年七月一三日付では「ペルーツィ〔ペッルッツィ〕が私の妻に贈ってくれたズッキーニ（ロッシーニの表記は Zucchetri）の栽培用の種に関して、種を蒔く季節とそのための土壌の準備について教えてください、私は庭師を変えてしまったので、それを教えないといけないのです!!」とファービ宛の手紙に記している。(31) ロッシーニは一八五八年にパリ市からブローニュの森に面したパシーの約一万平方メートルの土地を九万フランで購入し、建築家シャルル・ドゥソーに東洋風の装飾を持つ美しい二階建ての家を建てさせ、春と夏をそこで過ごした。

邸宅の裏庭に造らせた野菜畑では、フェンネル、ブロッコリー、ズッキーニ、豆類を栽培し、一八六五年一〇月二〇日付のファービ宛の手紙で「ズッキーニの種を一袋、豆も（お好みで）、このガリアのパシーでうまく育つ青物」を送ってほしいと頼んだ。(32) 翌六六年一〇月一四日付のリヴェラーニ宛の追伸では、ファービに会ったら「美味しいズッキーニの種と一緒に送ってくれた冬カボチャ（Zucche d'Inverno）の調理法と食べ方を尋ねて教えてほしい」と求め、(33) 亡くなる七か月前の六八年四月七日にもボローニャのさまざまな豆の種が入った小包への礼状を記している。(34) ミネストラ用のドイツの大麦、パリの業者から購入したピエモンテの米については「Ⅳ 書簡の中の美食」を参照されたい。

こうした取り寄せとは別に、ロッシーニはさまざまな野菜をヴィルモラン＝アンドリュー社(Maison Vilmorin-Andrieux) から購入しており、現存する一八六六年の請求書から、二種のえんどう豆、二種のインゲン豆、じゃがいも、玉ねぎ、ポロねぎ、二種のニンジン、ニンニク、エシャロット、五種のサラダ菜、チャービル、パセリ、ワレモコウ、三種のチコリ、トマト、キャベツ、芽キャベツ、フェンネルを購入したことが判る。[35] ヴィルモラン＝アンドリューは一七七五年からパリ南部で高品質の野菜と花を栽培し、農業と園芸に革命を起こした一族である。[36]

パシーのロッシーニの邸宅（『絵入りル・モンド』1868年。筆者所蔵）

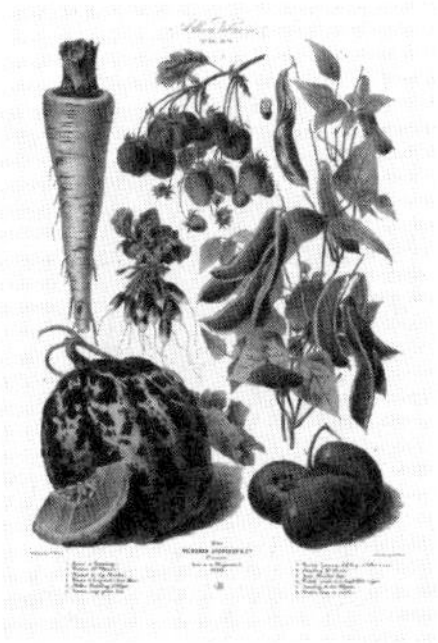
『アルバム・ヴィルモラン』(1879年の図版 No.30)

果物に関してはメロン以外に特別な好物を知りえないが、ロッシーニの晩餐でテーブルに置かれた果物を誰も食べることができなかったという逸話が残されている。初出は不明だが、一九〇九年に出版された劇作家アルフレード・テストーニ（Alfredo Testoni, 1856-1931）の『ジョアキーノ・ロッシーニ、その生涯の四つのエピソード（*Gioachino Rossini, quattro episodi della sua vita*）』の注釈に、演劇関係者からもらった手紙に書かれた話が次のように引用されている。

フローリモが私に語ったところでは、パリでロッシーニ夫人がイタリア人の音楽家たちを晩餐に招く際に、テーブルの真ん中に素晴らしい果物の盛り合わせが用意されていた。けれども誰一人、その神の恵みを一つとして食べることができなかった。デザートのときがくるとロッシーニ夫人が不愉快そうに立ち上がり、招待客も当然のこととしてそれに倣ったからである。ある日、フローリモが召使にチップを払うと約束してリンゴを一つもらおうとすると、こんな返事をされた――「無理です。果物は奥様が［店から］借りたものなんです！」[37]

手紙の著者とされる演劇関係者が不明で真偽も定かでないが、この話はオランプの吝嗇を示すエピソードとしてさまざまなロッシーニ本に転載されている。

その他の食材と逸話

ピザのオイル

ある日ロッシーニはダンコーナに、どこに住んでいたのかと尋ねた。「ピザです」との返答を得た彼は、すぐにこう付け加えた——「ピザ…ピザ…ブーティのオイルで有名ですね」。「ええ、マエストロ、あなたにそれを二、三樽お送りします」——偉大なエピキュリアン［享楽主義者］にとって、地理は本質的に料理術だった！

（アレッサンドロ・ダンコーナ『文学と歴史の雑録』[38]）

これは一八四九年にロッシーニがフィレンツェに移った日に初めて会った文献学者アレッサンドロ・ダンコーナ（Alessandro D'Ancona, 1835-1914）の回想録に書かれた文章の一部である。ピザ近郊ブーティ（Buti）は良質なエクストラ・ヴァージン・オイルの産地として名高く、現在も高い評価を得ている。

土曜日のイワシ

作曲家ラヴィニャック（Albert Lavignac, 1846-1916）は、ロッシーニが美味しいものに目がないことを知っていたので、時折ガスコーニュ湾で捕れる最高に美味なイワシ、ロワヨー（royaux）を何ダースも送り届けていた。

ある日、マエストロはラヴィニャックを咎めて言った——「ねぇ君、こういう物を土曜日に持ってくるのはやめてくれないか。土曜日は私のところに大勢食事に来るのだよ。ロワヨーがある時は、くつろいで、お喋りせずにそれを独りで味わいたいな。とはいえ良き夫として、いつも一尾だけオリンピア［オランプ］に分けてあげるけどね」

（ラディチョッティ『典拠のあるロッシーニ逸話集』[39]）

一口分のワイン

一八六四年のある日、ロッチルド男爵が自分の温室で採れた素晴らしいブドウをロッシーニに贈り、次の返事を受け取った——「ありがとう！　貴方のブドウは極上です。でも一口分のワインとは、少々さみしいですな！」

男爵は当てこすりに気づいたが、それ以上にこうした機知に富む文面を喜ぶ人だったので、すぐに彼の上等なシャトー・ラフィットの小樽をマエストロに送らせたのだった。

（ラディチョッティ『典拠のあるロッシーニ逸話集』(40)）

シャトー・ラフィット（Château Lafite）は一八五五年パリ万国博覧会のメドック公式格付けで第一級の最高評価を得たワインで、現在もロッチルド男爵家が所有するぶどう畑から生産されるシャトー・ラフィット・ロッチルドがボルドーワイン最高級銘柄の一つとなっている。ロッシーニの友人でもあるジェイムズ・ド・ロッチルド男爵がこの逸話を周囲に語ったのは一八六四年で、モールトン夫人の回想録には同年三月にロッシーニの夜会に出席した際の話が次のように書かれている。

少し前、ジェイムズ・［ド・］ロッチルド男爵が彼の温室で採れた素晴らしいブドウをロッシーニに送りました。ロッシーニは礼状を書きました——「あなたのブドウは見事ですが、私は自分のワインが丸薬状なんて嫌ですね」。ロッチルド男爵は、自分の有名なシャトー＝ラフィットを何本か彼に送らせるための誘いと理解し、その冗談のせいで彼にワインを送り続けているのだよ、と言いました――「後でその話をするのが面白いからね」

（『回想の宮廷で　一八五八～一八七五年』[41]）

初物のアスパラガスのためなら

ある婦人が、どうしてもロッシーニに紹介してほしいとブラーガ（Gaetano Braga, 1829-1907）に頼んでいた。著名なチェリストはその願いを巧みにかわしていたが、ある日、ロッシーニと一緒にいるところで彼女に出会ってしまい、拒めなくなってしまった。

「この店でアスパラガスを一束買ってマエストロにあげなさい」――ブラーガが勧めると、婦人はそれに従った。

アスパラガスを受け取ったロッシーニは、贈り主をじろりと眺めてお辞儀すると、こう言いながら一回転した――「これが正面のロッシーニ……横向きのロッシーニ……後向きのロッシーニ！……」。そしてぶつぶつ言いながら立ち去ってしまった。

この逸話には次に掲げる別なヴァージョンがあり、そこではロンドンからパリへロッシーニに会いに来た高齢の女性ファンが主人公となっている。

ある日、彼女は有名な食通の店シュヴェの前でロッシーニをつかまえることに成功した。そのショーウィンドーは目を見張る素晴らしさだった。海水を入れた水槽に牡蠣や生きた魚がいて、最上の梨、桃、あらゆる種類の野鳥！　とりわけマエストロの注意を引いたのが、一束の立派なアスパラガスだった。それを見た瞬間、ショーウィンドーに彼の女迫害者の姿が映った。彼は勇気をだして婦人に向き直ると、ゆっくり回りながら言った――「私はここですよ、お気の済むまでご覧なさい」。婦人が嬉しくて有頂天になっていると、ロッシーニはこう付け加えた――「さぁ、見せ物を楽しんだ後は、規定どおり見物料を支払っていただきますよ。あの平凡なアスパラガスの束と同じくらいね」

婦人の不幸は初物の野菜を買わされただけではなかった。自分でマエストロの家に届けねばならなかったのである。

（ベルト・ベルトゥ『ロッシーニの機知』[42]）

シュヴェのアスパラガス（1851年のイラスト）

パレ＝ロワイヤルの食料品店シュヴェ（Chevet）は、果物、甲殻類、魚類、野菜、ハム、チーズの極上品を取り揃える美食家垂涎の店で、初物野菜の専売権をもっていた。ロベール・クルティーヌは『パリの胃袋』の中で、ロッシーニがシュヴェの店でさまざまな珍味を選んで従僕に馬車へ運ばせていたが、財布の紐を握る夫人オランプは支払いを渋るのが常だったとしている。

粗末な食事

ある日、ロッシーニは一人の婦人から食事に招待された。彼女は見かけは華やかで気品があったが、その裏にひどい吝嗇を隠しており、事実その日の晩餐もかなり粗末で安っぽいものだった。

食事が終わると女主人はマエストロが招待に応じてくれたことに礼を述べ、こう付け加えた――「貴方がパリから出発なさる前に、もう一度拙宅で一緒に食事をする栄誉にあずかれたら幸せですわ」。するとロッシーニは辛辣な皮肉を込めて答えた――「それはもう喜んで、今すぐにでも！」

（ベルトゥ『ロッシーニの機知』[43]）

この話は一九世紀半ばに広く知られており、一八六〇年にロンドンで出版された著者不詳の『ウィットと知恵、ジョーク、なぞなぞ、感想と格言集』にもほぼ同じ内容で載っている。[44]

記憶にあるのはただ…

ある日、見知らぬ男がロッシーニに尋ねた。「マエストロ、ミラノであなたのために催された贅沢な晩餐会のことを覚えていらっしゃいますか？　とてつもなく巨大なマカロニパイが供され……あの時あなたの右隣に座っていたのが私です」

「それは良かったですな」――ロッシーニは答えた――「実はマカロニパイのことは覚えているんだが、あなたのことはさっぱり思い出せんのですよ」

（チェッキーニ『ロッシーニとキッチンで』[45]）

この話にはさまざまなヴァージョンがあり、パリの週刊誌『政治と文学年鑑（*Les Annales politiques et littéraires*）』一八九二年二月二八日付に掲載された記事「ロッシーニの機知（*L'Esprit de Rossini*）」に、ある男が自分のことを思い出させようとして、「私たちが何度も一緒に食べた美味しいトリュフ詰めのマカロニを忘れたのですか？」とロッシーニに問うと、「マカロニとトリュフのことは完璧に覚えているけれど、あなたのことは思い出せません！」と言われたと書かれている。[46] これに対し、一八九八年刊のケッキ『ロッシーニ』では、パリのロッシーニを訪問したナポリの公爵が、「ナポリで《オテッロ》が初演されて大成功を収めた翌日、ピニャテッリ公の家でとった食事を覚えてますか？ あの日、私はテーブルであなたの隣に座ることを光栄に思いました」と話すとロッシーニは言った。「ああ、そうです！ いま思い出しました。家のこと、食卓、トリュフ添えのマカロニ。でもあなたのことは、なにも覚えていません」[47]

食器のための音楽

ジョヴァンニ・リコルディは、マエストロに数小節でも作曲させようとせっついていた。うんざりしたロッシーニは彼に、《クラリネットの独奏を伴う、グラス、皿、フィアスコとフライパンのためのバッカスの序奏（*Introduzione bacchica per bicchieri, piatti, fiaschi e padelle con assolo di clarinetto*）》と題した数頁の楽譜を送った。リコルディは腹をたてず、これを《ロッシーニ作曲、異例の楽器による未出版の序奏より（*Da un'introduzione inedita per istrumenti insoliti di Rossini*）》と題して出版し、大成功を収めた。

（ベルトゥ『ロッシーニの機知』[48]）

この話は一八八七年フィレンツェで出版されたヴェントゥリーノ・カマイティ『ジョアキーノ・

ロッシーニ』が初出と思われるが、[49] この題名の作品の存在は確認できず、作り話と思われる。[50]
次に示すのはトリエステの劇場博物館に残された著者不詳の覚書からアルトゥーロ・コディニョーラがパガニーニ伝に掲載した逸話だが、[51] 他の資料では確認できない。

シャンパンとコーヒーの音楽

一八三二年四月二二日、ロッシーニはパリで豪華な夜会を開いた。パガニーニをはじめとする著名な芸術家の招待客たちにより、宴会は即興演奏の饗宴になった。パガニーニはロッシーニがその場で作曲した《即興的モザイク（*Mosaïque-Improvisé*）》と題されたソナタを演奏した。［中略］ロッシーニがシャンパンのグラスを手にとり、偉大なヴィルトゥオーゾの健康を祝して乾杯すると、パガニーニは返礼としてシャンパーニャ（Sciampagna 彼はイタリア式にそう発音した）の行進曲を奏したが、その主題はシャンパーニュ（Champagne）の文字を構成する五つの音ＣＨＡＧＥだけで作られていた。次にコーヒーが運ばれると、今度はＣＡＦＥの音だけでアダージョの音

アングルが描いたパガニーニ
（フランス国立図書館所蔵）

ようね！」

楽を奏でた。ロッシーニは感嘆して叫んだ――「私は即興が得意でこの手のものも色々試みているが、これほど単純な音だけで上手くやりおおせたことは一度もなかった。皆さん、このマエストロを困らせるにはどうすれば良いのでしょう。きっと我々が自分の才能を磨くしかないのでしょうね！」

頭に思い浮かぶのは

《スタバト・マーテル》の最後の部分を作曲しているロッシーニに、前日彼と食事した友人たちが何をしているのかと尋ねた。するとロッシーニは額をこすりながら答えた――「［音楽の］モティーフを探しているんだが、アタマに思い浮かぶのはパイやトリュフ、そんなものばかりなんだ」

（アントーニオ・ザノリーニ『ロッシーニ伝』）(52)

才能はどこに？

ロッシーニが出席した公開演奏会の後、この作曲家を初めて見た一人の外国婦人が彼の前に進み出て、大声で叫んだ。「ああマエストロ！　肖像画でしか知らなかった天才の顔をやっと見れますわ！　間違いありません、あなたは音楽の才能を頭にお持ちです。なんて大きく成長した頭でしょう！　こんなにも」

「他はどう見えますか、シニョーラ？」――ロッシーニは自分のお腹を叩きながら言った――「見えないとか、大きくないとは言わせませんよ。私の本当の才能は食べることにあるのですからね」

（ラディチョッティ『典拠のあるロッシーニ逸話集』[53]）

牡蠣のカンツォーネ

ロッシーニは日がな一日五線紙と筆を手に、ベッドにもぐりこんでいた。《泥棒かささぎ》を作曲していたのだ。突然、ドアをノックする音が聞こえた……ミラノ人のボルトロなる男が門番に伴われていた。花なしでミツバチが生きられないように牡蠣なしで生きられなかったロッシーニは、この男に美味な貝を納めさせ、数千リラの借金があったのである。訪問の目的はマエストロからの代金取り立てにあり、さもなくば債務不履行で彼を逮捕させるつもりだった！

支払いは稀に見るような方法で実現した。牡蠣屋のボルトロは、彼の慎ましい職業とは裏腹に詩人の才能を隠し持っており、ミラノ滞在中の牡蠣の提供を約束する代わりに、彼が生み出す詩にマエストロが曲をつけて不朽の名作にするよう求めたのである。

詩句はその場で作曲されただけではない。［ロッシーニの］新作歌劇の中で歌われて拍手喝采を博し、「牡蠣のカンツォーネ（*Canzone delle ostriche*）」として広まったのである。

（ベルトゥ『ロッシーニの機知』[54]）

この逸話は後述する作家エッティンガーによる創作で、ロッシーニがベッドの中で作曲したという俗説もこの話が発端のようだ。逸話だけではない。一九世紀に流布したロッシーニの名言や箴言の多くがこの小説家による捏造なのである。次にこれを明らかにしたい。

捏造されたロッシーニの言葉

ロッシーニの美食のアフォリズム（箴言）は、さまざまな料理本や音楽書に引用されている。中でも有名なのが次の四つである。

「トリュフはきのこのモーツァルトである」
「胃袋は、われわれの感情の大管弦楽を統率する指揮者である」
「食べ、愛し、歌い、消化すること——それが人生とよばれるオペラ・ブッファの四幕である」
「牡蠣を伴わぬ昼食はマカロニの無い晩餐、月の出ぬ夜である」

『ラルース・ガストロノミック』の項目「ロッシーニ」にも、こう書かれている——「彼はオペラの歴史に跡を残したが、彼の食道楽は美食の歴史にも痕跡を残した。食べ、愛し、歌い、消化すること、それらは実のところ人生と呼ばれるオペラ・ブッファの四幕であり、シャンパーニュのボトルの泡のように消えゆく、と彼は書いている[55]」

こうした言葉の初出は、ドイツの作家エドゥアルト・マリア・エッティンガー（Eduard Maria Oettinger, 1808-1872）が一八四七年にライプツィヒで出版した『ロッシーニ、滑稽小説（*Rossini. Komischer Roman*）』に遡る。これは伝記風の小説で一八五一年に第三版が出版され、デンマーク語訳（一八四九年）、スウェーデン語訳（一八五〇年）、フランス語訳（一八五四／五八年）のほかイタリア語訳も現れ、事実でない話を世界中に流布させてしまったのである。

エッティンガーは前記のアフォリズムを含む文章を最初に一八四四年一〇月二三日付のヴィーンの新聞『フモリスト（*Der Humorist*）』[56]に発表し、そのフランス語訳が同年『両世界評論（*La revue des deux mondes*）』（第八巻）一〇月号に掲載された（「ロッシーニへの手紙、《オテッロ》について（Lettre à Rossini / À propos d'Othello）」と題された文章の註として）。これが『ロッシーニ、滑稽小説』に先立つ逸話の出元であることから、次に訳しておこう。

何もすることがなくなった後――ある日、彼［ロッシーニ］は言っていた――私は食べること、理解して立派に食べること以上に価値のある仕事を知りません。心臓にとって愛に当たるものが、胃袋にとっての食欲です。胃袋は私たちの情熱の大管弦楽を統御し、鼓舞する楽長です。空腹は私に、ファゴットや唸る小フルートの、不満や妬みの甲高い音を鳴らします。満たされた胃袋はその反対に、喜びのトライアングルや歓喜のティンパニです。愛については、私はそれをプリマ・ドンナのために持っています。歌うディーヴァのために、耳を酔わせ、心を喜ばせるカヴァティーヌを頭の中に持っているのです。食べ、愛し、歌い、消化すること、それらは実を言えば、シャンパーニュのボトルの泡のように消えゆく、人生と呼ばれるオペラ・ブッファの四幕です。それを楽しむことなく逃すのは、狂った主人です。

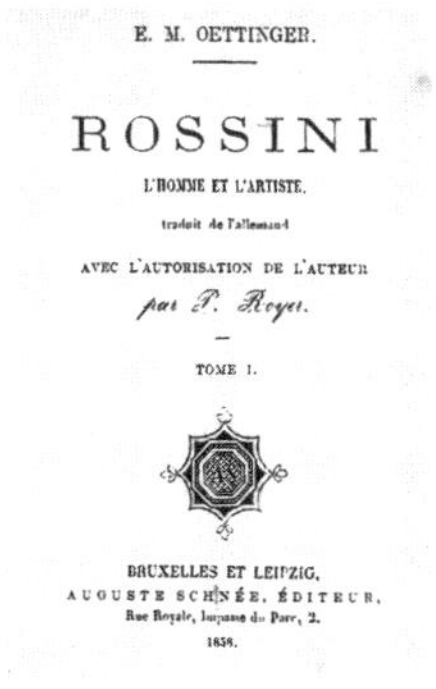
E. M. OETTINGER.

ROSSINI

L'HOMME ET L'ARTISTE.

traduit de l'allemand

AVEC L'AUTORISATION DE L'AUTEUR

par P. Royer.

TOME I.

BRUXELLES ET LEIPZIG,

AUGUSTE SCHNÉE, ÉDITEUR,

Rue Royale, Impasse du Parc, 2.

1858.

エッティンガー『ロッシーニ』
（フランス語訳、1858年）

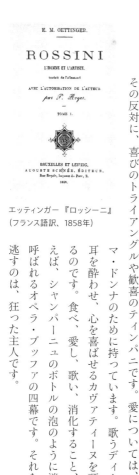

［中略。《セビーリャの理髪師》の成功をローマから著名な女歌手コルブランに書き送った手紙の一部を引用すると断り、ロッシーニの文章に続ける］

私の《理髪師》は日ごとに成功を勝ち取っています。［中略］夜の路上ではアルマヴィーヴァのセレナードしか聞こえません。フィガロのアリア「町の何でも屋に道を開けろ」はすべてのバリトンの十八番です。そして少女たちは「今の歌声は」にため息をついて眠りにつき、「リンドーロは私のものになるわ」と共に目を覚まします。でもぼくのオペラ以外にあなたの興味を引くのが、愛しいアンジェリク、ぼくがいま作ったばかりの新たなサラダの発見です。そのレシピを急いであなたに送ります。プロヴァンスのオイル、イギリスのマスタード、フランスの酢、少々のレモン、胡椒、塩を用意し、そのすべてをよく混ぜ合わせたら、細かく薄切りにした少量のトリュフを入れてください。トリュフはこの調味料に、美食家を恍惚境に導くために作られた輪光のようなものを与えます。私が最近会った国務長官は、この発見に対して教皇の祝福を与えてくれました。でも私の《理髪師》に話を戻しましょう…

彼［ロッシーニ］はかつてガレンベルク伯爵に、「トリュフはきのこのモーツアルトです」と言いました。実際、私はトリュフ以外にドン・ジュアン［ドン・ジョヴァンニ］と比較する言葉を知りません。どちらも楽しむほど魅力が増す、という共通点があります。(57)

エッティンガーはこの話を『ロッシーニ、滑稽小説』第二巻第一〇章にアレンジして再話し、新たなエピソードを創作して挿入した。それが前に掲げた「牡蠣のカンツォーネ」の話で、第三巻の

第一章とした。そこにはロッシーニの言葉――「牡蠣を伴わぬ昼食はマカロニの無い晩餐、月の出ぬ夜である」――の原文に当たる文章が次のように書かれている。

ある日、彼［ロッシーニ］はダヴィドにこう言いました――「牡蠣は天のマナ［ヘブライ人が天から授かった食べ物］に似ており、それは最も賢いラビたちが言うように、常に新しい食べ物と思われ、再び味わいたくさせる属性を具えています。牡蠣の無い昼食はマカロニの無い晩餐、月明かりの無い夜です。「一日ヲ無駄ニ過ゴセリ！（Diem perfidi!）」。これが牡蠣もマカロニも無い一日を過ごすときに私の胸が吐き出す叫びです。[58]

ご覧のように、美食家ロッシーニの名言や箴言とされたすべてが小説家エッティンガーの創作なのである。にもかかわらずそれが真正な言葉と信じられたのはドイツ語タイトルの「滑稽小説」が各国語の翻訳で失われ、ノンフィクションの伝記として読まれたのが原因で、機知に富むロッシーニなら言いそうなこと、と誰もが信じたのである。一八五八年六月三日付『フィガロ』によれば、ロッシーニは数日前にフランス語訳でこの本の存在を知ったが、著者についてなにも知らず、ロッシーニに関する侮辱的な話を満載したこの偽の伝記がマイアベーアに献呈されたことに注意を促している。[59]

他にもフェイクニュースに類する話が事実と信じられている。最後にこれを記しておこう。

豚を飼育し、レストランを開いたという誤解

ロッシーニの言葉以外にも、「引退後のロッシーニがボローニャで豚を飼育した」「パリで美食家用のレストラン『グルメのための天国』を開いた」という誤情報がインターネット上に散見される。これはエルネスト・W・ハイネ『大作曲家の死因を探る　音楽ミステリー』（市原和子訳、音楽之友社、一九八六年[60]）の記述が事実と誤解されて広まったのだが、どちらも事実無根である。著者ハイネは作曲の筆を折ったロッシーニが「ボローニャで豚の飼育とトリュフの専門家として活躍し」、「パリで美食家用レストラン『グルメのための天国』を開いた』と断言したうえで、「どうして彼は指揮棒を包丁と取り替えたか、なぜ聴衆より豚の方を愛したのか」と問いかけ、「おそらく彼はこのように語ったであろう」と前置きし、典拠を示さず前記エッティンガーの文章を勝手にアレンジするのだからたちが悪い。それだけではない、著者の「まえがき」と訳者「あとがき」でこの本に書かれた話がフィクションではなく「実際にあった話」と断言されているから、読者が騙されても不思議ではないのだ。

一八五六年八月七日付『フィガロ』が「美食家であるロッシーニが料理のために音楽を捨てようと決めたのは驚くべきことではない」と記したことでも判るように[61]、ロッシーニの早期引退を美食趣味と絡める解釈は早くから存在していた。アメリカの作家カール・ヴァン・ヴェクテン（Carl Van Vechten, 1880-1964）も一九一八年に発表した「音楽と料理（*Music and Cooking*）」の中に、「ロッシーニが音楽室ではなく厨房に引退したのだということは、覚えていなくてはならない。簡単な説明をすれ

ば、彼は作曲よりも料理の方を好いたのだ」と書き、[62] その翻訳が太田黒元雄『水の上の音楽』（第一書房、大正一四年）に掲載されたから、ロッシーニが食卓の喜びのために引退したという話は古くから日本の音楽愛好家に知られていたのである。

それゆえ世界中に拡散し、常識と化した誤情報を消し去るのはもはや不可能だろう。こうした話には人を魅了するものがあり、それがきっかけで新たな物語も生み出されるからだ。二〇一八年に出版され、二〇一九年の本屋大賞を受賞した瀬尾まいこの小説『そして、バトンは渡された』（文藝春秋）もその一つで、ロッシーニの名前が五か所に出てくる。最初はピアノが上手な主人公、早瀬くんが学校の音楽室で大作曲家の肖像画を見比べて「ロッシーニだけ若干笑って見えない？　口元にも目元にもうっすら笑みがある」と指摘し、「俺、この人好きなんだよな」と話す（一八七〜一八八頁）。そしてイタリア留学から帰国した早瀬くんはレストランでピザ職人になる修業をしたと明かして周囲を驚かせ、「俺、ロッシーニみたいになりたいだよね」「ロッシーニは音楽活動の後、レストランを経営したんだよ。やっぱり、行き着く先は食なんだよな」と言い、美しい音楽とおいしいごはんの「どちらが人を幸せにできるかと言ったら、後者になるんじゃないのかな」と説明するのである（二九四〜二九五頁）。

この小説は文庫版も含めて百万部を超えるベストセラーになり、同題の映画も二〇二一年に封切られたので、早瀬くんのようにロッシーニの人生を肯定的に受け止めた人も多いに違いない。であるなら、これを事実無根としてむげに否定する気にはならないのである。

引退後のロッシーニがボローニャで豚を飼育したという誤情報の背景には、音楽家の両親が旅巡業に出るたびに息子を豚肉屋に預け、豚肉やソーセージに精通したロッシーニが自分の職業選択の誤りを嘆いた事実がある。彼は晩年、親しい作家アレクシス・アゼヴェドに「やれやれ、有名人とはなんて疲れるんだ！　豚肉屋の主人たちは幸福だろうに！」と語り、「どうしてその仕事を選ばなかったのですか？　あなたは少年時代、ボローニャで豚肉屋に寄宿させられていた時から修業していたではありませんか」と言われると、「そうなりたかったさ、でもなれなかったんだ。わしのせいじゃない、どうやら間違った方向に導かれたようだ」と答えたのである（アゼヴェド『G・ロッシーニ、その生涯と作品』[63]）。

後章で明らかにするように、晩年のロッシーニは私邸で食通をうならせる晩餐会を催したので、レストランを開いたと後世に誤解されても不思議ではない（いうまでもなく、代金と引き換えに食事を提供するレストランと私的な晩餐会はその本質を異にするのだが）。伝説や神話が生まれる背景には人の好奇心のそそる特別な出来事があり、真実や事実が歴史の彼方に消えても、文学化された伝説は絶えず形を変えながら生き続けるのである。

その一方、最初の二章に見たように、食通としての名声を不動のものにした料理創作の事実がある。ロッシーニが生み出した新たなマカロニ料理がきっかけで、パリにマカロニ・ブームが起きるのだ。食に対するあくなき情熱も、現存する書簡が証明する。四二歳のロッシーニが大樽で四つ、ボトル一二〇〇本分のボルドーワインをフランスからボローニャの実家に送らせた話も、これに関する自筆書簡が現存しなければ作り話や根拠のない逸話と思われただろう。だが、ロッシーニの場合は文字通り「事実は小説より奇なり」であり、現存する書簡だけでも一九世紀のフランスとイタリアの食材と食文化に関するアンソロジーを編纂することが可能なのである。次章「書簡の中の美食」を、逸話から話を始めた本書の真実や事実を補完するドキュメント集としてお読みいただければ幸いである（ボローニャとモデナの豚肉加工食品、アスコリ・ピチェーノのトリュフとオリーヴ、チーズに関してもそこで明らかにする）。

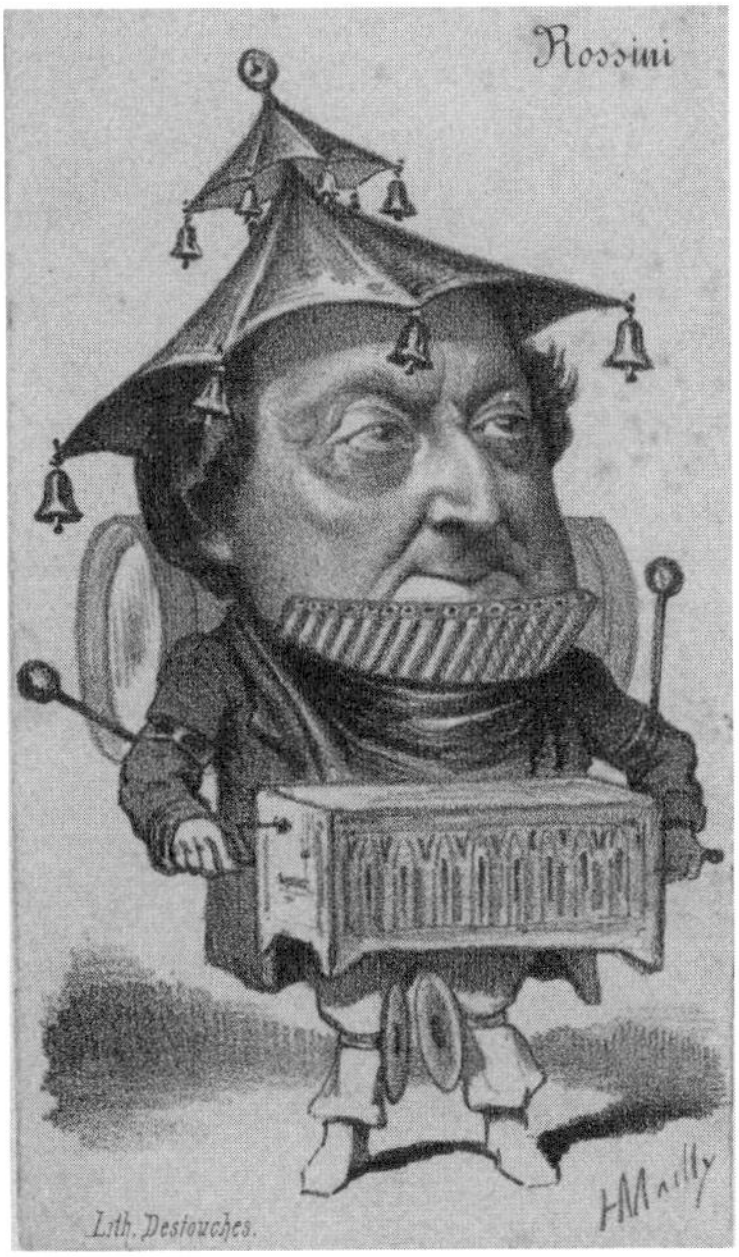

イポリート・マイリーが描いたロッシーニのカリカチュア（フランス国立図書館所蔵）

IV

書簡の中の美食

君にお願いがあるのだが、ナポリ風ゼッポレをぼくのコックに作らせたいので、そのレシピを送ってもらえないだろうか。この料理を完璧に仕上げるために、必要な材料とその配合を教えてほしいのだ。

（ロッシーニの手紙、一八五〇年一月三日付）

ロッシーニの書簡と美食

三一歳の若さで「ゴルドーニより百倍も才気があり、何もかも笑い飛ばす男だから、さぞかし生き生きとして面白い回想録が書けるはずだ」とスタンダールに伝記執筆の意欲をかきたてたロッシーニは、ナポレオンに続いて現れた真の天才だった（スタンダール『ロッシーニ伝』序文）。だが、ロッシーニ自身は回想録の類を残さず、日記すら書こうとしなかった。そこにも非ロマン主義的な精神気質の一端が見て取れるが、彼がさまざまな作家による自分の伝記を読んだことは、「私の伝記類は一つ残らず非合理で、多かれ少なかれ吐き気をもよおす作り話に満ちています。もしも私が理性を欠いていたら、それらに反撃したことでしょう」と記したことでも判る（アンジェロ・カテラーニ宛の手紙、一八六二年六月二八日付）[1]。

その翌年には『ナポリのロッシーニ（*Rossini a Napoli*）』と題された喜劇の作者ルイージ・ダスティ（Luigi Dasti, 1810-1889）から上演許可を求められ、「あなたの作品がこれまで世に出た、私の音楽に寛大で甘やかしすぎる反面、生活上の習慣に関して少なからぬ嘘と偽りに満ちたロッシーニ伝の色彩を帯びていないと信じたいです」と釘を刺し、上演を許可した（ダスティ宛の手紙、一八六三年一月一八日）[2]。

友人たちに囲まれて余生を楽しむロッシーニは、自分の人生を身近な者に口述することもできたが、社会と音楽界に対する影響力を恐れ、多くを語らなかった。苦楽を共にした妻オランプもそんな夫の胸の内を知り尽くしていたのだろう、生前の夫の生活や思想、音楽観について一切語ることなく一〇年後に夫の後を追っている。だが、七六年の生涯に書いた数千通に及ぶ書簡は、ロッシーニの人となりや社会との関係を知るうえで第一級の資料となっている。そこには彼が美食家だったことを示す言説があるだけでなく、機知の人ならではの才気とユーモアが随所に光を放っている。

贈られた珍味に対する礼状や食品を注文する手紙にも、美味と食べることへの情熱と悦びが見て取れる。トリュフ、オリーヴ、モルタデッラ、ザンポーネ、コテキーノ、司祭帽、ゴルゴンゾーラ、チェダーチーズ、トルテッリーニ……人間味あふれる手紙に書かれたさまざまな食品に注ぐ眼差しに、美食家ロッシーニの姿が映し出されているのだ。

次に掲げる書簡は贈り主への礼状や注文の手紙をテーマ別に分類したもので、個々に出典を示し、必要と思われる注釈を付しておいた。こうした美食書簡のアンソロジーは旧著『ロッシーニと料理』が最初だったが、本書では掲載する手紙を増やし、オリジナルや初出についても再検討した。なお、本書における書簡の引用の多くが食べ物と料理に関する部分であることをお断りしておく。

オペラ作曲家時代の書簡より

ロッシーニの美食に関する情報はパリで活動を始めた一八二三年以降が大半だが、初期の書簡にも食べ物に関する記述を見出せる。最初は歌劇《シジスモンド》の作曲でヴェネツィアに滞在した一八一四年一二月に書かれた、ボローニャの父に牡蠣を送ったと知らせる手紙である。

> 最愛の父へ。マルキ氏からの三籠分の牡蠣を受け取ってください。うち二つは直接コルネーリア・マルティネッティ夫人に届けてください。［中略］あとの一籠はお気に召せばあなたの手元に置き、お好きなやり方で食べてください。（父ジュゼッペ宛、一八一四年一二月［二日以降］）[3]

翌一八一五年からナポリに活動の場を移したロッシーニは、それ以前に滞在した都市とは異なる南部イタリアの食文化にふれ、故郷ボローニャの食材の価値を再認識するようになる。一八一五年六月二七日にナポリに到着した彼は、興行師バルバーイアの会計係フマガッリの家に住み、昼食をバルバーイアの家でとる、と母アンナ宛の手紙に記し（同年七月四日付）[4]、八月二三日の手紙では、バルバーイアがボローニャに来たら、彼に「トニーノが選ぶ美味しいモルタデッラを二つ渡してください」と依頼している（母宛、一八一五年八月二三日［編者による推測］）[5]。トニーノは少年時代からの友人でアマチュア・ファゴット奏者、アントーニオ・ゾーボリ（Antonio Zoboli, c.1790-c.1870）である[6]。モルタデッラ（Mortadella）は豚肉を原料に、ワイン、ニンニク、その他秘伝の香辛料を加えて作られる直径二〇センチほどのボローニャ・ソーセージで、ナポリで手に入らないことからロッシーニはこれを贈答用に用い、一八一六年三月［一九日以降］の母宛の手紙にも、この手紙を届ける友人セラフィーノ（詳細不明）に「モルタデッラを二つ渡してください」と書かれている[7]。

同年九月の手紙ではナポリで作曲中の歌劇《新聞》の出来栄えに満足し、手紙の追伸に、「ぼくは完璧に健康で幸運です。これ以上ありえないほど幸せなのでどうかご心配なく。バルバーイアのためにメロンの種を二枡ぼくに送ってください。急いで［《新聞》を］上演します。さようなら」と記した後に父への追伸として、「あなたの馬鹿息子があなたに、［メロンの］種を数日後ボローニャでバロキーノ［バルバーイアの仲間の興業師カルロ・バロキーノ］に渡すことができるのを言い忘れていました」と記した（一八一六年九月一〇日付）[8]。一八一九年一〇月一二日付の母宛の手紙には、「優しいトニーノによろしく伝え、ぼくにマグロのパンツエッタ（panzatta d'Ton [sic] マグロの身の油漬け）を作るよう彼に言ってください」とある[9]。

一八二一年八月一〇日付の母宛の手紙では「六つのモルタデッラと一二のサラミを用意し、それをナポリの支配人バルバーイアに送るよう言ってください」と伝え[10]、一八二四年五月には滞在中のロンドンから妻コルブランがロッシーニの父ジュゼッペに宛てた手紙に、「ジョアキーノが私たちに届けるために、二つのモルタデッラを上記の人［コンティーニ氏］に渡してくれるよう望んでいます」と書かれている。[11] その後パリやロンドンに滞在した際にもこれをボローニャの父に用意させ、一八二六年二月七日付のドンゼッリ宛の手紙でもモルタデッラに言及している。[12]

ボローニャからさほど遠くないモデナ特産のザンポーネ（肉詰め豚足。後の項目参照）もロッシーニの好物で、ボローニャを訪問したイタリア劇場監督カルロ・セヴェリーニに対し、ザンペットとザンポーネを携えて帰国するよう依頼している（一八二九年一〇月一六日付の手紙）[13]。オペラの筆を折った後もパリに滞在したロッシーニは、一八三二年一一月二八日付の父宛の手紙でボローニャから「ザンポーネ二つ、モルタデッラ二つ、サラミ二つを一緒に小さな箱に入れ、モルタデッラは届いたときにそれを切り分けるだけにして」送ってくれるよう求めた。[14] そして翌一八三三年一月二八日付の父宛の手紙で届いた品が「すべて極上でした」と感謝し、[15] 同年一二月一日の手紙でもパリにソーセージの送付を求め、「モルタデッラ二つとサラミ四つ、サラミのうち二つは大きなもので、モルタデッラは調理済みのものを探してください」と記している。これはパリでクリスマスに催す大宴会のためと推測される。[16] ジュゼッペは翌一八三四年一月三〇日の息子宛の手紙に「四つのサラミと二つのモルタデッラを送った」と記し、[17] その後も折にふれパリの息子にモルタデッラとサラミを送ったことが書簡で確認できる。ロッシーニは一八三六年二月八日に父に送った礼状で最高に素晴らしいサラミとモルタデッラを受け取ったと感謝しつつ、四つ送ってくれたはずのサラミが三つしかなく、「四つ目は国境で［誰かに］食べられてしまったのでしょ

ボローニャのモルタデッラ

う」と述べている。(18)

一八三六年末に帰国したロッシーニは故郷の味に舌鼓を打ったが、これに関する書簡は後の項目にゆずり、アスコリ・ピチェーノの友人から贈られるトリュフとオリーヴへの礼状を見ておこう。

トリュフとオリーヴ

あなたは先日お送りくださったトリュフとオリーヴで私を打ちのめしてしまいました。充分尽くさなかったと思っておられるのですか？ 感謝を受ける資格が足らないとでもお考えでしたか？ 私は最高の屈辱を受けたのだと断言します。とはいえその屈辱は私の口蓋にいささかの影響も及ぼしませんでした。贈っていただいた品物すべてを良質で美味しいと判断したのですから。せめてボローニャにいらっしゃることがあれば、手紙でなしうる以上の感謝の気持ちを表すことができるのですが。

（ジョヴァンニ・ヴィターリ宛、一八三八年三月一〇日、ボローニャ）(19)

トリュフとオリーヴの贈り主ジョヴァンニ・ヴィターリ（Giovanni Virali, ?-1845）はマルケ州アスコリ・ピチェーノ在住のチェリストで、ボローニャ在住のオーボエ奏者バルダッサーレ・チェントローニ（Baldassarre Centroni, 1784-1860）を介してロッシーニとの親交を深め、トリュフとオリーヴをマエストロに贈り続けた。ロッシーニはこれに感謝し、礼状以外にも《スタバト・マーテル》の印刷譜に自筆の献辞を添えて返礼にしている。ヴィターリへの礼状は数多く残されているが、前記書簡は下記の一月一四日付に続く二通目に当たり、手紙の冒頭に「Lei」ではなく「Voi」を使いますと断っている。どちらも相手に対する敬語表現で「あなた」を意味するが、ロッシーニは親しい者同士は「Voi」を使うべきと考え、同年一一月二〇日付の礼状でも相変わらず「Lei」を用いるヴィターリに、「この呪われたLeiはぼくにとって我慢ならぬ言葉です」と釘を刺している（その後「君Tu」を用いるようになる）。

ヴィターリが贈ったオリーヴはアスコラーナ（Ascolana）と呼ばれるアスコリ・ピチェーノ特産の緑オリーヴで古代ローマ時代から名高く、現在はピチェーノのオリーヴァ・アスコラーナ（Oliva Ascolana del Piceno）としてＥＵの原産地名称保護認定（ＤＯＰ）を受けている。[20] ロッシーニが贈られたのは四センチほどの大きなオリーヴの塩漬けと思われる。[21]

続いてヴィターリから贈られたオリーヴとトリュフへの礼状を、年代順に掲げてみよう。

あなたの優しさと寛大さに感謝するために、どんな表現を用いれば良いのか判りません。［中略］チエントローニはあなたに、ぼくがオリーヴの樽だけを受け取ったと言うでしょう。見事なトリュフの方は全部腐っていたのです！　我慢しましょう……

（一八三九年一月一四日、ボローニャ）[22]

君の親切な手紙と一緒に、君が寛大にも贈ってくれた貴重な贈り物を受け取りました。ぼくは大喜びしながらも、君のしてくれたことに大いに恥じ入っています。だって今まで君のために何もしていないのだから。どんなふうに感謝の気持ちを表せば良いでしょう？　ぼくの愛情をどう表現すればいいでしょう？〔中略〕ヨーロッパ最高のオリーヴのおかげで毎日ぼくに与えられる尽きせぬ喜びと、その上トリュフまで送ってくださるとの脅しに対して何と言ったらよいか。君は友人たちの中で一番の愛情と感謝をぼくに寄せてくれるのだね。

（一八三九年一二月一五日、ボローニャ）[23]

アスコリのトリュフはぼくを浮き浮きとさせ、自信を取り戻させてくれます。どうして君が名声に恵まれ、感傷的な相続人などと呼ばれる存在であるのか今わかりました。永遠にそうあり続けますように。

（一八四〇年二月二三日、ボローニャ）[24]

君はいつもと変わらぬ寛大さで、平和のオリーヴと戦争のトリュフと共にやって来ました。それらは私たちの間に悲しみを蘇らせると同時に、めちゃ食いをさせるのですね……

（一八四一年一月二日、ボローニャ）[25]

二樽のオリーヴと、さらにトリュフまで発送しようという脅しを受け入れます。だけど、ああ、私はあなたに何もしていないじゃないですか！

（一八四一年一一月六日、ボローニャ）[26]

わが慈善家。君の新たな贈り物は完璧な状態でぼくのもとに届きました。だけどこりゃまた、君はその寛大さでぼくを窒息させようというのかい？　ともあれ私たちはこの最高に美しいトリュフを食しますが、君は私たちの許にいません。そのことが私を苦しめます。［中略］もしも君が息子さんと一緒にボローニャに来たければ、ちょうどあなたに会う機会があります。《スタバト・マーテル》の演奏のことでね。このモルタデッラの国にはチェリストが少ないので、有名なヴィターリの援軍が得られたら幸運なのだが、如何なものだろう？

（一八四二年二月一二日、ボローニャ）[27]

この手紙でロッシーニが求めたのは、ドニゼッティの指揮で予定された《スタバト・マーテル》イタリア初演（一八四二年三月一八日ボローニャ）への協力で、ヴィターリの息子もチェロ奏者だった。

次の手紙には、親友の銀行家アグアドの死（同年四月一四日）から受けた痛手が読み取れる。

ピエモンテのトリュフのイラスト（1780年）

イタリアの白トリュフ

最愛の友、君の親切な手紙への返信がこんなに遅くても気に留めないでください。とても愛していた友人の死で私は混乱し、自分の頭がどこにあるか判らなくなっていたのです。君の贈り物は、私の心の膏薬になりました。

（一八四二年六月七日、ボローニャ）[28]

ぼくは君に対してものすごく怒っていたけれど、珍しいオリーヴが二樽届いたのを見た途端に怒りが収まってしまったよ。そしてこれが、ぼくに会いに来なかったことで君をひどく非難する代わりに優しい手紙を書くことにした理由です。君が人の心にこうも精通しているとはねえ、君はどんな病気をも癒す特効薬をしかるべき時に与えるすべを知っているのだね。

（一八四二年一二月八日、ボローニャ）[29]

麗しきわが友。君の毎年の贈り物を頂戴し、君にそのことで感謝します。君に相応しいことを何ひとつしていない者へ、なんという寛大さでしょう!! 神が君に報いたまわんことを。

（一八四三年一二月九日、ボローニャ）[30]

麗しき友よ。君はトリュフで私を燃やし尽くしてしまうでしょう。何て罪深いんだろう、君は！ やめておきます。運命に身を委ね、なるようになるだけです！ でも私は君の思いやりと寛大な贈り物にとても感謝しています。天が君に報いたまわんことを。

（一八四三年一二月三〇日、ボローニャ）[31]

一八四五年、ヴィターリの死により五年間続いたアスコリのオリーヴとトリュフの定期便が絶えてしまった。次にロッシーニの書簡にオリーヴが現れるのは二〇年後の一八六三年、宛名不明の次の手紙においてである。

あまりに長い私の沈黙を、冷淡や忘恩とお取りになりませんように。私は〔町一番の晩餐の〕先週の土曜の夜会であなたのオリーヴが大好評だったことをお知らせし、借りを返したかったのです。それはとてつもない成功を収めました。誰もが親切で寛大な贈り主の健康を祝して乾杯しました。あんなに美味しいオリーヴの泉の近くにおられるとは、あなたはなんて幸せなのでしょう!!

（宛先不明、一八六三年一一月一九日、パリ）[32]

これとは別に、イタリアの知人や友人からトリュフを贈られたことが礼状で確かめられる。その一人がスポレート在住のグスターヴォ・ローゼオで、ロッシーニは一八六八年八月一八日付の礼状で友人ミケーレ・アックルシを通じて素晴らしいトリュフを頂戴した、と礼を述べている[33]。ミケーレ・アックルシ（Michele Accursi, 1802-?）はマッツィーニのイタリア独立運動に共鳴して革命運動に参加し、逮捕、投獄、恩赦を経てパリに亡命したが、教皇派とマッツィーニ派それぞれから二重スパイの疑いをかけられ現在も評価が定まらない人物である[34]。

ロッシーニがアックルシを通じて受け取ったのは当時流通し始めた瓶詰のトリュフで、それまでフランスでは複雑な関税制度と品質保持のためイタリアからのトリュフ輸入が困難だったが、一八五八年にウンブリアのコスタンティーノ・ウルバーニ（Costantino Urbani）がガラス瓶に封印したトリュフの輸出で成功を収め、スポレートの宝石商オルミズダ・フランチャ（Ormisda Francia）もトリュフを輸出し始めていた。[35] これに驚いたロッシーニはローゼオ宛の九月一四日付の手紙でアックルシからもらったのと同じ瓶詰トリュフ六瓶とトレーヴィのヴィーノ・サントを一二本購入したい、と伝えている。[36] ウンブリア州トレーヴィのヴィーノ・サント［聖なるワイン］（vino santo di Trevi）は古代から名高いデザートワインだが、その伝統は二〇世紀に途絶えたという。[37]

ザンポーネ、コテキーノ、司祭帽

あなたに味わってもらうべく、私たちのボローニャ・サラミの見本をいくつか送る自由を得ました。メロンの形をしたモルタデッラだけは、バスケットの中に見つかるレシピに従って調理しなければなりません。最も大きなサラミのコッパは冷製の豚肉なのですぐに食べられます。長く保存しすぎぬよう注意してください。それらは見本なのです!!! あなたの味の好みが判れば、あらためてお送りします。

（パレルモのフィリッポ・サントカナーレ宛、一八四一年一月二日付）[38]

ボローニャを「モルタデッラの国（paese di mortadelle）」（前記ヴィターリ宛、一八四二年二月一二日付）と呼んだロッシーニは、一八四三年一月二六日にもパレルモの弁護士で友人フィリッポ・サントカナーレ（Filippo Santocanale, 1798-1884）のために、ボローニャのサラミをテノールのイヴァーノフ（後述）に送っている[39]。

塩漬けハムを食べに来るよう招待する手紙もあり、サン・セコンドの肩肉（spalla di S. Secondo）を試食しにくるようボローニャのマッテーオ・コンティ・カステッリ公爵に求めている（一八四五年二月一一日付[40]）。これはぬるま湯で塩抜きして長時間弱火でゆでて食するパルマ近郊サン・セコンド村特産の豚肩肉の塩漬けで、ヴェルディの大好物としても知られる。

フィレンツェに滞在した一八四九年八月には宴会用に、「立派なメロン四つ、ピツィカニョーロ・カヴァリエーリ（Pizicagnoli Cavalieri）の最高に甘いハムとモルタデッラ」を、ワイン庫からトニーノが選ぶ「ボルドー六本、シャンパーニュ四本、アニス酒一本、コニャック一本」と共に厳重に梱包してボローニャからフィレンツェに送るよう依頼する手紙を書いた（ファービ宛、八月一三日付[41]）。

一八五〇年末には次の手紙で友人に新年の祝いとしてモデナの豚肉加工品を贈っている。

新年の祝いにモデナの二つのザンポーネと二つのコテキーノでできたサラミの詰め合わせを君に送っても、慣れ慣れしいことと思わないでください。ぼくの心がそうするよう望んだのだから、そのみすぼらしさも気に入りますように。

（フィレンツェのカルロ・ポニャトフスキ宛、一八五〇年一二月二七日、ボローニャ[42]）

カルロ・ポニャトフスキ（Carlo Poniatowski, 1808-1887）はポーランド王の血筋を引く公爵で、ロッシーニは「自家製トルテッリーニ」も贈っている（一八五一年二月二四日付の手紙(43)）。前の手紙に書かれたザンポーネ（zampone）は調味した豚肉を豚の脛から蹄までの皮に詰めた加工品、コテキーノ（cotechino）は同じ調味肉を豚の大腸に詰めた加工品でどちらもモデナの特産だが、次の手紙ではモデナ近郊ノナントラ（Nonantola ロッシーニはノナンテラ Nonantela と誤記）の地名を挙げて注文している。

ノナントラから私に二四本のザンポーネと二四個のコテキーノを送ってくれるよう手配してくれないか？ 手数料が必要なら、それについてガエターノ・ファービと話し合ってもらいたい、彼が支払ってくれるだろう。フィレンツェに品物を送るにあたっては、一つの箱に入れて入念な方法をとり、ノナントラからボローニャまではボローニャからフィレンツェまでと同様、密輸とならぬよう送ってほしい。僅かな出費を惜しんで品物を危険にさらすのは骨折り損だからね。表示もザンポーネ等々と明記してください。（ゾーボリ宛、一八五一年一二月八日、フィレンツェ(44)）

モデナのザンポーネ

この手紙で密輸に言及しているのは統一前のイタリアが分割統治されたためで、ノナントラはモデナ公国、ボローニャは教皇国家、フィレンツェはトスカーナ大公国に属し、製品の輸出入にそれぞれの国境で関税金を課せられたのである。幸い注文の品は完璧な状態で届き、ロッシーニはその礼状を新年の挨拶を兼ねて書く――「明けましておめでとうございます。［中略］ゾーボリに、ザンポーネとコテキーノの製造者がレジョン・ドヌール勲章に値する、と言って感謝してください」（ガエタニーノ［・ファービ］宛、一八五

一年一二月三一日付)[45]

引退後ボローニャに住んだロッシーニは一八四八年の騒乱でフィレンツェに逃れ、一八五一年に資産を売却してフィレンツェに定住していた。大好きなザンポーネとコテキーノをモデナから取り寄せるにも手間がかかり、ここまでの手紙では産地のみで製造者や商店を指定していないが、一八五三年の注文からベッレンターニを指定するようになる。次に、ベッレンターニとその製品に関する書簡をまとめておこう。

モデナのベッレンターニ

通称ペーザロの白鳥から、エステのソーセージ作りの鷲へ

あなたは私に特製のザンポーネやカッペッレッティ［Cappelletti 仔牛肉、ハム、チーズ、卵を包んで中世の帽子形に折った小型パスタ］の恩恵を授け、高く高く飛び去ってしまいました。私は大昔のポー河の沼地低くからではありますが、格別の感謝の叫び声をあげています。あなたの作った品々は、あらゆる点で完璧とお見受けしました。これを味わう者は、内なる熟練の技と同時にあなたの有名な調合の繊細さを楽しむことになるのです。

あなたのお手柄を音楽で表わすことはしません。別の手紙で言いましたように、私は音楽世界の喧騒のなかで元作曲家として生きているのです。私にとって幸いで、あなたにとっても結構なことに！　あなたはどうやって口蓋を満足させる鍵盤に触れたらよいかご存じです。そこ［口蓋］

は生命力の源である触覚の末端の繊細さに依存していますので、耳よりも適切な判断を下すのです。あなたの喜びとなるよう、私はそうした鍵盤の一つに触れます。そしてこれが、あなたへの私の心からの感謝にほかなりません。願わくばこのことが、あなたの忠実なしもべが喜んで捧げる月桂冠にふさわしい、さらなる高き飛翔への励ましとならんことを。

（ジュゼッペ・ベッレンターニ宛、一八五三年一二月二八日、フィレンツェ）[46]

ジュゼッペ・ベッレンターニ（Giuseppe Bellentani）は一八二一年にモデナで塩漬け豚肉加工食品の店を開き、その品質で高い評価を得た。前記の手紙は一一月三〇日付（文面不詳）[47]で注文した品への礼状と思われ、ペーザロの白鳥の異名をとるロッシーニはベッレンターニを「鷲」と命名して最大級の賛辞を呈した。感激した主人はこれを町の広場で人々に何度も読み聞かせ、額に入れて店に飾ったという。それだけではない。興奮しすぎたベッレンターニは体調をくずし、手紙をもらった四日後にレッジョ・エミーリアへ静養に行かねばならなかったという。この手紙は一八五七年三月七日付のミラノの新聞『石の男（*L'uomo di pietra*）』に掲載され、広く知られるようになった。

送られた品物に満足したロッシーニはその後何度も取り寄せし、翌一八五四年初頭の注文への礼状を次のように記している。

尊敬あたわざるジュゼッペ・ベッレンターニ氏

頂戴したあなたの店の豊かさの証である新たな製品に、感謝を呈さねばと感じております。執拗な神経過敏に苦しむ私は、目下あなたの作った美味にあずかることができません。紳士で博識なマイーニ博士を通じて贈られた美食術の歴史資料を読み、気を紛らわせています。

（ベッレンターニ宛、一八五四年二月二七日、フィレンツェ）[48]

病に苦しむロッシーニはフィレンツェでの治療に絶望し、一八五五年パリに移住して徐々に健康を取り戻す。その結果、ベッレンターニへの注文もパリからボローニャのファービを経由してなされるようになり、六つの司祭帽（Cappello da prete / Cappello del Prete 調味した豚肉を三角形に縫った豚の大腸に詰めた加工品。形が司祭の帽子に似ているのでこう呼ばれる）、四つのザンポーネ、四つのコテキーノを注文した一八五八年一二月一四日付にはそれぞれの食品の形が描かれている（図版参照）[49]。翌一八五

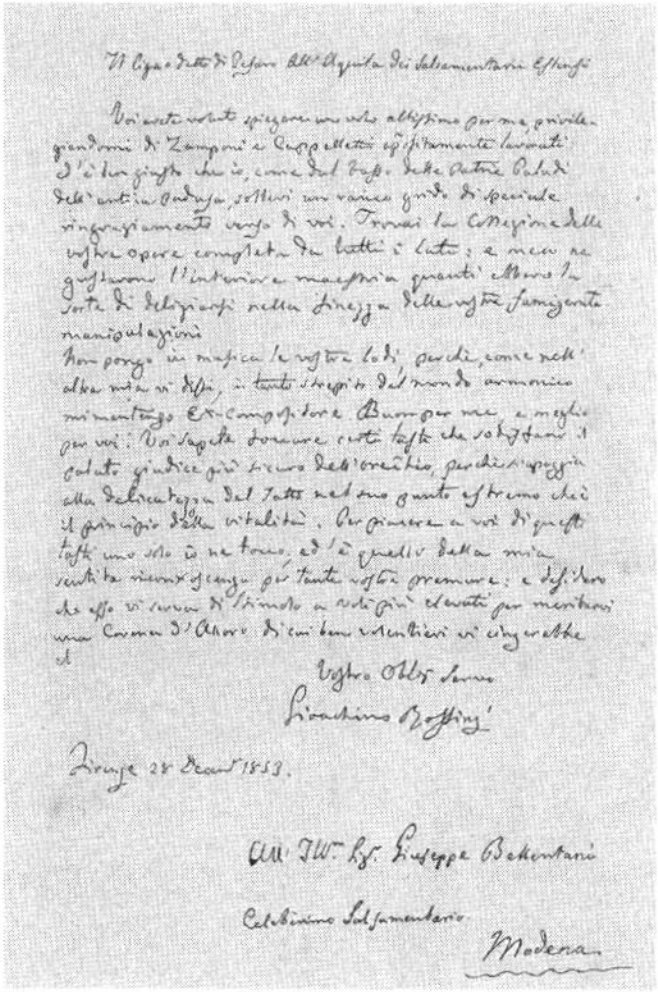
Il Cigno detto di Pesaro all'Aquila dei Salsamentari Estensi

Voi avete voluto spiegare un volo altissimo per me, privilegiandomi di Zamponi e Cappelletti squisitamente lavorati. Si è ben giusto che io, come dal Tesoro [illegible] Paludi dell'arte in [illegible], sollevi un [illegible] grido di speciale ringraziamento verso di voi. Trovai la Collezione delle vostre opere completa da tutti i lati; e non ne gustarono l'interiore maestria quanti ebbero la sorte di deliziarsi nella finezza delle vostre famigerate manipolazioni
Non pongo in musica le vostre lodi, perchè, come nell'altra mia vi dissi, in tanto strepito del mondo armonico mi mantengo Ex-compositore. Buon per me, e meglio per voi! Voi sapete dunque certo gusto che sottoposti il palato giudice più sicuro dell'orecchio, perchè s'appoggia alla delicatezza del tatto nel suo punto estremo che è il principio della vitalità. Per giungere a voi di questi gusti uno solo io ne tocco, ed è quello della mia sentita riconoscenza per tante vostre premure: e desidero che esso vi serva di stimolo a voli più elevati per meritarvi una Corona d'Alloro di cui ben volentieri vi cingerebbe il

Vostro Obbl.mo Servo
Gioachino Rossini

Firenze 28 Decem. 1853.

All'Ill.mo Sig. Giuseppe Bellentani
Celeberrimo Salsamentario
Modena

ベッレンターニ宛の手紙、1853年12月28日付

司祭帽

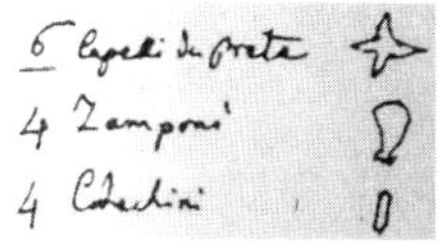

ロッシーニの手紙に書かれた食品の形

九年三月三日付のファービ宛の手紙では、モデナ在住の作曲家で音楽学者アンジェロ・カテラーニ（Angelo Catelani, 1811-1866）を通じてベッレンターニから「ザンポーネ四本、カッペッレッティ、コテキーノ四個」を送るよう依頼した。[50]

その後のカテラーニ宛の手紙を、次に挙げておこう。

豚肉屋の話に移りましょう。だってあなたは名高いベッレンターニへの注文を取り次いでくれるでしょうから。さてこれが私の送ってもらいたい品で、エステの鷲［ベッレンターニ］に相応しいものです。司祭帽八つ、ザンポーネ六本、様々な大きさのコテキーノ一〇個。全部で二四の輝く豚肉食品です。あなたは私の感謝を前もって喜んで受けてくれますね。

（一八五九年一〇月二四日、パリ）[51]

ベッレンターニの荷が最高の状態で届きました。同封の明細によると、私は三七・五四フランの債務者となるわけですね。あなたはご親切にも私の銀行家になってくださるそうですが、このささやかな負債はボローニャの私の代理人ガエターノ・ファービから払い戻して精算するようお願い致します。

（一八六〇年一二月四日、パリ）[52]

去年はあなたにソーセージ屋への注文をお願いしませんでした。健康がすぐれず、そんな気になれなかったのです。今度の冬はあなたに協力していただきたいと願っています。まだ私が生き

ていたらね!!　（一八六二年六月二八日、パリ）[53]

音楽のことはこれくらいにして、現在の子孫たち!!! にとって、もっと重要な案件に移りましょう。エステのソーセージ屋ベッレンターニの店に行き、パリの私の住所にザンポーネ六本といわゆる司祭帽を六個送るよう頼んでもらえないでしょうか。それと私たちの習慣に則った書式で、調理法に関する説明書きも欲しいのです。代金の支払いについては必要な指示をボローニャの私の代理人ガエターノ・ファービに送っておきます。（一八六五年一二月八日、パリ）[54]

調理法の説明を含む品物を受け取ったロッシーニは、こう感謝した――「ザンポーネ六本と、六つの司祭〔帽〕が最高の状態で届いたことを簡単に報告します。さっそく代金を支払ってくれるボローニャの私の代理人ファービに指示を出します。私にくださった調理に関する説明書きは注意深い省察に基づき、名高いベッレンターニの栄誉となるものでした」（カテラーニ宛、一二月二四日付）[55]ベッレンターニの店は「ロッシーニもベッレンターニのお客の一人でした」と宣伝して繁盛したが、二〇世紀に廃業し、近年新たな経営で復活している。[56]

ゴルゴンゾーラ

先日のゴルゴンゾーラの双子のことで御礼を言います。フランスの友人たちはチーズよりリコッタを好むのですが、それではアンサンブルよりロマンスの方が良いと言うのも同然です。ああ、何たる時代！　何たる貧しさ！……（アントーニオ・ブスカ侯爵宛、一八六四年一〇月二七日、パリ）[57]

ゴルゴンゾーラ（Gorgonzola）は青カビで熟成させるチーズで、ミラノ近郊ゴルゴンゾーラ村で作られる。リコッタ（ricotta）は主に羊乳を原料にチーズを作った際にでたホエー［乳清］を捨てずに再加熱して煮詰めた柔らかなチーズで、ロッシーニはそれを好むフランス人を手紙で揶揄したが、一八六二年六月一日付の詩人ジュゼッペ・トッレ宛の手紙ではレッジョを「美味しいリコッタの国（paese delle buone Ricotte）」と呼んでいる[58]。

ゴルゴンゾーラ

ゴルゴンゾーラの送り主アントーニオ・ブスカ（Antonio Busca Serbelloni, 1799-1870）はイタリア王国の上院議員を務めるミラノの侯爵で、ロッシーニは一対で送られるそれを「双子」「ピラデとオレステ」「二つの宝石」「遺物たち」と称している。ブスカ宛の礼状は、一八八六年六月二七日と七月一一日の『ミラノ音楽新聞（*Gazzetta musicale di Milano*）』に掲載された「ロッシーニとゴルゴンゾーラ（Rossini e il «Gorgonzola»）」で初めて公にされたが、後に前記の手紙の文章が縮小改変されていることが判った。その部分のオリジナルは次のように書かれている。

寛大な侯爵様

希望の鳩が運んでくれたおかげで、純白のゴルゴンゾーラの双子が最良の状態で届きました。

さもなくば、ナポリで長年私の守護神だった大頭聖人［聖ジェンナーロ］が見張っていてくれたのでしょう！　ところで、あなたの貴重な贈り物を分け合って大喜びした私のフランスの友人たちのことで赤面して告白しなければなりませんが、彼らときたらチーズよりもリコッタを好んでいるのです。それではアンサンブルよりロマンスの方が良いと言うのも同然ではありませんか。ああ、何たる時代！　何たる貧しさ！［以下略］(59)

こうした改変が行われていることを前提に、『ミラノ音楽新聞』掲載の「ロッシーニとゴルゴンゾーラ」からブスカ宛の礼状を年代順に見てみよう。執筆者はブスカ家の許可を得て同家のロッシーニ書簡を調べたジャーナリスト、フランチェスコ・ジャレッリ（Francesco Giarelli, 1844-1907）である。

コティニョーラの貴族よりロンバルディーアの貴族へ

こんにちは！　こんにちは！　寛大なブスカよ。君の愛すべき手紙が、ゴルゴンゾーラの庭園（アルミーダの魅惑の庭よりも好ましい庭園）のきらめく花々と共に届きました。［中略］心と胃袋からの熱い感謝を表すことができるのは喜ばしいことです。こんにちは！　こんにちは！……泣いて訴えるみたいに言いましょう。自分の家で一人でブスカのチーズを食べるのかい？　私に消化不良で死ねというのか？　ああ、辛い死！　嫌だ、嫌だ。もっと上手く言うなら――ああ、むごく、恥ずべき死よ！

（一八六一年七月一五日、パリ＝パシー）(60)

ロッシーニはこの手紙で自分をラヴェンナ近郊コティニョーラの貴族、ミラノ在住のブスカをロンバルディーアの貴族と称し、ゴルゴンゾーラの庭園を歌劇《アルミーダ》の中で魔女アルミーダが生み出す魅惑的な庭以上に美しいと冗談めかしている。「こんにちは！（*Salve!*）」の挨拶と最後の「ああ、むごく、恥ずべき死よ！（*Ah! cotta e vergognosa morte!*）」は楽譜として書かれている（『ミラノ音楽新聞』掲載の楽譜。図版参照）。

次は新聞ではなく、シルヴェストリのロッシーニ伝（ミラノ、一八七四年）にファクシミリが掲載されたブスカ宛の書簡である。

四〇日間も続いたひどい座骨神経痛が原因で、あなたから頂戴した二つのロンバルディーア食

Gazzetta Musicale di Milano

ANNO XLI — N. 26 / 27 GIUGNO 1886 | DIRETTORE GIULIO RICORDI | SI PUBBLICA OGNI DOMENICA

ROSSINI E IL « GORGONZOLA »

『ミラノ音楽新聞』1886年6月27日号

ブスカ宛の手紙に書かれた楽譜（現代譜）

品についてお知らせするのが不本意にも遅れてしまいました。今それらを、まるで私の先生パイジエッロとチマローザの歌劇みたいにうっとり眺めていますが、医師の命令でまだ食べることが許されません！ でも遠からず私がこの二つの宝石に飛びかかり、ウゴリーノがガッドにしたみたいに撫でまわす日が来るでしょう。満足し、心からの愛情のほとばしりをもって寛大なる贈り主を祝福いたします。

（一八六三年二月七日、パリ）[61]

この手紙に書かれたウゴリーノ（Ugolino della Gherardesca, c.1220-1289）は、皇帝派と教皇派の政争に敗れて息子ガッド（Gaddo）らと共に牢獄に幽閉され、餓死させられた実在の中世貴族である。飢えて息子たちを食らったという伝説があり、ダンテ『神曲』地獄篇にその罰を受けている人物として描かれる。医者からチーズを食べるのを禁じられたロッシーニは、自分を飢えたウゴリーノに重ねているのである。

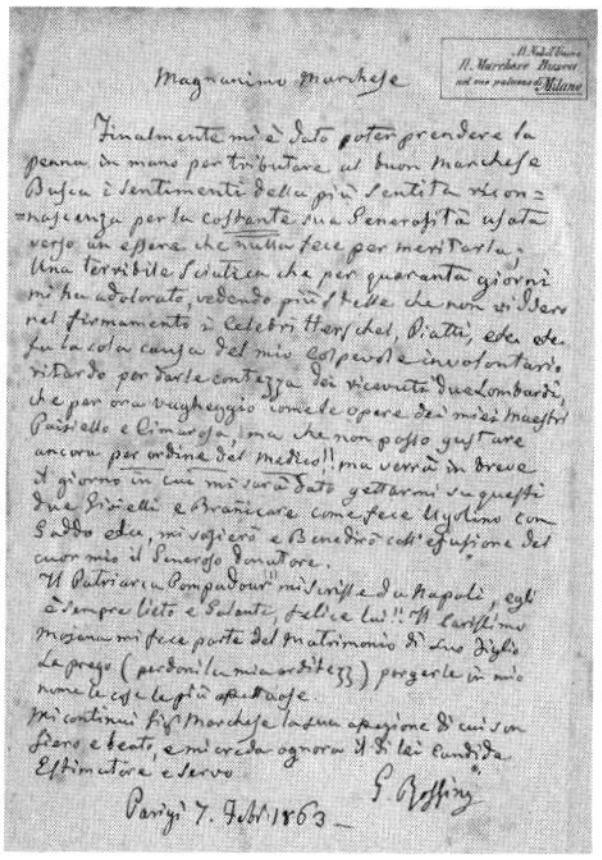

Magnanimo Marchese

Finalmente mi è dato poter prendere la penna in mano per tributare al buon Marchese Busca i sentimenti della più sentita riconoscenza per la costante sua generosità usata verso un essere che nulla fece per meritarla. Una terribile sciatica che per quaranta giorni mi ha addolorato, vedendo più stelle che non videro nel firmamento i celebri Herschel, Piazzi, etc. etc. fu la sola causa del mio colpevole e involontario ritardo per darle contezza dei ricevuti due Lombardi, che per ora vagheggio come le opere dei miei maestri Paisiello e Cimarosa, ma che non posso gustare ancora per ordine del medico!! ma verrà in breve il giorno in cui mi sarà dato gettarmi su questi due gioielli e branicare come fece Ugolino con Gaddo etc., mi sazierò e benedirò coll'effusione del cuor mio il generoso donatore.

Il Patriarca Pompadour mi scrisse da Napoli, egli è sempre lieto e galante, felice lui!! Il carissimo Mojana mi fece parte del matrimonio di suo figlio. La prego (perdoni la mia arditezza) porgerle in mio nome le cose le più affettuose.

Mi continui sig. Marchese la sua affezione di cui son fiero e beato, e mi creda ognora il di lei candido estimatore e servo

G. Rossini

Parigi 7. Febb. 1863 —

ブスカ侯爵宛の礼状、1863年2月7日付

同年九月にはブスカ侯爵にゴルゴンゾーラを暗にねだる手紙を送り、文章を締め括る「善をなすのは大きな喜びです！（È pur un gran piacere il far del bene!）」を歌詞に楽譜を記している。[62]そして待望のチーズが届くと、次の礼状を書き送った。

寛大な贈り主にふさわしい二つのストラッキーノを、マニーニ氏を通じて受け取ったとあなたにお伝えするにとどめます。それらはゴルゴンゾーラの高貴な産物を初めて私に味わわせてくれた、あなたの気高い母上の甘い思い出を呼び覚ましてくれるでしょう。ああ、幸福な時代！ああ、青春！創始者についてはなにも知りませんが……

（一八六三年九月二一日、パリ）[63]

この手紙のストラッキーノ（stracchino）はゴルゴンゾーラの別称で、山間の牧草地から何日もかけて連れてこられ、くたびれた（stracco）乳牛から採られたミルクで作られたのでこう呼ばれた。

あなたは私が受け取るはずの二つの遺物の到着等々を私に知らせます。他にペーザロの白鳥があなたに書くことといえば、「侯爵氏よ……余にお気遣いめされるな……」。ところが逆に白鳥は慎んでこう申し上げます。あなたと白鳥の栄誉であり、かつまた気高き創設者であるあなたの良き母上の記念として、生きとし生けるうちはこの取決めを実行し続けていただきたい、と。

（一八六三年九月二七日、パリ）[64]

この紙の色が、あなたの変わらぬ度量の大きさに由来する遺物の無事な到着をお知らせするのが遅れたことへの弁解を容易にしますように……。数日以内にゴルゴンゾーラの選り抜きの息子たちを味わい、私の胃袋と心からの感謝をあなたに捧げるとお約束すべく筆を執った次第です。あとは省略します、なぜならまだ見ていないのです。

（一八六三年一〇月二〇日、パリ）(65)

バラ色の紙に書かれたこの礼状では、末尾の「まだ見ていない（Mi manca la vista 直訳すると「視力がない」）」を楽譜にしているが、歌詞と旋律は歌劇《エジプトのモゼ》（一八一八年ナポリ初演）第二幕の四重唱で歌われる「声も出ない（*Mi manca la voce*）」のパロディとなっている（図版参照）。

すべてがバラ色です。健康そのものの二つのゴルゴンゾーラが届きました。私は初めてウルビーノのラッファエッロが描いた名高い『シストの聖母』の聖母の足元にいる可愛い幼児たちに見惚れた時と同じ熱心さでこれを感嘆して見ています。その絵は今もドレスデンの美術館にありますが……。ああ、呪わしい鉄道よ！　お前は私が敬愛するミラノのブスカ侯爵の手と足に接吻しに行くのを妨げるのだ！

（一八六四年一月二三日、パリ）(66)

最愛のブスカ侯爵、我が地上の天使！　ピラデとオレステ（二つのストラッキーニ）が最良の状態で届きました。（私にあなたの精神の高潔さをそっと示す）この二

ブスカ宛の手紙に書かれた楽譜（現代譜）

つの宝石は、私の心と胃袋、そして私の愛情に慰めを与えてくれます……

（一八六四年五月九日、パリ）[67]

この手紙に書かれたピラデとオレステ（Pilade e Oreste）は、ギリシア神話に登場するイーピゲネイアの弟オレステースとその従弟ピュラデースを指す。二人は父の仇を討って母を殺したが、ロッシーニは「二つの宝石」と言い換えて単なる冗句としている。これに続く手紙が最初に掲げた、フランスの友人たちがチーズよりリコッタを好むと嘆く一八六四年一〇月二七日付なのである。

その後のブスカ侯爵宛の礼状も見ておこう。


著名なブスカ侯爵、ゴルゴンゾーラの殿様。［中略］ヨーロッパのさまざまな君主たちから寛大にも私に授けられた十字勲章、銘板、綬章よりもはるかに大切な（誓ってそうです！）妙なるストラッキーノ……。高貴なブスカ侯爵だけがイタリア旋律音楽の真の愛好家です。

（一八六五年八月二二日付、パリのパシー）[68]

私がロンバルディーア貴族の慈善家から忘れられたなどと、どうして信じられましょう？ 寛大にして美しき音楽の魂はブスカ侯爵のものです。その精神と心から、大昔の作曲家ではありますが、不断に名高いカヴァティーナ〈こんなに胸騒ぎが〉の作曲者を消し去ることはできないのです。二つのストラッキーノが最良の状態で届きました。一八六七年のためにはこれで充分です。

もしも一八六八年に私が生者の一人であれば、あなたの愛しい母親がずっと昔に定めた約束の品を受け取って喜ぶでしょう。

（一八六七年二月三日付、パリ）[69]

「もしも一八六八年に私が生者の一人であれば」との言葉に、ロッシーニの胸中がうかがえる。死の二か月前に書かれた次の礼状は、贈り主への別れの言葉としても読むことができる。

天使の侯爵様

重い病と三か月前から私の睡眠と体力を完全に奪った神経過敏をおして、あなたに御礼申し上げようと筆をとりました。なにより良い状態で届いたストラッキーノに添えられたあなたの素敵な六日付の手紙に感謝せねばと。そうです侯爵様、私の萎えた手を導いているのは私の心なのです……。永遠にあなたの友。G・ロッシーニ。お察しいただけますか??

（一八六八年九月一五日付）[70]

スティルトンとチェダーチーズ

健康がすぐれず、きみの貴重な贈り物のスティルトン!! を賞味することを許されず、返事が遅れました。美味しいチーズとその香りのおかげで今日元気を取り戻したので、私の胃袋と心の生き生きとした感謝をきみに捧げます。私は以前にもまして自分の説を確信しています。すなわち、しばしばスティルトンを食べながら（きみもそうしているだろうが）、人は古典的なオラトリオを作曲したり、額に古臭い鉢巻きをして後世のために働くのだということを。

（ミケーレ・コスタ宛、一八六五年一月三日、パリ）[71]

これは一八六五年の新年を迎えた七二歳のロッシーニがロンドン在住の指揮者・作曲家ミケーレ・コスタ（Michele Costa, 1808-1884）に送った礼状である。スティルトン（Stilton）はイギリス原産の青カビで熟成させるチーズで、イタリアのゴルゴンゾーラ、フランスのロックフォールと共に三大ブルーチーズと称される。

ロッシーニのコスタ宛の書簡は一八三六年から一八六八年まで数多く現存し、一八五〇年まで「友人」、一八五七年以降はその大半で「息子」と呼び、前記の礼状はコスタがスティルトンと一緒に自分のオラトリオの楽譜を送ってきたことへの皮肉が込められている。ロッシーニはコスタが作曲した英語オラトリオ《ナアメン（*Naamen*）》（一八六四）をパリで初演させようと尽力したが、実現しなかった。

その後コスタは一八六六年の新年の祝いにマエストロにチーズを贈り（一八六六年一月七日付の礼状[72]）、同年五月のロッシーニの手紙から、新たにチエダーチーズが届いたことが判る。

［君のチーズは］バッハ、ヘンデル、チマローザに相応しい品で、老

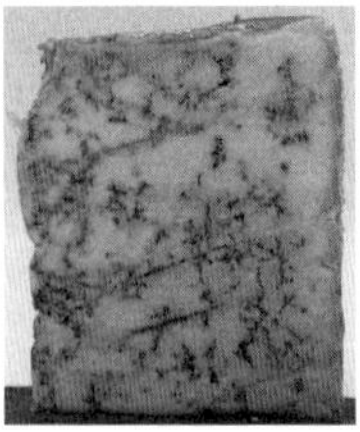

スティルトン

いぼれのペーザロ人には過分な心遣いです！　あれから三日かけて自分のワイン庫の最上のワイン――すなわちシェリー、マデラ、アリカンテ等々と共に試食・賞味してみましたが、君のチェダーチーズ以上の食品を味わったことがないと誓います。

（ミケーレ・コスタ宛、一八六六年五月二八日、パリ）(73)

チェダーチーズ（Cheddar）はイングランドのサマセット州チェダーを発祥の地とする牛乳を原料にしたチーズで、さまざまなタイプがあり、ロッシーニはこの手紙でわざと「Cheder Chîse」と誤記し、「英国の忌々しい綴り字」と付記している。

トルテッリーニとミネストラ

私に当てがわれた外科医が私の全面的治療に反対したので、パリで不愉快な時期を過ごしました。山のようないさかいと絶えざるいらだちが、私の治療の前進を妨げていたのです。二〇日ほど前から事態が変わり、今では健康回復の目的でここにいることに大変満足しており、私の信じるところが今や確信となりました。九月末にはボローニャに戻ってこれまでどおり一緒に散歩をし、美味しいトルテッリーニを食べることができるでしょう。

（ゾーボリ宛、一八四三年八月二六日、パリ）(74)

トルテッリーニ

トルテッリーニ（Tortellini）はミンチにした豚肉やハムを調味した具材をチーズと共に詰め物にした小型パスタで、正方形の生地に具を置いて三角形に折り、両端を合わせて指輪の形状にする。発祥の地はボローニャとされ、ロッシーニの好物だった。前記書簡は病気治療のためパリに一時滞在した折のもので、これに先立ちミラノに滞在中の一八三七年一二月二〇日には父宛の手紙で「ザンポーネ六つ、モルタデッラ二つ、そして千個のトルテッリーニを送ってください」と頼み、同月二六日付で催促し、翌一八三八年一月一八日付で届いたと報せ、「すべて美味しく、あなたの選択に感謝します」と礼を述べた。(75) その二週間後には新たに「ザンポーネ六つ、モルタデッラ二つ、そして前回と同じくらいの数のトルテッリーニをぼくに送ってください」と頼んでいる。(76)

ロッシーニは自家製トルテッリーニも贈り物にしており、一八五一年一月二九日付の友人宛の手紙に「五〇〇個のトルテッリーニが入った籠」(77)、同年二月二四日付でフィレンツェ貴族カルロ・ポニャトフスキに一籠(78)、三月六日付でフィレンツェのラウダディーオ・デッラ・リーパに一籠送ったと書かれている。(79)

> 二四オンス［約七・二キログラム］のドイツの大麦（フランスで知られていないミネストラ）を購入し、しっかりした袋に入れてパリの私に、［中略］必要な調理法と一人分に必要な量を記した手紙と共に送ってください。
>
> （ドメーニコ・リヴェラーニ宛、一八六四年一一月一四日付(80)）

ミネストラ（minestra）はスープに該当する料理だが、野菜や具材のピュレを溶かし込むシンプルなスープ、通常のスープに米やパスタ、肉などを加えるミネストラ、多くの具材を贅沢に用いるミネストローネなどさまざまなタイプがあり、イタリアでは第一の皿としてパスタとの選択肢になる。ロッシーニ風料理にはウズラ、ツグミ、ヤマシギなど野鳥を用いるミネストラがあるが（「ロッシーニの料理（50のレシピ）」）、晩年のロッシーニはこの手紙のように「フランスで知られていないミネストラ」を作るためにドイツの大麦（ロッシーニの表記はorzo Tedesco）をイタリアから取り寄せていた。その翌月にはパリの食品輸入業者フェッラーリ（B.T.Ferrari）からピエモンテの米（Riz de piemont）とドイツの大麦（Orzo de Germania）を購入したことが現存する領収書で確かめられる。[81]

この手紙でドイツの大麦の手配を依頼されたドメーニコ・リヴェラーニ（Domenico Liverani, 1805-1877）はボローニャ在住のクラリネット奏者・作曲家で、ロッシーニの不動産と財務もサポートしていた。ロッシーニは翌一八六五年一月二一日のファービ宛の手紙でリヴェラーニから素晴らしいハムが小包で届いたのに新たにきのこが一箱届いたと伝え、間違いなくピエモンテのきのこ［白トリュフ］だから「役立たずの財務大臣は私を贈り物で窒息させ、破産してしまうだろうね」とユーモラスに述べている。[82]

リヴェラーニを頼りにするロッシーニは半年後の手紙で「大好きなミネストラに必要なスペルト大麦」がパリで見つからないので送ってくれるよう求め（七月二九日付）[83]、九月二九日付の手紙でスペルト大麦、ハム、酢の入った小箱が最高の状態で届いたと感謝している。[84]これとは別に、フローリモから贈られるナポリの小型パスタもミネストラの材料にしていた（一八六八年八月二日付）[85]。

その他の書簡から

司祭長さんを愛情込めて抱擁し、ぼくがいつだって彼の温かいもてなし、特にレモン水のことを忘れずにいると言ってくれたまえ。

（ガエターノ・コンティ宛、一八二九年［パリ］）[86]

あなたに取り急ぎストラッキーノを一二個送りましたので、それを次のように分けてください。クリストーフォロ・インソムに二つ、ガエターノ・ラゾーリに二つ、アントーニオ・ゾーボリに二つ、トンノラに二つ、ピッツァルディ侯爵に二つ。残り二つはあなたのために取っておき、お望みでしたら近所の人と分けてください。

（父ジュゼッペ宛、一八三七年一二月二六日）[87]

あなたに六つのストラッキーノを送ります。その二つをフェルリーニに、二つをサンピエーリ侯爵の家に住む弁護士マルケッティ、そして他の二つをスッチーニにあげてください。これで私たちはみな幸せになります。

（父ジュゼッペ宛、一八三八年一月二二日）[88]

料理人については（すでにパパに書いたように）、ルイージの提案を受け入れることにします。あとぼくに残っているのは、君にコック見習もしくは給仕人のモラルについて知らせることだけです。彼は家の中で寝て、女たちの番人でもあるのです。あいつがルイージ家の親しい知人でなかったら、ぼくが受け入れたりしなかったと判ってくれますね。

（ゾーボリ宛、一八三八年三月七日）[89]

君が美味このうえない魚を送った、ある忘恩の士について書いておこう。この恩知らずがどんな奴だか知っているかい？　ぼくの胃袋さ。信じてくれるかな、魚をやればやるほどそいつは受け取って反抗的な態度をとるんだ。そして憤慨して全部追い出してしまう始末で、突如ぼくの足元に汚い湖が生じたってわけさ。それも今のフェニーチェ劇場みたいに汚いんだ！　ああ！　ヴェネツィア!!　ああ、音楽！［中略］床に就いて、思春期の微笑ましい夢でも探すことにしよう。

（ジュゼッペ・アンチッロ宛、一八四一年一月二〇日、ボローニャ）[90]

発送品の中に、サントカナーレのためのボローニャ・ソーセージを入れておきます。私の代わりに彼を優しく抱擁してやって下さい。

追伸――マルサラ酒の新しい贈り物があるとのことですが、でもねぇ、一体いつになったら、あなたは苦労して稼いだお金の無駄遣いをやめるのですか？

（ニコラ・イヴァーノフ宛、一八四三年一月二六日、ボローニャ）[91]

くだけた調子のこの手紙を受け取ったニコラ・イヴァーノフ（Nicola Ivanoff, 1810-1880）はロシア人

ニコラ・イヴァーノフ

のテノールで、彼を息子同然に可愛がるロッシーニは一八四〇年からイタリア各地の興行師に優れた新人歌手として売り込み、メルカダンテやヴェルディに彼のための追加アリアの作曲を依頼した。イヴァーノフはこれに感謝して行く先々から食品を贈っており、ロッシーニは一八四〇年三月五日の礼状でアスパラガス、カルチョーフィその他をキジと一緒に受け取ったと報せ[92]、一八五〇年八月二六日付の手紙で素晴らしいメロンが届いたと感謝し[93]、一八五三年にはメロンを四個受け取った（八月二八日付の礼状[94]）。次の二つの礼状ではチーズ、バター、キャヴィア、鮮魚に言及している。

ストラッキーノとバターを受け取りました。どれも素晴らしく美味しいけれど、量があまりに多いので無限にその御礼を言います。それと小さな壺でヴェリカノフ（Velicanof）のキャヴィアも届きました。なんという品でしょう。

（イヴァーノフ宛、一八四四年二月九日付[95]）

私に送ってくれた素晴らしい魚に御礼を言います。でもそこには舌平目が一尾、小さなヤリイカと小さなメバルが幾つか入っていただけだったと、あなたにお伝えしておきます。配達員が忠実だったかどうか、誰にも分かりませんね。

（同前宛、一八四五年五月二八日付[96]）

お世辞屋のレニョーリ先生へ、慇懃によろしくと伝えてください。彼にソーセージ屋の戦争を支援する用意があると言ってください。折をみて、共通の友人の栄冠のしるしとして、君の食卓の栄誉となるようなボローニャ・ソーセージと何がしかの品を送ります。

（ラウダディーオ・デッラ・リーパ宛、一八五〇年一〇月一五日、ボローニャ）(97)

マスコッタの水［Acqua della Mascotta 不明］のフィアスコを受け取り、さっそく試飲してみましたが、シャンパーニュと同じくらい美味だったよ。

（ファービ宛、一八五一年五月三〇日付）(98)

［風邪が良くなったので］君に新年の挨拶を兼ねて、ぼくに送ってくれた見事な八羽のめんどりの御礼を述べるためにペンを採った次第です。（ゾーボリ宛、一八五二年一月二五日、フィレンツェ）(99)

モンテカティーニ［フィレンツェ北西ピストイアの温泉地］に向けて出発します。そこで君の健康を祝してテットゥッチョの水をコップ一杯飲むことにするよ、シャンパーニュでなくね。

（ゾーボリ宛、一八五二年六月二九日、ボローニャ）(100)

たった今モデナから届いたばかりの二つのザンポーネと二つのカッペッレッティ（またはパスタに見せ掛けたコテキーノ）を今一度喜んでお受け取りください。セビーリャの理髪師の作曲者からのお願いです。

（カルロ・ポニャトフスキ宛、一八五三年一二月二八日）(101)

あなたが寛大にも送ってくださったジュスティ氏の酢は、素晴らしいものでした。でも私が消費するのは僅かな量で、まだ当分使うだけ残余があるとお伝えしなければなりません。あなたのご好意を繰り返そうなどと、お考えになりませんように。

（アンジェロ・カテラーニ宛、一八五九年三月八日、パリ）[102]

前の手紙の「ジュスティ氏の酢」は産地や種類が不明だが、ドレッシングや料理に欠かせぬ酢は木の樽で一二年以上熟成させたモデナ産のバルサミコ酢（aceto balsamico）が名高く、ロッシーニがこれを小樽で取り寄せたことが次の書簡で確かめられる——一八四一年六月一一日付（カテラーニ宛）[103]、一八五二年八月一三日付（ファービ宛）[104]、一八六二年九月（ファービ宛。「フランスの酢は非常に弱い」と書かれている）[105]、同年一一月二〇日付（リヴェラーニ宛）[106]、一八六三年八月二二日付（ファービ宛）[107]。

伯爵様。あなたにお願いしましたのはサルーミ［salumi ハムやソーセージの総称］でありまして、勲章などではありません。勲章ならどこでも手に入るのです。それに引き替え、サルーミはあなたの特産品の一つではありませんか。勲章と認定書はお返しします。

（宛名と日付なし）[108]

ロッシーニが皇帝や国王から贈られた勲章や名誉よりも食べ物の贈り物を喜んだことは、既に紹介したブスカ侯爵宛の一八六五年の礼状に「ヨーロッパのさまざまな君主たちから寛大にも私に授けられた十字勲章、銘板、綬章よりもはるかに大切なストラッキーノ」と書かれたことでも判る。

ここに挙げた宛名と日付の無い手紙の初出は一八九二年の『日曜民衆新聞（*La Gazzetta del popolo della Domenica*）』第九号で、そこには「ロッシーニはパリからイタリアのある伯爵の侍従長にサルーミを頼んでおいた。侍従はペーザロ人［ロッシーニ］のことを良く知らなかったのだろう。サルーミの代わりに騎士勲章を与えるべく奔走し、急いでそれを彼に送ったのだった」と書かれている。[109] 同年二月二九日付『ミラノ音楽新聞』には次の逸話が見出せる。

アグアド侯爵はスペインを旅行中に、特別な菓子を送ってくれるよう求めるロッシーニの手紙を受けとった。偉大なマエストロをびっくりさせようと考えたこのラス・マリズマスの著名な銀行家は、どんな序列に相当するか判らぬがロッシーニを騎士に叙勲し、勲章を送ってしまったのである。ロッシーニが箱を開けると、出てきたのは頼んだ菓子ではなく十字勲章だった。彼はこれに次の言葉を添えて送り返した――「これはまた消化不良を起こしそうな菓子ですな。十字勲章ならうんざりするほど持っていますよ」[110]

他にも「ロッシーニはスペイン女王イサベル二世を決して許そうとしなかった。彼女がロッシーニの求めたカスティーリャのハムの代わりに美しい宝石箱を贈ったからである」との逸話がある。ロッシーニが数多くの勲章を授与されたことは、父ジュゼッペが一八三七年二月一七日に義理の兄弟に宛てた手紙に、息子が進駐オーストリア軍の将軍が催した舞踏会に「さまざまな六つの勲章を服に付け、首にスウェーデン国王から賜った勲章付きのワサの大きなリボンをかけて出かけた」

と記したことでも判る。[11] 晩年のロッシーニが公式の場に姿を見せるのを嫌った原因の一つは勲章とリボンを付ける正装を嫌ったことにあり、イヴァーノフに対して「勲章付きのリボンや帯は、それを使って首吊り自殺できるほど持っている」と語った話も残されている。

わが敬愛する友へ……今日は私の誕生日、七一歳になったというわけだ。怖がらないで！よぼよぼでも、まだ生きているのだから。……君に対する称賛も愛情も、ロッシーニ・クレシエンドの影響下にあると断言するよ。……グラナダから素敵な食品を送ったという報せを受け取ったが、届いたら少しだけ食べ、残りは君と一緒に食べられるように取っておく。その日が来るのを楽しみにしながらね。

（ジョルジョ・ロンコーニ宛、一八六三年二月二八日、パリ）

これは二〇〇〇年六月ジュネーヴで行われたオークションで売却されたロッシーニ書簡である（文面は競売目録の引用と紹介文より）。宛先のジョルジョ・ロンコーニ（Giorgio Ronconi, 1810-1890）はドニゼッティの《サン・ドミンゴ島の狂人》《トルクワート・タッソ》、ヴェルディ《ナブッコ［ナブコドノゾル］》のタイトルロールを創唱した名バリトンで、先の書簡は彼がグラナダから珍味を送ったという手紙への返信と思われる。上機嫌のロッシーニは「compleanno（誕生日）」とすべきところをCompleanosとスペイン語風に書き替えているが（正しくはcumpleaños）、そうした文字遊びや駄洒落も得意だった。ちなみにロッシーニの父ジュゼッペの手紙にも

ジョルジョ・ロンコーニ

そうしたジョークが見出せ、一八三二年の息子宛の手紙にベッリーニの歌劇《カプレーティ家とモンテッキ家（*I Capuleti e i Montecchi*）》が《カペレッティ、またはモンテッキ（*Capeletti, o siano li Montecchi*）》と書かれている。[112] ロッシーニは自分の好物（カッペッレッティ）を見つけて大笑いしたに違いない。

敬愛するタールベルク
老いたる友にしてあなたの熱烈なファンである〈こんなに胸騒ぎが〉の作曲者が短い手紙であなたを祝福し、感謝の言葉を述べることをお許しください。あなたは先週の土曜日、彼の家で新作を演奏し、心に染みる歌心と知性、エレガンス溢れるその音楽で彼をことのほか喜ばせました。……私は魅力的なタールベルク夫人に、今度は私たちのマカロニも味わっていただくと約束しました。粗末な食卓ではありますが……

（ジギスムント・タールベルク宛、一八六二年四月二九日［パリ］）

ジギスムント・タールベルク

これは一八六二年四月二六日にロッシーニの夜会で演奏したピアニスト、ジギスムント・タールベルク（Sigismund Thalberg, 1812-1871）への礼状である。[113] ロッシーニやベッリーニのアリアのパラフレーズで一世を風靡したタールベルクは一八五八年に演奏活動を中断し、一八六二年に行った最後のコンサートツアーのさなかパリでロッシーニと親交を深め、《ポジッリポの夜会、ロッシーニへのオマージュ。二四の音楽の省察（*Les soirées de Pausilippe, Hommage à Rossini. 24 Pensées musicales*）》（作品七五）を出版したばかりだった。

次のタールベルク宛の礼状には、ワインに関する興味深い記述がある。

著名な作曲家にしてピアニスト殿

寛大にもワインをお送りいただき、感謝申し上げます。不幸にして九本割れておりましたが［……］。けれども、残ったものだけでもそれらが上質だったことが良く分かります。とりわけ美味しかったのが赤ワインのシャンベルタンでありまして、今度の一八六七年パリ万国博覧会へ出品するに値する逸品と評価する次第です……

（タールベルク宛、一八六六年四月二四日、パリ）[114]

タールベルクはフランス人の父を一八五八年に亡くし、ナポリ近郊ポジッリポに残された別荘にフランスから取り寄せたぶどうの木を植えて自家製ワインを造り、一八六三年に引退して本格的なワイン生産者となった。そしてこの手紙でロッシーニからシャンベルタン（Chambertin）を評価され、第二回パリ万国博覧会への出品を勧められた彼は、パッパモスカ（Pappamosca）、アチマート（Acimato）と命名した二種のワインを出品している（一八六七年パリ万国博覧会目録に掲載）[115]。

他にもロッシーニの手紙から、イタリア各地の特産品の情報を得ることができる。両シチリア王国の外交官エドアルド・ルッケージ・パッツリ伯爵（Edoardo Lucchesi Palli, 1837-1903）への礼状にマカロニに関する二点（一八六三年三月三日付と五日付）と保存トマトへの言及（同年八月二〇日付）があり、二〇一八年ナポリ国立図書館の展覧会「ナポリとロッシーニ Napoli e Rossini」で展示されている。[116]

　宛先不明の一八六七年一月一二日付の礼状には、新年の祝いに友人から贈られたパスタとアルケルメスのことが書かれている。[117] アルケルメス（Alkermes）はアラビア起源のリキュールでルネサンス期のイタリアで造られ、メディチ家はこれを「長寿の秘薬（elisir di lunga vita）」とした。カメムシの一種カイガラムシの雌から抽出された天然色素ケルメスによって得られる鮮やかな赤色に特色があり、一八世紀には強壮剤として珍重されたが、現在は人気スイーツ、ズッパ・イングレーゼ（zuppa inglese）に欠かせぬ薬草酒となっている。

　その四日後、ロッシーニは作曲家アンドレーア・ベルナルディーニ（Andrea Bernardini, 1824-1900）から贈られたオリーヴ・オイルへの礼状に、パチーニも私にペーシャのオイルのチャンピオンをくれたがヴィンテージが悪かったと記している（一月一六日付）[118]。トスカーナ州ピストイア近郊ペーシャ（Pescia）は良質なオリーヴ・オイルの産地として知られ、ペーシャ大聖堂のオルガニストを務めたベルナルディーニと、引退後この地に居を定めたオペラ作曲家ジョヴァンニ・パチーニ（Giovanni Pacini, 1796-1867）が競うように特産の品をパリのロッシーニに贈っていたのである。

　かくしてパリのロッシーニの家は各国の友人から贈られる食材とワインの宝庫になり、その美味を楽しむだけでなく普及させる役割も担った。その一方、ボローニャの資産を管理するジュゼッペ・マッテーイ伯爵（Giuseppe Mattei, 1811-1896）には、フランスの銘酒を大量に贈ってその労に報いた。これに言及した書簡から、一八六四年にシャンパーニュ五〇本、一八六五年にボルドー五〇本

（銘柄はラフィット）、一八六六年にワイン五〇本、一八六七年にボルドー五〇本を産地から直送させたことが判る。[119] ロッシーニはこうした点でも「ヨーロッパにおける味覚の大使」と呼ばれるにふさわしい、稀有な美食家だったのである。

V　美食家ロッシーニのカリカチュア

あなたの新聞に私のカリカチュアが掲載されるのを嬉しく思います。ペーザロの猿が忘れられていないことが判って幸せです。
（ロッシーニの手紙、一八六七年六月二七日付）

食にまつわるロッシーニのカリカチュア

カリカチュア〔風刺画〕に描かれた音楽家が数多くいても、美食家の代表として食事や調理をする姿で描かれたのはロッシーニが唯一であろう。コックの服装でパスタを調理し、マカロニ皿の上で考え込む姿が風刺の対象になるのも、おかしな鬘《かつら》を付けた男が即座にロッシーニと認知されるからなのだ。

名誉よりもマカロニやソーセージを愛するロッシーニは誰からも愛され、イタリアとフランスの風刺新聞の題材にされたが、一九世紀フランス美食文化の黄金時代にあって稀代の美食家として特別なポジションを得たことは、最後に掲げる『ブリア＝サヴァランから今日に至る美食家と料理人の肖像』によっても明らかである。

パスタを調理するロッシーニ（パリ、一八五八年）

料理人の服装をしたロッシーニがパスタを調理する姿を描いたこの絵の作者は、ナダールと並び称される著名な風刺画家・写真家エティエンヌ・カルジャ（Étienne Carjat, 1828-1906）である。イラストの下にはメリの署名と共に、「ええ、ロッシーニ、ラファエルとヴェルギリウスは三つの名前において一つの太陽です。そして同じ半島のこの三人の息子たちは、人が神を疑うときに神を信じさせてくれます」と書かれている（パリのルーヴル美術館所蔵）。

ロッシーニのカリカチュア（1858年。ルーヴル美術館所蔵）

マカロニ皿の上のロッシーニ（パリ、一八六〇年）

著名な彫刻家ダンタン・ジュンヌ（Jean Pierre Dantan [dit Dantan Jeune], 1800-1869）は、『マカロニのロッシーニ（Rossini au Macaroni）』と題したブロンズ像を一八六〇年に発表し、大きな反響を呼んだ。同年七月八日付の音楽週刊誌『ラ・フランス・ミュジカル（*La France musicale*）』には、こう書かれている――「ダンタンは、彼の数多くの芸術家のファミリーに二つの傑作を付け加えた。［中略］ロッシーニはマカロニの皿の上に表現され、頭をかしげ、腕に竪琴を持っている。彼は半ば眠っているように見えるが、その笑顔を見ると著名なマエストロは夢をみているだけで、彼の獅子の目覚めを待っているように感じられる。このロッシーニの頭は立派な詩である」[1]。これに対し、同じ七月八日付の新聞『ル・ゴーロワ（*Le Gaulois*）』は、「この［ダンタンの］マカロニは彼［ロッシーニ］を世界中で有名にした。けれども《ギヨーム・テル》の音楽は、料理人や彼の同業者の目に、彼の名誉を汚すのに役立っただけである」と皮肉な論評を掲げている[2]。

興味深いのは、ダンタン作のブロンズ像が判じ物になっていることである。その答えは台座の浮き彫りにある。左半分の串焼き肉はフランス語で「rôt（ロ）」、右半分はト音記号の楽譜の「si（シ）」のところに鳥の巣――フランス語の「nid（ニ）」――があり、これを合わせて「rôt-si-nid」を発音すると「ロッシーニ」になるのである。次に、パリのカルナヴァレ博物館所蔵のオリジナルを掲げる。

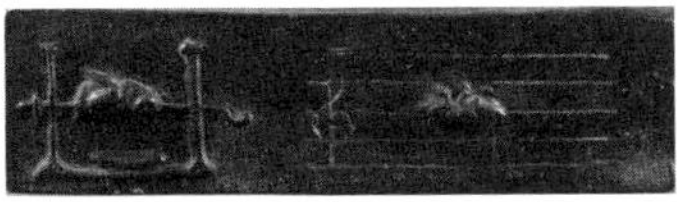

ダンタン・ジュンヌ『マカロニのロッシーニ』台座の浮き彫り

栄光に感激した人（ミラノ、一八六四年）

一八六四年、ロッシーニ七二歳の誕生日を記念して故郷ペーザロでこれを祝うセレモニーと大きなブロンズ像の建立が企画された。八月二一日に行われた序幕式と記念祝典では二〇五人のオーケストラと二五五人の合唱団が《泥棒かささぎ》と《セミラーミデ》の序曲、メルカダンテ作曲《ロッシーニ讃歌》などを演奏したが、友人たちが拠出する金額を知ったロッシーニは、「そのお金をくれたら、わしが台座の上に立ってやるよ」と言ったという。この話を基にしたのが同年八月二五

ダンタン・ジュンヌ作『マカロニのロッシーニ』
(1860年。カルナヴァレ博物館所蔵)

日付のミラノの週刊新聞『小妖精の精神（*Lo Spirito folletto*）』に掲載された、『栄光に感激した人（Un entusiasta della gloria）』と題されたカリカチュアである（ドン・チッチョ画）。図の下部に、名誉よりも美食を愛するロッシーニを揶揄した次の文章が書かれている。

あの狂ったペーザロ人たちは、わしに彫像を建ててやろうと考えついた……おやまぁ！……彫像とは素敵だ、不滅にしてくださるってわけか……だけど、わしはモルタデッラをひと揃い送ってほしかったな……」

「栄光に感激した人」（1864年8月25日付『小妖精の精神』より）

ロッシーニのブロンズ像（ペーザロ）

現代のオルフェーオ、ペーザロの白鳥（ミラノ、一八六五年）

一八六五年四月二〇日付『小妖精の精神（*Lo Spirito folletto*）』紙に掲載されたこのカリカチュアは、『現代のオルフェーオ、ペーザロの白鳥（L'Orfeo moderno, il cigno pesarese）』と題されている。お腹が大きいのは裕福な食通の証だが、テオフィル・ゴーティエは小説『若きフランス（*Les Jeunes France*）』（パリ、一八三三年）に、「ロッシーニはものすごく太っていて、この六年間自分の足を見ていない」「彼を音楽の神ロッシーニと知らぬ人は、彼をズボンを穿いたカバだと思うだろう」と書いて揶揄している。(3)

「現代のオルフェーオ、ペーザロの白鳥」（1865年4月20日付『小妖精の精神』より）

サン＝キョロットのロッシーニ（パリ、一八六七年）

一八六七年七月七日付のパリの風刺新聞『ル・フィロゾフ［哲学者］（*Le Philosophe*）』に掲載されたカリカチュアがロッシーニをフランス大革命時代のサン＝キョロットの姿に描いたことは、革命精神を象徴するフリジア帽をかぶり、大きな旗を掲げ持つことでも分かる。だが、そこには愉快なオチがある。旗竿の先に「マカロニ」と書かれたキャスロールを乗せているのだ。イラストの下部には、ロッシーニがこの新聞の発行者に宛てた、「ペーザロの老人の特徴を再現したことが見て取れる魅力的な私のカリカチュアの掲載を許可します」と自虐的に記した許可状が署名入りで複製されている。

ロッシーニのカリカチュア（1867年7月7日付『ル・フィロゾフ』第4面）

旗竿の先のキャスロール

マカロニに注入するロッシーニ（パリ、一八六八年）

これは一八六八年三月にパリで出版されたシャルル・ヴィルメトル（Charles Virmaître, 1835-1903）とエリー・フレボー（Élie Frébault, 1827-1911）の共著『レ・メゾン・コミック（*Les Maisons Comiques*）』の第九章「ラ・メゾン・ロッシーニ（La maison Rossini）」に挿入されたカリカチュアである。作者は風刺画家の戯文作家アルベール・ユンベール（Albert Humbert, 1835-1886）で、大きな桶に座るロッシーニが注入器を使ってマカロニにソースを注入する姿がグロテスクに描かれている。本文には、これに関する次の笑い話が書かれている。

主人〔ロッシーニ〕のお気に入りの料理がマカロニで、彼がいつも自分の熟練した手でそれを造ることは知られている。〔中略〕入念な準備の後、ペーザロの白鳥は小さな注入器を使ってマカロニの筒の一つ一つに彼が作ったソースを注入する。ある日、彼が根気のいるその仕事に夢中になっていると、召使の一人が家事のために現れた。だが、ロッシーニがこれに没頭しているのを見た召使は、こう叫んで逃げ出した――「マカロニに浣腸するブルジョワに仕えたくない！」(4)

ロッシーニのカリカチュア（『レ・メゾン・コミック』パリ、1868年）

一〇〇歳の誕生日を祝うロッシーニ（トリノ、一八九二年）

ロッシーニ生誕百年、一八九二年一月三一日付のトリノの新聞『イル・パスクイーノ（*Il Pasquino*）』に掲載されたこのカリカチュアでは、ロッシーニ百歳の誕生日がオリュンポス山で祝われている。作者は風刺画家カジミーロ・テーヤ（Casimiro Teya, 1830-1897）、晩餐のテーブルについているのは左から、ベッリーニ、ドニゼッティ、スポンティーニ、マイアベーア、ヴァーグナーである。主人役のロッシーニはナプキンを付け、子供の姿になった自分のオペラの作品の主人公たち――ギヨーム・テル、フィガロ、チェネレントラ、かささぎなど――に囲まれ、ご満悦である。

248. — IL CENTENARIO DI GIOACHINO ROSSINI 31 Gennaio — 1892

L'immortale maestro, festeggiando nell'Olimpo coi colleghi il suo centenario, accoglie la visita dei suoi figliuoli, lieto di vederli così giovani e vispi, benchè egli abbia cento anni, e colla certezza di rivederli sempre vispi e giovani nei centenari futuri.

100歳の誕生日を祝うロッシーニ（1892年1月31日付『イル・パスクイーノ』より）

ブリア＝サヴァランから今日に至る美食家と料理人の肖像（パリ、一八九四年）

これはシャティヨン＝プレシ『一九世紀末の食卓生活（*La vie à table à la fin du XIXe siècle*）』（パリ、一八九四年）(5)に挿入された図版で、著名な美食家と料理人が一同に集った想像図である。描かれた八六人はブリア＝サヴァランを筆頭に番号で序列が示され、ロッシーニは七番目に位置している。

1　ブリア＝サヴァラン
2　キュシー侯爵（『料理術（*L'art culinaire*）』を著した食通）
3　ジョゼフ・ベルシュー（初めて「ガストロノミー（Gastronomie）」の語を用いた詩人・作家）
4　グリモ・ド・ラ・レニエール（『美食家年鑑（*Almanach des Goumands*）』（パリ、一八〇三〜一二年）を刊行した美食批評の先駆者）
5　ポール・ブレバン（一八六三年にヴァシェット（Vachette）を買収して繁盛させた経営者）
6　アレクサンドル・デュマ
7　ロッシーニ

著名な料理人は、カレームの弟子で「装飾料理の使徒」と呼ばれたジュール・グーフェ（Jules Gouffé, 1807-1877）が九番、カフェ・アングレの料理長アドルフ・デュグレレが一〇番、アントナン・カレームが一一番、『古典料理（*La Cuisine classique*）』（一八五六年）の著者ユルバン・デュボワ（Ur-

LA GASTRONOMIE ET L'ART CULINAIRE AU XIXe SIÈCLE.
Galerie des Gastronomes et Praticiens français, de Brillat-Savarin à nos jours.

bain Dubois, 1818-1901）が一七番で、後にフレンチの神様と呼ばれるエスコフィエはこの時点で二五番に挙がっている。選ばれた八六人の中でロッシーニが唯一の音楽家であることでも、ガストロノミーの世界における特別なポジションが見て取れる。

1. Brillat-Savarin.
2. Cussy.
3. Berchoux.
4. Grimod de la Reynière.
5. Brébant.
6. Alexandre Dumas.
7. Rossini.
8. Berte.
9. Jules Gouffé.
10. Dugléré.
11. Appert.
12. Antonin Carême.
13. P.-C. Dessolliers.
14. Vassant.
15. Génin.
16. Kannengieser.
17. Urbain Dubois.
18. Émile Bernard.
19. Driessens.
20. Colon.
21. Cabuzet.
22. Achille Ozanne.
23. Louis Bérenger.
24. Noël.
25. A. Escoffier.
26. Alfred Suzanne.
27. Aurélien Scholl.
28. E. Lachenal.
29. Henri Second.
30. Aug. Hélie.
31. Achille Thierry.
32. Guerbois.
33. Privé.
34. Narcisse Jullien.
35. Tavenet.
36. Froment.
37. Dubois fils.
38. Charton.
39. Lamaestre.
40. Philéas Gilbert.
41. Gustave Garlin.
42. Debischop.
43. Ant. Charabot.
44. Hanni.
45. Ripouteau.
46. Gagneux.
47. Georges Vicaire.
48. Louis Faure.
49. Devien.
50. Rabelais.
51. Herbomez.
52. Corblet.
53. Charvin.
54. Bignon jeune.
55. Marguery.
56. Aug. Michel.
57. Cordebas.
58. Mennet.
59. Aug. Vincent.
60. Albert Chevallier.
61. Davignon.
62. Debretagne.
63. Ranhofer.
64. Lhuillery.
65. J. Weber.
66. Charles Dietrich.
67. Baron Brisse.
68. Victor Morin.
69. Trompette.
70. Châtillon-Plessis.
71. Taillevent.
72. Vatel.
73. Charles Monselet.
74. Bourgoin.
75. Lacam.
76. Guichard.
77. Vieilhomme.
78. Blanchet.
79. Dumoulin.
80. Bouchard.
81. Reynier.
82. Gaillardon.
83. Gabriel.
84. Prince Galitzin.
85. Jarlaud.
86. Fulbert-Dumonteil.

TRAIT EXPLICATIF DES « PORTRAITS DE GASTRONOMES ET DE PRATICIENS FRANÇAIS, DE BRILLAT-SAVARIN A NOS JOURS.

ブリア＝サヴァランから今日に至る美食家と料理人たち（『19世紀末の食卓生活』パリ、1894年）集合図と描かれた86人の一覧表

VI

《老いの過ち》——食べ物と料理の音楽

彼［ロッシーニ］の音楽の楽しみは、食べ物の題名……例えば、新鮮なバター、ヒヨコ豆あるいはグリンピース、さくらんぼやアンズの実……を付けたピアノ・ソナタを作曲することです。

（フランツ・リストの手紙、一八六一年五月一六日付）

晩年の作品集《老いの過ち》

ロッシーニは晩年の一一年間にパリとパシーの私邸で音楽の夜会を催した。これは特別な招待客のみが列席を許される特別な夜会と、パリの愛好家に門戸を開く半公開の夜会の二つに分けられる。特別な夜会は次章の最後に記した著名人を招待して行う晩餐会に続いて行われ、晩餐で食卓を共にしたピアニストのフランツ・リストやタールベルク、人気歌手アデリーナ・パッティらが演奏し、上流階級のサロンとしても機能した。これに対し、音楽愛好家にも扉を開く音楽の夜会では、アマチュアを含む歌手と楽器奏者が演奏し、若きヴァイオリニストのサラサーテもここで新作を披露した。どちらの夜会も最大の呼び物は、「若気の過ち（péché de jeunesse）」をもじって《老いの過ち（Péchés de vieillesse）》と総題したロッシーニ晩年の作品である。

ピアノ曲、歌曲、室内声楽曲からなる《老いの過ち》はロッシーニの私邸でのみ演奏を許された秘曲で、一三巻と補巻からなる全一四のアルバムにまとめられた曲の総数は約一六〇にのぼり、うち一〇五曲のピアノ独奏曲には《痙攣前奏曲》《苦悶のワルツ》《深い眠り――びっくりして目を覚ます》《自称ドラマティックな前奏曲》《喘息練習曲》など、風変わりな題名が付けられている。これはロマン派作曲家の詩的で尊大なタイトルへの皮肉や挑発でもあるが、ロッシーニは「競争相手のいない四流ピアニスト」と自称して周囲を煙に巻き、批判をかわしたのである。

こうした姿勢はエリック・サティに通じるモダニズムと後世に評価され、ロッシーニ作品でアルバムを録音したピアニスト、アルド・チッコリーニは山口昌男氏との対談で次のように語っている。

ロッシーニとサティの間には多くの共通点があります。ロッシーニはピアノ小品集の余白に色々な章句を書き遺していますが、これはそのまま後にフランスでサティがやった事です。これらの曲想は曲そのものと直接関係がなく、大変ふざけた、皮肉な、そして時には詩的な、また狂暴な表現を含んでいました。いわばロッシーニは一九世紀のサティだったのです。［中略］この二人は、しばしば、ドイツ起源の音楽らしさ、深刻そうなポーズ、哲学臭さといったものを嘲笑の対象にしています。この点において二人の試みは大変新しい次元を切り開いたと言えます（1）。

なかでもユニークなのが、食べ物や料理の題名をもつピアノ曲である。

ロッシーニの食べ物と料理の音楽

食べ物や料理の題名を付けた音楽を生み出したのはロッシーニが最初ではないが、前例は少ない。洒落た標題で知られるフランス・バロックのクープランやラモーのクラヴサン曲にも料理の題名は見当たらない。これは食品や料理に動的なイメージが無く、音楽による描写に適さないためでもあるが、常識に捉われないロッシーニは一二のピアノ曲に次の題名を与えている。

四つのデザート——《干しイチジク》《アーモンド》《干しブドウ》《はしばみの実》
四つの前菜——《ラディッシュ》《アンチョビ》《小きゅうり》《バター》
《やれやれ！小さなえんどう豆よ》
《ソテ》
《ロマンティックな挽き肉》
《小さなドイツ風ガレット》

興味深いのは、ロッシーニが風変わりな題名の曲を自分で演奏せず、著名なピアニストに演奏させたことである。その一人、フランツ・リストはヴィトゲンシュタイン侯爵夫人宛の一八六一年五月一六日付の手紙に記している――「彼〔ロッシーニ〕の音楽の楽しみは、食べ物の題名……例えば、新鮮なバター、ヒヨコ豆あるいはグリンピース、さくらんぼやアンズの実……を付けたピアノ・ソナタを作曲することです。私はまだそれがどんな曲か知りませんが、明晩、彼の家で晩餐をとった後に初見で弾くことになるでしょう(2)」。

フランツ・リストの写真（1858年）

リストがロッシーニのピアノ曲にどんな感想を抱いたか不明だが、ジュゼッペ・ラディチョッティによれば、神父の服装で夜会に現れたリストはロッシーニの自筆楽譜を初見で即興的にアレンジして見事に弾くと、「あなたはこのように演奏したいと望んだのではありませんか？」と言い、ロッシーニはその演奏を聴きながら何度も「この男は悪魔だ！」と叫んだという(3)。

次に、筆者による各曲の解題を記しておこう。

食べ物と料理の音楽――解題

♪四つのデザート *Quatre mendiants*

《老いの過ち》第四巻は、二つの曲集をセットにして《四つのデザートと四つの前菜（Quatre mendiants et quatre hors d'œuvres）》と題されている。前菜とデザートの順序を逆にした理由は不明だが、ロッシーニならではの悪戯と思われる。「四つのデザート」と訳した Quatre Mendiants は「四人の物乞い」を意味する言葉で、四種のドライフルーツ（乾燥果実）――イチジク、アーモンド、ブドウ、はしばみの実――を組合せたデザートの俗称である。これは果実の色が四つの托鉢修道会（Ordres mendicants アウグスチノ会、カルメル会、ドメニコ会、フランシスコ会）の服の色を連想させるからだという。《四つのデザート》の四曲の自筆譜における題名と副題の順序が逆であることから、現在の副題をタイトルに作曲し、乾燥果実の名称を書き足したことが分かる。

《干しイチジク》（私はここにいます――ボンジュール、マダム）
Le Figues séches（Me voilà-Bonjour Madame）

《四つのデザート》第一曲。アレグレット・モデラート、ニ長調、八分の三拍子。序奏なしに粒だった音型の主題が提示される。気ままな構成で中間部に敏速なパッセージを挿入して主題を再現し、長い終結部となる。標題「私はここにいます―おはよう、マダム（Me voilà-Bonjour Madame）」は、ロッシーニが妻にした朝の挨拶と解釈しうる。

《アーモンド》（零時を告げる――ボンソワール、マダム）
Les Amandes（Minuit sonne-Bonsoir Madame）

《四つのデザート》第二曲。アンダンティーノ・モデラート、ト長調、四分の三拍子。零時を告げる時計もしくは鐘の音をピアノの低いG音で一二回鳴らし、テンポを少し速め［ウン・ポコ・ピウ・モッソ］、マズルカ風の主題を提示する。きらびやかなパッセージの第二主題に続いて伴奏音型

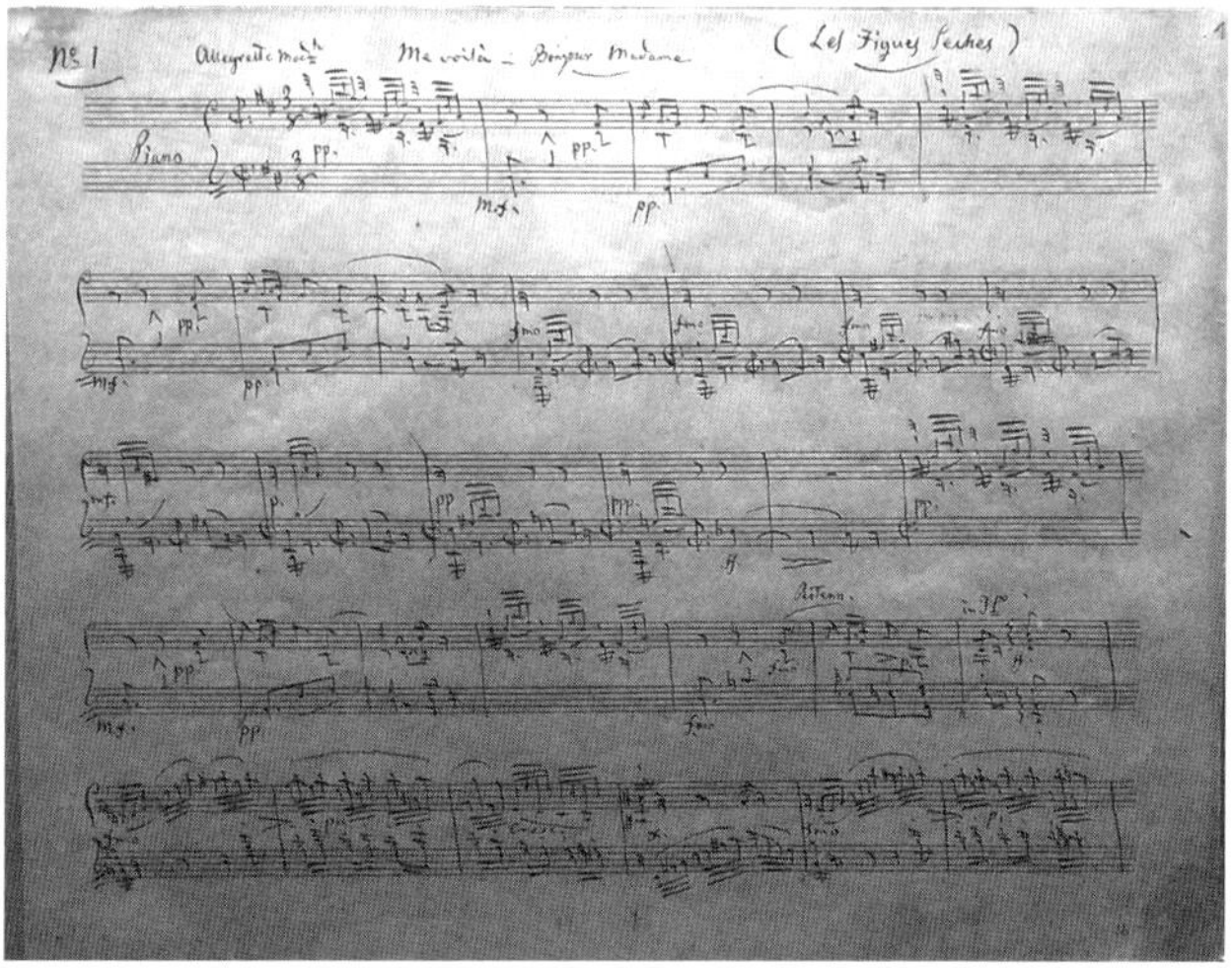

《干しイチジク》の自筆楽譜（ロッシーニ財団所蔵、筆者撮影）

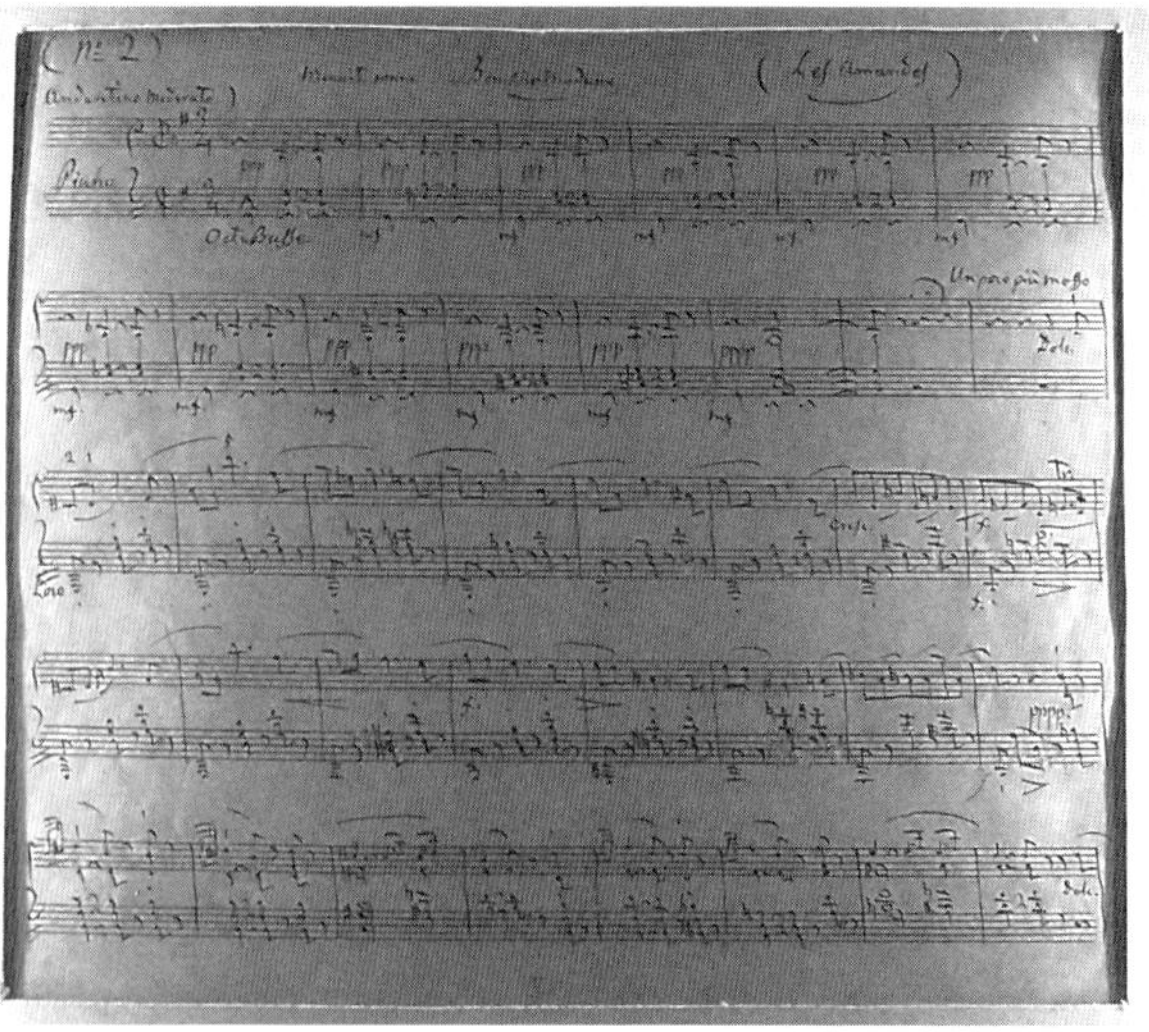

《アーモンド》の自筆楽譜（ロッシーニ財団所蔵）

を変えた第一主題と第二主題を繰り返して冒頭のテンポに戻し、*pppp* の最弱で音楽を静め、消え入るように［モレンド］終わる。零時を告げる音と標題の「ボンソワール、マダム（Bonsoir Madame）」から、前曲と対をなす就寝前のロッシーニの妻への挨拶と理解しうる。

《干しブドウ》（私の可愛いオウムに
***Les Raisins* (*À ma petite perruche*)**

《四つのデザート》第三曲。アレグレット（アレグレット・モデラートと記した後にモデラートを削除）、ハ長調、四分の二拍子。ピアノ曲でありながら人声で歌えない音域に歌詞が書かれた奇想天外な作品。曲の終わりに「私の可愛いオウムの社交の才の集成、その友にして同僚G・ロッシーニによる（Compilation des Talents de Société de ma chère Perruche par son ami et Collègue, G. Rossini)」とあることから、ロッシーニのペットのオウムのお喋りと分かる。

音楽は七小節半の序奏に続いてリズミカルで陽気な主題が始まり、折々にオウムが茶々を入れるように言葉を発する。中間部で「担え銃、捧げ銃、撃て（portez l'arme, Presentez l'arme, en joue feu)」と叫び、シャンソン《私は素敵な煙草をもっている（J'ai du bon tabac)》と《酒の歌（Chanson à boire)》の一節が現れる。再び主題が繰り返され、技巧的なパッセージによる終結部となる。

最初の妻コルブランが動物好きだったのでロッシーニは早くからオウムを飼い、パリに活動の場を移した後はボローニャの両親がペットの面倒をみていた（一八二五年四月一一日付の父宛の手紙の末尾の挨拶に、「馬たち、二羽のオウム、珍鳥、子犬、子猿」への挨拶が書かれている）。一八五五年パリに移る際にもフィレンツェから「テル」と名付けたオウムを連れており、「私の可愛いオウム」がこのテルと思われる。この曲の演奏法に関する手掛かりはなく、純粋なピアノ曲として演奏するピアニストも多いが、ジェフリー・スワンやアレッサンドロ・マランゴーニがしたように詞を口ずさみながら弾くべきだろう。ロッシーニの作詩と思われるオウムのお喋りは次のとおり。

フートトル、フートトル…（繰り返し）
おはよう、ロッシーニ
おはよう、道化者
おお、その頭！

フートトル、フートトル…
担え銃。捧げ銃。撃て
ランタンプラン、プラン、プラン…

私は素敵な煙草を持っている
自分の煙草入れに

私はクレレ・ワインを飲むと

《干しぶどう》の中の「担え銃。捧げ銃」の部分（現代譜）

ぐるぐる回る、ぐるぐる回る
キャバレーで

楽譜に書かれたフランス語の言葉と既存の音楽の引用を説明すると、オウムが繰り返す冒頭語「フートル（foutre）」は卑語で下品な意味の「ヤレ」に近く、同じ綴りで「精液」の意味もある。「おお、その頭（oh c'te tête）」は、かつらをつけないロッシーニの禿げ頭を見たオウムの驚きの声と理解しうる。

「私は素敵な煙草を持っている。自分の煙草入れに（J'ai du bon tabac dans ma tabatière, J'ai du bon tabac, tu n'en auras pas）」は一八世紀にラテニャン神父（Gabriel-Charles de Lattaignant, 1697-1779）が歌詞を改作したシャンソン《私は素敵な煙草を持っている（*J'ai du bon tabac*）》の旋律と歌詞の引用、最後の「私はクレレ・ワインを飲むと～キャバレーで（*Quand je bois du vin clairet, tout tourne, tourne, au cabaret*）」は一五三〇年に出版された舞曲《トゥルディオン（Tourdion）》に起源をもつシャンソン《酒の歌（*Chanson à boire*）》の歌詞の一部を変えている（旋律はロッシーニのオリジナル。原詞は「Quand je bois du vin clairet, Ami tout tourne, tourne... Aussi désormais je bois Anjou ou Arbois」）。「クレレ・ワイン（vin clairet）」はアキテーヌ地域もしくはボルドーで造られる深みのあるロゼの色のワインである。

《はしばみの実［ノワゼット］》（私の愛しいニニへ）
Les Noisettes（*À ma chère Nini*）

《四つのデザート》第四曲。アンダンティーノ・モッソ、四分の三拍子。八小節の序奏のみロ短調で記譜され、すぐにロ長調の主題が提示される。中間部は変イ短調の音楽で、ロ長調の主題が再帰して技巧的な終結部に続く。はしばみの実と訳したノワゼット（noisette）は食用へーゼルナッツである。

「私の愛しいニニへ」のニニがペットの犬であることは、曲の末尾に「私の雌犬への愛の思い Pensée d'amour à ma chienne」と書かれたことでも分かる（ロッシーニのペットの犬の名は、フィフィ、ミナなど証言者によって異なる）。ロッシーニがペットの犬の誕生日に曲を書いたことは、一八六二年一二月にロッシーニを訪問した作曲家アーサー・サリヴァン（Arthur Seymour Sullivan, 1842-1900）の述懐でも確かめられる――「ちょうど私が部屋に入ると、彼［ロッシーニ］は音楽の小品を試し弾きしたところでした。〈おやまあ、それは何ですか？〉と私は叫びました。すると彼はとても真面目に答えました。〈私の犬の誕生日なんだ。私は毎年そのために小品を書くのだよ〉」[5]。サリヴァンはその曲を「とても可愛く風変わりな新作メヌエット」と語っており[6]、《はしばみの実》がこれに該当すると思われる。なお、晩年のロッシーニ家で飼われた犬のイラストが一八六九年二月二八日の『絵入りクロニック（*La Chronique illustrée*）』に掲載されている[7]。

ロッシーニの飼い犬のイラスト（『絵入りクロニック』1869年2月28日号）

♪四つの前菜 *Quatre hors d'œuvres*

《四つのデザート》と対をなす《老いの過ち》第四巻のピアノ曲。次の四曲からなり、タイトルと音楽との関連は認められない。

《ラディッシュ》
Les Radis

《四つの前菜》第一曲。アレグレット・マエストーソ、イ短調、四分の三拍子。八小節の重々しい序奏に続いてスタッカートで刻まれた伴奏と共に個性的な旋律が奏される。ロッシーニ好みの転調を経てアンダンティーノ・モデラート・モルト、四分の二拍子の悲しげな音楽と陽気な音楽が続き、アレグロ・ヴィヴァーチェのカノン風の入りをもつ八分の六拍子の音楽となる。以上三つの部分を気儘に繰り返し、タランテッラの要素も加味して終わる。

《アンチョビ、主題と変奏》
Les Anchois. Thème et variations

《四つの前菜》第二曲。アレグレット・モデラート・モルト、ニ長調、四分の四拍子。八小節の序奏に続いて提示される主題による変奏曲。変奏ごとに序奏の音楽に変化をつけて技巧を高め、第三変奏の後に終結部となる。アンチョビ（anchois）は魚のカタクチイワシだが、日本では塩漬けがこう称される。作曲家ラヴィニャックから贈られたガスコーニュのイワシの逸話は、本書IIIの「その他の食材と逸話」を参照されたい。

《小きゅうり［コルニション］》
Les Cornichons

《四つの前菜》第三曲。アンダンティーノ・マエストーソ、ホ長調、四分の四拍子。三小節の前奏に続いて奇妙な動機を頑なに繰り返す（譜例参照）。旋律らしきものが無く同じ音型を延々と続け、最後に*pppp*を経て消え入るように終わる。こうしたロッシーニの音型の執拗な繰り返しは意味不明で、その分析は「音楽学者よりも精神分析医の役目」と言う研究者もいる。[8] 小きゅうりと訳したコルニション（Cornichon）は成熟する前の小型きゅうりで、酢漬けにしたものがピクルスと称される。なお、冒頭に「序奏」、末尾に「主題と変奏に続く」と書かれている。

《バター、主題と変奏》
Le Beurre. Thème et variations

《四つの前菜》第四曲。アレグレット・モデラート、変ロ長調、四分の四拍子。八小節の序奏に続く主題による変奏曲。第一変奏で三連音を際立たせ、序奏の音楽を挟んだ第二変奏はスタッカー

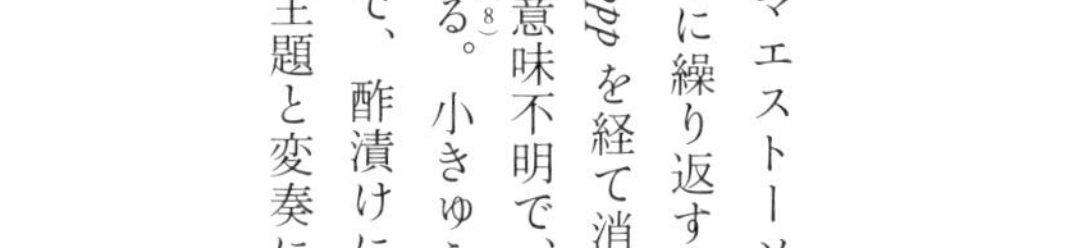

《小きゅうり》で繰り返される動機

トの左手のオクターヴを伴奏に主題を奏する。アンダンティーノに転じて短調の魅力的なカンタービレ旋律が現れ、アレグレット、四分の三拍子による主題の変形と短調旋律の再帰による自由な第三変奏を経て、輝かしい終結部で閉じられる。

次に独立した四曲について記しておこう。うち三曲は《幼い子供たちのためのアルバム（Album pour les enfants adolescents）》と題された《老いの過ち》第五巻の楽曲である。

《やれやれ！ 小さなえんどう豆よ》
Ouf! Les petits pois

《幼い子供たちのためのアルバム》第一〇曲。アレグレット・モデラート、ロ長調、四分の二拍子。思わせぶりな八小節の序奏に続いて穏やかな旋律が奏される。その主題は長調と短調を行き来しながら転調を重ね、ニ長調の第二主題が現れる。この二つの主題を自由に展開させ、短い終結部で閉じられる。音楽と題名の間に関連は認められない。

《ソテ》
Un sauté

《幼い子供たちのためのアルバム》第一一曲。アレグロ、ニ長調、八分の三拍子。スタッカートの歯切れのよい六小節の序奏に続いてワルツとなる。主題は頭に連打音をもつ軽快な部分と華やかなパッセージからなり、中間部に短調の魅力的な主題と華やかな主題が現れる。どちらも提示のみで、序奏とワルツを再現して終わる。「焼き、炒める」調理法を意味する名詞ソテ（sauté）は「跳ぶ、飛び上がる」を意味する動詞 Sauter の過去分詞でもあるが、序奏や主題に油が跳ねたり、フライパンの中で食材が飛び上がるイメージをもつか否かは聴き手次第だろう。

《ロマンティックな挽き肉》
Hachis romantique

《幼い子供たちのためのアルバム》第一二曲。アレグロ・ヴィヴァーチェ、イ短調、四分の四拍子。九小節の即興的な序奏に続いて四つの十六分音符からなる音型が一七六小節にわたって奏される。不協和音を含む音型の連続が独特な効果をもたらし、音型の最後に打たれる音から旋律が浮かび上がる工夫もあり、アルペッジョを交えた終結部とイ長調のトレモロで閉じられる。十六分音符の音型の連続は視覚的にも挽き肉を想起させ、「ロマンティックな」の形容と共にひときわ異彩を放っている。

《ロマンティックな挽き肉》初版楽譜の冒頭頁

《小さなドイツ風ガレット》
Petite Galette allemande

《老いの過ち》第一二巻《アルバムのための二四の些細なこと（24 riens pour album）》の第一五曲。アレグロ・ブリランテ、変ホ長調、四分の三拍子。ドラマティックな上向音型による一五小節の即興的な序奏、特徴的なリズムの第一主題、序奏の上向音型から導かれた華やかなワルツの第二主題からなり、二つの主題を繰り返して終結部に至る。これは独立したピアノ曲として作曲した後に「些細なことUn rien」の文字を足し、《アルバムのための二四の些細なこと》（別名「アルバムのための幾つかの些細なこと（Quelques riens pour album）」）に組み込まれた。

ガレット（galetto）は丸く焼いた料理を意味し、そば粉の生地を薄く焼くブルターニュ地方のガレット・ブルトンヌが有名だが、そば粉ではなくすりおろしたジャガイモと小麦粉の生地を焼くとガレット・アルマンド（ドイツ風ガレット）になる。

以上が食べ物や料理の題名をもつロッシーニ作品のすべてである。

声楽曲では歌詞にマカロニ、ジュース、チーズ、トマトを含む歌曲《ラッザローネ。キャバレーのシャンソネット》がある。

《ラッザローネ。キャバレーのシャンソネット》

Le Lazzarone. Chansonette de Cabaret

《老いの過ち》第二巻《フランス語のアルバム（Album français）》第八曲。アレグレット・ブリランテ、イ短調、八分の六拍子。編成はバリトンとピアノ。エミリアン・パシーニ作詞。

ラッザローネ（lazzarone）は「ごろつき」「悪党」の意味で使われる語で、ナポリの最も低い階層の人々を指すラッザローニ（lazzaroni）は「ナポリの賤民」とも訳される。ラッザローニもしくはラッザーリ（lazzari）は一六四七年にスペイン支配に対して起こした反乱や一七九九年のフランス軍侵攻への抵抗でも歴史的に重要な存在だが、同時に自然の恵み豊かなナポリにあってあくせく働かず、陽気に生活を謳歌する下層民の代名詞でもあった。この歌曲もそうしたイメージを背景に、「食べて飲んで踊る」ラッザローネの気儘な生活が称えられる。

作詞はロッシーニの友人でもある詩人エミリアン・パシーニ（Émilien Pacini, 1811-1898）で、独立した原詞の存在は確認されず、後半の台詞「おお、ジュース！おお、チーズ！おお、トマト！おお、マカロニ！」はロッシーニが創作した可能性もある。曲調はナポリのタランテッラと解釈しうる。タランテッラ（tarantella）は八分の三拍子または八分の六拍子の躍動的な舞曲で、毒蜘蛛タランチュラ・コモリグモに噛まれると踊る病にかかるとの迷信と結びつき、一五・一六世紀にイタリアで流行した舞踏病がタランティズモ（tarantismo）と呼ばれた。タランテッラを用いたロッシーニ作品は歌曲・重唱曲集《音楽の夜会》（一八三五年）の第八曲《踊り（La danza）》が有名だが、《老いの過ち》には歌曲《ラッザローネ》以外にピアノ曲《純血種のタランテッラ（Tarantelle pur sang）》と《タラン

テッラ即興曲（Impromptu tarantellisé）》がある。(9)

なお、一八世紀末と一九世紀初頭のナポリの風俗を描いたサヴェーリオ・デッラ・ガッタ（Saverio della Gatta, 1758-1828）の絵画に、タランテッラを踊るナポリの民衆と、マカロニを手掴みで食べる——これが正式かつ最も美味しい食べ方とされた——姿が見て取れる（図版参照）。

次に《ラッザローネ》の歌詞の拙訳を掲げる。

遠くヴェズヴィオ山をいただく紺碧の波辺の
澄んだ空の下で眠ること、それがラッザローネの幸せ。
倦怠と栄華のはかない虚栄は他人にまかせ
この神聖な地では食べて飲む方がいい。

ゼフィロス〔西風の神〕の愛でるナポリの心地よい空
お前のところにはなんて素敵な運命があるのだろう。
愛、喜び、怠惰、すべてがなんて素敵な運命
朝な夕なに楽しむとは。

バルカローレにファランドールを合わせ
接吻と移り気な恋でこの甘いひとときを魅惑しよう。

タランテッラを踊るナポリの民衆
（サヴェーリオ・デッラ・ガッタ画）

私たちの心には、いつだって真の喜びを得ようという
たった一つの欲望しかない、
ナポリ、お前を愛し
ナポリ、お前を見て死ぬ。

バグパイプと牧笛があずまやの踊りに駆けつけ、
私たちの友人プルチネッラの話に笑い興じる。
愛、遊び、陽気さは、
神が私たちに与えてくれたもの
聖ヤヌスと聖母に誓いをたてよう。

この祝福の地では人生が祭り
神々の御馳走である極上のマカロニが
私たちのために用意されている
この祝福の地では極上のマカロニが誉れ。

(台詞。舌なめずりをしながら)

マカロニを食べるナポリの民衆(同前)

おお、ジュース！ おお、チーズ！
祝福の地よ。
（台詞）
おお、トマト！ おお、マカロニ！
祝福の地よ。

歌曲《ラッザローネ》は晩年のロッシーニの夜会で人気を博した。確認できる最初の演奏はリストも出席した一八六六年三月三一日の夜会で、四月八日付『ルヴュ・エ・ガゼット・ミュジカル』はパリのイタリア劇場のバリトン、エンリーコ・デッレ・セディエが歌ったと報じている。[10]

付記 エディションと推薦ディスク

《老いの過ち》の自筆譜はペーザロのロッシーニ財団に所蔵されている。印刷楽譜はすべて没後出版で、前記一二のピアノ曲のうち《アーモンド》は《真夜中 Minuit〔午前零時〕》、《小さなドイツ風ガレット》は《アルマンド Allemande》の題名で一八八〇～八五年にパリのウージェル社から出版された（『ロッシーニ遺作集』第一集の第一七曲と第二集の第九曲）。[11]《四つのデザート》と《四つの前菜》はロッシーニ財団『クワデルニ・ロッシニアーニ』の第一九集（一九七六年。《アーモンド》以外の七曲の初版）、《やれやれ！ 小さなえんどう豆よ》は第二集（一九五四年）、《ソテ》《ロマンティックな挽き肉》は第一五集（一九六八年）、[12]歌曲《ラッザローネ》はロッシーニ全集Ⅶ-2巻（一九八九年）が

『ロッシーニ遺作集』第1集のタイトル頁

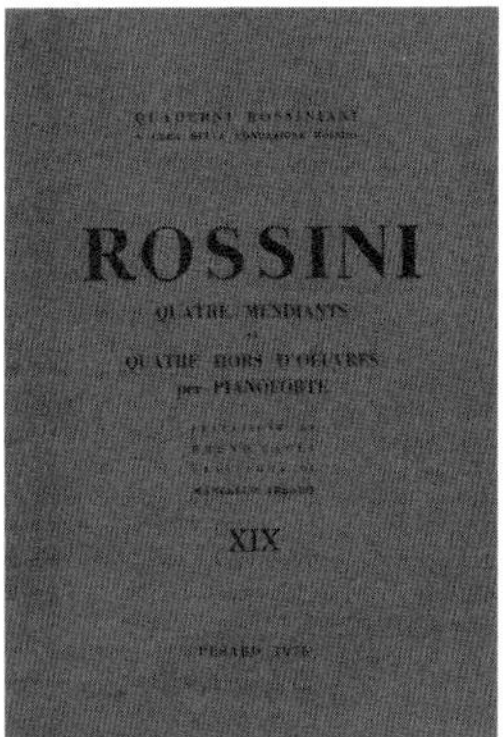

《四つのデザート》《四つの前菜》の初版楽譜

初版である。[13]

ロッシーニのピアノ曲は三人のピアニストが全曲録音している。

シュテファン・イルマー（Stefan Irmer / Rossini Piano Works, MDG Scene）

パオロ・ジャコメッティ（Paolo Giacometti / Rossini Complete works for Piano, Channel Classics）

アレッサンドロ・マランゴーニ（Alessandro Marangoni / Rossini Complete Piano Music, Naxos）

一九世紀のプレイエルとエラール社のピアノを用いたジャコメッティ盤の音色が味わい深いが、初心者には未出版の楽曲と声楽曲を含むマランゴーニの「ロッシーニ　ピアノ作品全集《老いの過ち》[14]」をお薦めしたい。

VII

ロッシーニとその時代――食通音楽家の生涯

ロッシーニは音楽芸術に最も人間的な情熱を持ち込んだ作曲家であり、その作品は数の多さと無辺の広がりにより、いずれホメロス(1)のように尊敬を集めるだろう。

（バルザック『ランジェ公爵夫人』）

美食家になるまでの歩み

本書の主人公ジョアキーノ・ロッシーニは一七九二年二月二九日、アドリア海に面した中部イタリアのペーザロで生まれた。教皇領に属するマルケ地方の中でも洗練されたこの小都では、豊富な農産物と海の恵みが住民の生活を潤していた。ルーゴ出身の父ジュゼッペはペーザロ市のラッパ手とオーケストラの金管楽器奏者を兼務し、母アンナはパン職人の娘で結婚後はオペラ歌手として舞台に立ち、息子ジョアキーノもボーイソプラノとして母と共演して音楽に親しんだ。一家は現存する建物の二階の二部屋で暮らし、当時のかまども残されている。

ボローニャでジュゼッペ・プリネッティからスピネット、ルーゴでジュゼッペ・マレルビから数

ロッシーニの家とそのかまど

字低音と作曲の初歩を学んだ少年は、一四歳でボローニャの音楽学校リチェーオ・フィラルモーニコに入学し、一六歳で作曲した六曲の弦楽四重奏曲により早熟な才能を現した。

音楽学校で学ぶかたわらボローニャと周辺都市の劇場でマエストロ・アル・チェンバロ（オペラの声楽指揮者と稽古ピアニスト）を務めたロッシーニは学業を放棄し、一八一〇年、一八歳で《結婚手形》をヴェネツィアのサン・モイゼ劇場で初演して職業オペラ作曲家となった。そして一八一二年の《幸せな間違い》で最初の成功を得ると、「ヴェネツィアではすべての愛好家がぼくのファルサの曲を歌い競っています」と母への手紙に書いた。[2] 四か月後に初演した《絹のはしご》では、「序曲からフィナーレの最後の音まで大成功を収め、大喝采ばかりでした。昨夜は何度も舞台に呼び出され、今夜のぼくはまさにヴェネツィア人のアイドルでした」と報告している。[3] 続いてミラノ・スカラ座デビュー作《試金石》で脚光を浴び、翌一八一三年ヴェネツィア初演の《タンクレーディ》と《アルジェのイタリア女》がオペラ・セリアとオペラ・ブッファのジャンルにおける最初の名作となった。かくして二一歳のロッシーニは、北イタリア全域にその名を轟かせたのである。

ナポレオンの敗北で王政復古が確定した一八一五年、ナポリに活動の場を移したロッシーニは、一八二二年までの七年間、王立劇場の音楽監督を務めるかたわら九つのオペラ・セリア――《イングランド女王エリザベッタ》《オテッロ》《アルミーダ》《エジプトのモゼ》《リッチャルドとゾライデ》《エルミオーネ》《湖の女》《マオメット二世》《ゼルミーラ》を作曲して高い評価を得た。その間ローマで《セビーリャの理髪師》と《ラ・チェネレントラ》を初演して国際的に注目され、ミュンヘンとヴィーンでは一八一六年、パリでは一八一七年から彼の作品が上演されて人気を博した。

そんなロッシーニがヴェネツィアからボローニャの両親に牡蠣を送り、ボローニャのモルタデッラの美味をナポリで紹介するなど早くから食への関心が高かったことは、手紙からも理解しうる（IV 書簡の中の美食）。その一方、スタンダールが友人アドルフ・ド・マレスト宛の一八二〇年一二月二二日付の手紙に「ロッシーニが毎日二〇枚ビフテキを食べ、すごく太っている」と書き[4]、「運命の女神がロッシーニに、すばらしい天賦とすばらしい旋律をブッシェル枡で一ぱい与えていなかったとしたら、ロッシーニが学校で学んだとかいうものは、彼の大きな腹に入るじゃが芋よりほかは、何ももたらさないことになっていたことだろう」とベートーヴェンが語ったことでも判るように[5]、肥満によっても注目される存在になっていた。上流階級のアイドルでもある彼は行く先々で最高のもてなしを受け、舌と身体を肥やしていったのである。

若き日のロッシーニ（スカラ座博物館所蔵）

そして一八二二年のヴィーン訪問で大旋風を巻き起こすと、翌年ヴェネツィアで初演した《セミラーミデ》によりイタリアでの活動に終止符を打つ。ここまでの三四作は一八一〇年から僅か一三年間に作曲されていたが、その絶大な人気が過去の大家を駆逐したことは、一八二二年にイタリアを訪問した英国の詩人リー・ハント（Leigh Hunt, 1784-1859）の手紙が証明する。

あなたは私にイタリアの作曲家や歌手等々について教えてほしいと頼んでいます。ああ、ああ！［中略］イタリアではモーツァルトは何物でもなく、ロッシーニがすべてです。《フィガロ［の結婚］》がフィレンツェでシューっと野次られて以後、モーツァルトについて誰も何も言いません。［中略］その一方ロッシーニのことは朝から晩まで話され、書かれ、写され、歌われ、口ずさまれ、口笛で吹かれ、三二分音符にされ続けています。もしもショーウィンドウに肖像画があればそれはロッシーニ、あなたが町で歌を聞けばそれはロッシーニの曲です。

（リー・ハント『海外からの手紙、第三書簡・イタリア』[6]）

一八二三年にパリを初訪問し、一八二五年から二九年まで五年間フランス王家の作曲家として活動したロッシーニが美食家としても名声を得たことは、最後の歌劇《ギヨーム・テル》を初演した一八二九年に出版された『美食家年鑑（*Almanach des Gourmands*）』が「最も著名な美食家の音楽家ロッシーニ氏に献呈」[7]されたことでも分かる。

だが、イタリア人のロッシーニがなぜパリに移ってすぐに美食家と認められ、料理の歴史にも名を残したのか。その謎を解くべく、本章では一八二三年から亡くなるまで四五年間の歩みを、美食の都パリ、天才料理人カレームとの関係、《パリのロッシーニ、または大宴会》、詩人ハイネの著作、ヴァーグナーのロッシーニ訪問をめぐる出来事を通じて検証してみよう。

美食の都パリ、カレームとロッシーニ

パリに最初のレストランが誕生したのは一七六五年、主人は店の看板に「ブーランジェはこの上なく素晴らしいレストランをお分けします」と書いた。強壮剤を意味したレストラン〔Restaurant〕が今日的な意味で公式に使われたのは一七八六年六月八日の法令とされ、レストランに料理や飲物とその値段が書かれたメニューが登場するのはもう少し後になる。フランス革命による貴族たちの亡命が原因で大量の料理人――総料理長、ロースト係、ソース係、菓子係、ワイン係――が失業し、レストランと近代フランスの美食が始まるのである。

アントナン・カレーム

血塗られたギロチンの革命とそれに続く総裁政府、皇帝ナポレオンの登場といった国内情勢の混乱にもかかわらず、それは隆盛をきわめてゆく。執政官ポール・バラスによる三六人用の晩餐はルイ一四世のそれを上回る豪華さで、ポタージュ四種、ルルヴェ四種、アントレ一六種、大きな冷製アントルメ四種、焼き肉八種、アントルメ一六種、サラダ四種、デザート六〇皿からなっていた。[8]

一八〇九年に大法官カンバセレスが開いた晩餐会も、ポタージュ四種、ルルヴェ四種、アントレ一二種、重い料理四種、ロースト四種、アントルメ八種で構成されていた。(9)

こうして成立したパリの美食が短期間のうちにヨーロッパの王侯貴族の食卓に広まるさまを、料理を芸術にしたといわれるカレームの足跡を通じて略述してみよう。(10)

アントナン・カレーム（Antonin Carême［本名Marie-Antoine Carême］, 1784-1833）は一七八三年六月八日、パリの子沢山の貧しい家庭に生まれた。無学文盲のまま九歳で父親から路上に置き去りにされたが、安食堂の見習いから料理修行を始めて頭角を現し、一七九八年、一五歳でタレーラン家に仕出しする菓子屋バイイの菓子職人になった。そのかたわら国立図書館に通って独学に励んだ彼は、一八〇一〜〇二年頃にジャンドロンの店でシェフとして働き、元コンデ公のシェフで当時タレーラン家の料理長だったブーシエと知り合う。

二〇歳で自分の店を開いたカレームは持ち前の研究熱心と師と仰ぐラギピエールの影響もあり、めきめきと腕を上げていった。そして一八一四年四月にナポレオンが降伏し、パリに入城したロシア皇帝アレクサンドル一世がエリゼ宮殿に居を構えると、タレーランの推薦でその厨房を任された。皇帝は帰還後カレームを宮廷に招くが、カレームはこれを受けず、名家の宴会の臨時仕事で名を上げる道を選んだ。

ブリア゠サヴァランの甥の子リュシアン・タンドレは『ブリア゠サヴァランの地方料理（*La table au pays de Brillat-Savarin*）』（一八九二年）の中で、ヴィーン会議に出発する外相タレーランがカレームの料理で各国の王侯や外交官を籠絡するためルイ一八世に、「陛下、私が必要とするのは訓令書ではなくあのキャスロール（シチュー鍋）です」と進言したとするが、カレームがこの時ヴィーンに赴いたという確かな記録はない。けれどもこの時代の美食が外交の武器の一つだったことは、覚えておく必要がある。なぜなら「新しい料理を生み出す者は、議定書と同じほど現在の政府の立場を強化するために働いたことになる」からである（キュシー侯爵『料理術』[11]）。カレームも「料理術は外交団の護衛であり、大臣はその従者である」と語ったといわれる。

かくしてパリに来る反仏連合国の王侯や外交官たちがカレームの手腕に惚れ込み、各国から招聘が相次いだ。一八一六年七月にはイギリスに渡って摂政皇太子（後のジョージ四世）の料理長、一八一八年のアーヘン列国会議ではロシア皇帝の料理長を務めた。このとき彼は月額二四〇〇フランでロシアに求められたがそれを断り、在オーストリア英国大使スチュアート卿の料理長としてヴィーンに赴いた。一八一九～二一年にはスチュアート卿のお供でロンドン、パリ、ヴィーン、ライバッハ、また暇を見つけてロシアも訪れている。

ヴィーンでは当然のことながら宰相メッテルニヒの目にとまる。一八二〇年、五大国の紋章を表すトロフィーを作ったカレームがこれを貴族と外交官の大宴会で飾ると、翌日スチュアートはカレームにその一つをメッテルニヒに届けさせた。カレームの回想録（後出）によればメッテルニヒは上機嫌で彼を迎えてトロフィーを検分し、「ありったけのお世辞を述べてくれた」という（メッテルニヒは返礼に金の煙草入れをカレームに贈った）。同年英国皇太子の戴冠式のためにロンドンを再訪したカレームは、翌一八二一年一月『建築論（*Projets d'architecture*）』を執筆してアレクサンドル一世に献呈

カレーム『フランス給仕長』（1822年）

し、皇帝からダイヤモンドの指輪を贈られる。ほどなくスチュアート家の職を辞した彼はパリに戻って著作に専念し、『フランス給仕長（*Le Maître d'hôtel français*）』（一八二二）を書き上げた……

以上が一八二二年までのカレームの経歴のあらましである。彼はロッシーニが音楽で行ったヨーロッパ征服を料理によって成し遂げ、「諸王の料理人、料理人の王」となったのである。

ロッシーニがヴィーンを訪れたとき、そこにはカレームの息のかかった美食が完成された形で存在していた。二人は一年余りの差ですれ違いこそすれ、カレームがいた頃のヴィーンで最も人気があったのがロッシーニのオペラで、ロッシーニが接したメッテルニヒの豪華な晩餐が近代フランス美食の粋を凝らしたものであったことは疑いない。互いに相手の名声と天才ぶりについて耳にする機会もあっただろう。頻繁にイタリアを訪れたメッテルニヒは一八一九年のナポリ訪問で《オテッロ》《リッチャルドとゾライデ》などを観劇し、ロッシーニを「世界の音楽の真の天才」と断言していたからである。[12]

パリの美食もまた、王政が復活して貴族が復権した一八一四年から三〇年にかけて黄金時代を迎える。ルイ一八世（在位一八一四〜二四年）は王国一の健啖家で肥満王とあだ名され、プロヴァンス伯時代にみずから考案したポタージュ・ア・ラ・グザヴィエ［à la Xavier］にその名を残す食通だったのだ。時代の巡り合わせが名料理人と食通音楽家を引き寄せていた。

人々は革命と戦争の忌まわしい記憶を払拭するかのように、劇場とレストランに殺到する。一八二三年一一月、ロッシーニがロンドン訪問の途上初めて訪れたパリは、パレ・ロワイヤルのヴェリー、ヴェフール、プロヴァンソー、ブルヴァール地区のカフェ・アルディ、カフェ・リッシュ、カフェ・ド・パリ、マリヴォー街のカフェ・アングレといった老舗が人気を争う美食家の天国だった。ブリア＝サヴァランはこの時代の一流レストランのメニューから一軒あたりの料理数の平均を、ポタージュ一二種、前菜二四種、牛肉のアントレ一五～二〇種、羊肉のアントレ二〇種、飼鳥または野鳥類のアントレ三〇種、仔牛料理一五～二〇種、パティスリー一二種、魚料理二四種、焼肉類一五種、アントルメ五〇種、デザート五〇種とする。飲み物もワイン三〇種、リキュール二〇～三〇種のほか、コーヒーと多彩な混合酒が揃っていた（『味覚の生理学』瞑想二八）。

パリの王立イタリア劇場ではロッシーニ作品がすでに一二作上演され[13]、流行に敏感な人々は既存のオペラを色褪せさせた若き天才に首ったけとなっていた。新たな音楽をめぐってジャーナリズムを二分する論争も起きたが、上流階級と芸術家の多くはロッシーニを支持し、『ロッシーニ伝（*Vie de Rossini*）』を緊急出版したスタンダールもその宣伝に一役かっていた（奥付は一八二四年だが前年一一月に前倒しで出版され、英語版は二四年初頭にロンドンで刊行された）。カレームがフランス経済を牛耳るロッチルド男爵家の料理長に就任したのも一八二三年である。

スタンダール『ロッシーニ伝』（1824年、筆者所蔵）

続いてロンドンを訪問して国王ジョージ四世に歓待されたロッシー

ニは、フランス王家の求めで活動の場をパリに移した。そしてシャルル一〇世の戴冠を祝う《ランスへの旅》(一八二五年)を王立イタリア劇場で初演すると、続いてパリ・オペラ座(王立音楽アカデミー劇場)で《コリントスの包囲》(一八二六年)、《モイーズ》(一八二七年)、《オリー伯爵》(一八二八年)、《ギヨーム・テル》(一八二九年)を初演して大成功を収めた。

ロッチルド男爵のブローニュの城館で行われた晩餐会については、招待されたアイルランド人の作家レディ・モーガンが『一八二九〜三〇年のフランス(*France in 1829-30*)』の中で詳述している。[14]

招待客はとても大勢で、しかも大変華やかな顔ぶれでした。そこには何人かの著名な外国人の姿も見られ、会話がはずんでいました。[中略]ジェラールとロッシーニが同席しておりましたが、私は料理人の手腕を吟味したい、ただそれだけを考えていました。[中略。部屋の空気が焼けるような暑さだったので]城館の中でディネをとるのは不可能でした。そこで食堂はオレンジ庭園の白大理石でできた横長の美しいあずまやに移されました。そこは澄んできらきらと輝く水をほとばしらせる小さな噴水に面していたので、爽やかな空気が漂っていました。

アンビギュ[さまざまな料理を同時に給仕する形式]に整えられたテーブルの中央には、デザートが見事な優雅さで盛りつけられていました。清々しい一日は沈みゆく太陽の幾千もの光と向き合い、銀器がきらきらと輝いていました。完璧なでき栄えで金や銀よりも高価な磁器には、家族の情景が描かれています。細部のすべてが人生の洗練の粋、心地よい飾り気のなさを物語っていました。

アントレ〔前菜の後に供される料理〕はこの美しいデザートの周りを囲むように配されました。料理の配置と食事のすべてが、カレームの輝かしい多才さと完璧な才能を示していました。英国の香辛料や黒いソースではなく、その代わりに繊細な風味とトリュフの香気があるので、まるで一月に居るかのようです。この供し方はすべての人を満足させ、美味このうえないさまざまな料理に賛嘆の声があがりました。

野菜は自然の色合いを保っていました。マヨネーズは雪の中でフリカッセされたみたい。セヴィニエ夫人の心のようです。甘く、冷たい果物の風味をもつプロンビエール〔果物の砂糖漬けが入ったアイスクリーム〕が、私たちの英国の風味のないスフレの代わりでした。

私はこのようにデリケートで素晴らしいディネを仕上げるには、劇を作るよりももっと天才を必要とすると断固主張します。もしも役者たちにするように料理の大家にも栄冠を授ける習慣があれば、カレームの月桂冠はパスタやゾンタークの美しい冠と同じ価値をもつことが分かるでしょう。カレームのディネは現代芸術の完成された手本であり、私はそのかけがえのない価値を理解しました。〔後略〕

私はロッチルド男爵の隣に座っていました。ポタージュの後、傑出した人間の価値を理解する私は男爵に、自分がカレームの料理にあずかる資格がないことを仄めかしておりました。〔中略〕ロッチルド男爵は微笑みながらこう言いました。「カレームもあなたに同じ評価を下していますよ。彼はあなたの著作を読んだのです。あれをご覧なさい」。私は正面にある、砂糖でつくられた円柱の一つに自分の名を見つけ、不意に顔が赤くなりました。円柱は巧みに作られた建築物で、私の名は氷砂糖で書かれていたのです。私の名前が！〔後略〕

私はコーヒーの後、庭でカレームに会いました。彼は大変気品があり、興味深い人物であると感じました。(15)

この文章に名前の挙がったジュディッタ・パスタ（Giuditta Pasta, 1797-1865）はスタンダールから歌唱芸術の極致と称えられた歌姫、ヘンリエッテ・ゾンターク（Henriette Sontag, 1806-1854）は《セビーリャの理髪師》ロジーナで一世を風靡したドイツ人ソプラノである。

この晩餐会の数か月後、カレームは長期にわたる過酷な労働と執筆活動がたたって病に倒れた。ロッチルド男爵はフェリエール城に隠居所を用意すると申し出たが、カレームはこれを固辞して男爵家の職を辞し、著作に専念した。そして最後の大著『一九世紀フランス料理術（*L'Art de la cuisine française au XIXe siècle*）』に情熱を注ぎ、回想録も執筆した。タレーラン、アレクサンドル一世はじめヨーロッパの錚々たる名家での思い出と自慢話で溢れた回想録は、次の言葉で締め括られる。

私はこの章にたくさんの覚書から抜き出した思い出を書いたが、ロッチルド家で天才作曲家ロッシーニから受けたかけがえのない厚遇について語ることなしに終わらせたくない。ロッシーニは人も知るように食通であった。

彼はいつも、ロッチルド夫人のところでなら自分の好みどおりの食事ができると言っていた。

ある日彼は、食事のサーヴィスは非常に注意深い省察から生まれたものかと尋ねた。私はこう答えた――「自分の作る料理はすべて書かれており、それを調理しながら少しずつ変えてゆくのです」。〔中略〕私は今でもロッシーニのアメリカ旅行が話題になった日のことを覚えている。彼はこう言ってくれたのだ。「アメリカに出かけてもいいよ。但しカレームが同行してくれるならね」[16]
（『カレームがみずから記した未出版の回想録』）

『一九世紀フランス料理術』にも「マカロニ・ポタージュ、ロッシーニ風」と「野鳥のピュレのポタージュ、ロッシーニ風」のレシピがあり（「ロッシーニの料理（50のレシピ）」参照）、その第二三章にはこう書かれている。

料理人の技術は画家や音楽家のそれと同じである。画家は自分の与える色彩のニュアンスによって視覚と想像力を魅了するタブローの調和を生みだし、音楽家は音の組合せで和声をつくり、聴覚をとおして我々に旋律のもたらすとても心地よい感覚を引き起こす。我々の、料理による組合せについても同じことが言える。〔中略〕だがこうした比較を、私は自由な芸術を主張する美食家たちに委ねることにしよう。なかでもとりわけ名高いロッシーニに。[17]

カレーム『19世紀フランス料理術』（第1巻1833年）

このように、カレームとロッシーニは最高の理解者として尊敬し合い、ロッシーニはカレームとの交友を通じて「味覚の法則を究めた第一人者」（バルザック）となったのである。

一八四五年六月二〇日付の新聞『ラ・プレス』は両者の深い結びつきを示すエピソードを紹介している。それによればロッシーニとカレームは親密で、ロッシーニはロッチルド家で食事をする際に必ず厨房に顔を出してカレームの健康について尋ね、カレームもその敬意に心から感謝したという。ある日ロッシーニの好物、ジビエのパテを贈る機会を得たカレームは、箱に「カレームからロッシーニへ（Carême à Rossini）」と書いて届けさせた。これを受け取ったロッシーニは即座にイタリア語の歌曲を作曲し、カレームに届けるよう手配したが、配達人が去ろうとすると「待ってくれ、署名を忘れた！」と叫んで呼び戻し、楽譜の最初の頁に「ロッシーニからカレームへ（Rossini à Carême）」と書き足したという。記事によれば、ロッシーニがパリを去る決意をしたことがカレームの死を早めたという。ロッシーニの帰国はカレームが自分の料理芸術の真の理解者を失うことを意味したのだ。[18] この話はただちに他の新聞――六月二一日付『ル・グローブ（*Le Globe*）』、二二日付『ラ・フランス（*La France*）』と『ルヴュ・エ・ガゼット・ミュジカル（*Revue et gazette musicale*）』、二三日付『ル・ファール（*Le Phare*）』――に転載されて流布した。

パリのロッシーニ、または大宴会

ここでロッシーニが初めてパリを訪れた一八二三年一一月に時を戻そう。後述するように同月九日に人気作曲家が到着するとパリの芸術界は大騒ぎになり、一週間後に各界名士たちが歓迎宴会を催すのであるが、その一週間後の二三日、一幕のヴォードヴィル《パリのロッシーニ、または大宴会（*Rossini à Paris, ou Le grand dîner*）》がジムナーズ座で初演されるのである。ロッシーニの食道楽をネタにしたこの音楽劇の概要を紹介しておこう。(19)

《パリのロッシーニ、または大宴会》は、後にロッシーニ《オリー伯爵》の台本を手掛けるウジェーヌ・スクリーブ（Eugène Scribe, 1791-1861）とエドゥアール＝ジョゼフ＝エヌモン・マゼール（Édouard-Josephe-Ennemond Mazères, 1796-1866）が共作した歌芝居である。登場人物は宿屋の主人ビフテキーニ、その娘マドレーヌ、音楽愛好家トロンボニーニ、ブルジョワのボンヌフォワ、トロフォール、ジローの六人で、劇中にロッシーニ、ボワエルデュー、ケルビーニその他の音楽が演奏される。

物語はロッシーニがやってくるとの噂を聞き、宴会の準備を始めるところから始まる。料理人でロッシーニの崇拝者でもある主人ビフテキーニが二〇〇人の客が来ると見込んでいたのに六〇人くらいしか来そうにないと知って落胆していると、旅の途上のジローが現れる。パリ音楽院で学んだ貧乏青年ジローは少し前に別な宿屋で才能豊かなイタリア人［ロッシーニ］と食事をし、宿の主人が旅券を取り違えて返したことに気づかずにいた。その旅券を見たビフテキーニはロッシーニがお忍びで現れたと大喜びし、《タンクレーディ》のカヴァティーナを歌いながらロッシーニ風スープを考案してメニューに載せようと考える。

ジローをロッシーニと信じるビフテキーニは彼を大宴会の主賓に迎える。ここでさまざまな行進曲が演奏され、トロフォールが既存のアリアの替え歌で「今日その歌でモーツァルトやグレトリを

ROSSINI A PARIS,

OU

LE GRAND DINER,

A-PROPOS-VAUDEVILLE EN UN ACTE,

PAR MM. SCRIBE ET MAZÈRES;

PRIX: 1 fr. 50 cent.

PARIS,

POLLET, … N. 36, …

1823.

『パリのロッシーニ』の印刷台本（1823年）

悔しがらせる大天才は誰か？」と問うと合唱が、「それはロッシーニ、神の如きロッシーニ」と答える。続いて「奇跡を生みだすのは誰か？」の問いに合唱が「それは偉大なロッシーニ」と応じ、最後に全員で「それは偉大なロッシーニ。神の如きロッシーニ。アンフィオン［ギリシア神話のアムピーオーン。竪琴を弾いて石を動かした］のロッシーニ、アポロンのロッシーニ」と合唱する。こうして一同満足しているとロッシーニが駅馬車でパリに入ったとの報せが届き、ジローがロッシーニでないことが判明する。けれども事を荒立てず、「皆さんここにいらっしゃい、探しものは私どもの元にございます」と歌って幕となる。

　この歌芝居が作られるきっかけになったのが、パリに到着したロッシーニを歓迎すべく一一月一六日に催された歓迎宴会である。企画したのは作曲家カスティル＝ブラーズ、新聞屋フェリックス・ボダン、音楽出版社主アントーニオ・パチーニ。会場はシャトレ広場に面したレストラン、ヴォーキテテット（Veau-qui-tette）の大広間である。ヴォーキテテットはパリで最も古いレストランの一つで、羊の脚肉が名物料理だった。

　歓迎宴会の模様は一一月一八日付の新聞『ラ・パンドール（*La Pandore*）』に詳細に報じられた[20]。記事によれば、ロッシーニが登場するとガンバロ率いる素晴らしいアンサンブルが《泥棒かささぎ》序曲を演奏して迎えた。一五〇人の出席者が見守るなかロッシーニはテーブルに導かれ、マルス嬢とパスタ嬢の間に着席した。向かいには右にロッシーニ夫人、左にジョルジュ嬢を伴いルシュールが座った。周囲にはグラッサーリ夫人、サンティ夫人、デメリ夫人、タルマ、ボワエルデュー、ガルシア、マルタンの姿があった。芸術界の名士が一同に会し、オベール、エロルド、シセリ、パンスロン、カジミール・ボンジュール、ミモー、画家オラース・ヴェルネがいた。食事の間じゅうガンバロのオーケストラがロッシーニのオペラの楽曲を演奏していた。

第二のサーヴィスではバジョーリ氏がロッシーニを称える詩を読み上げ、そのフランス語訳をタルマが朗読した（この頌詩は『ロッシーニの誕生（*La naissance de Rossini*）』の題名で一八日に印刷）。二人の歌手（バティスト氏とマルタン氏）がそれぞれクプレを歌い、出席者に称賛された。

デザートになるとルシュールが立ち上がり、「ロッシーニへ！　そのきらめく才能が新たな道を切り開き、音楽芸術に新たな時代を示した」と祝辞を述べた。ロッシーニが答礼に「フランスの流派と音楽院の繁栄を！」と述べると、それに答えてルシュールが「グルックへ！　ドイツの技法の源泉の豊かさ、彼がフランスのトラジェディ・リリックの精神を理解し、そのモデルをなした」、ガルシアが「グレトリへ！　最も才気に富み、フランスの音楽家たちの間で最も歌われた作曲家の一人に」と述べるとロッシーニは「モーツァルトに！」と応じ、続いてボワエルデューがメユール、エロルドがパイジエッロ、パンスロンがチマローザの名を挙げて祝杯を挙げた。その後オーケストラがロッシーニの音楽を演奏して出席者を賛嘆させ、タルマが劇の台詞を朗誦してロッシーニを楽しませた。ロッシーニ夫妻は「これほど感動的なもてなしを受けたことは一度も

30歳のロッシーニの肖像（リトグラフ、筆者所蔵）

無く、この思い出は一生残るだろう」と何度も感謝の言葉を述べたという。

ご覧のように、先に紹介した《パリのロッシーニ、または大宴会》は、この歓迎宴会をパロディにしたアップトゥデイトな喜劇なのである。その後フランス王家の作曲家となり、美食家の名声も得たロッシーニは、《ギヨーム・テル》初演二日後の一八二九年八月六日、シャルル一〇世からレジョン・ドヌール勲章を授与された。

そんな栄光の絶頂にある作曲家の運命を変えたのが、一八三〇年に勃発した七月革命である。シャルル一〇世の退位で王家との契約が失効したロッシーニは、これにより引退を余儀なくされるのである。

次に七月革命から一八四八年の二月革命まで一八年間のロッシーニの動向を、詩人ハイネの著作を手掛かりに駆け足で見ていこう。

ハイネの著作にみるロッシーニ

ロッシーニの五歳年下のハインリヒ・ハイネ（Heinrich Heine, 1797-1856）は学生時代から作家・ジャーナリストとして活動し、一八二七年ハンブルクで出版した詩集『歌の本』によりロマン派詩人の仲間入りをした。翌一八二八年八月から一二月にかけてイタリアを旅した彼は、ハープを弾きながら路上で歌われた「《セビーリャの理髪師》の中に最も見事に表れているロッシーニ風の旋律」を聴いてロッシーニに対するドイツ人たちの酷評を思い出し、旅行記に次のように書く。

ロッシーニ、聖なる巨匠、世界に音の光をあまねく広めるイタリアのヘーリオス〔太陽神〕よ、原稿紙や吸い取り紙で汝を冒涜するわが哀れな同国人を許したまえ！〔中略〕聖なる巨匠よ、わが哀れな同国人を許したまえ！　彼らには汝の深みが見えない。それは汝がバラで自らの深みを覆っているからである。汝には、連中に納得のゆく思想性がなく、深刻さもない。それは汝がいとも軽やかに、神の翼をつけたように飛ぶからなのだ。

（『ミュンヘンからジェノヴァへの旅』（一八三〇年）[21]）

ハイネがパリに来たのは一八三一年五月一九日、ロッシーニと面識を得るのはその後だから、それ以前に作品の真価を理解して周囲のドイツ人と正反対の評価を下したことが判る。前記文章の前にも、ロッシーニに代表されるイタリア音楽を軽蔑する者は「いつか地獄で、自ら招いた罰を免れないだろうし、おそらく未来永劫にわたってゼバスティアン・バッハのフーガのほかは聞くことができないだろう。私はわが仲間の多くを気の毒に思う」と書き、「例えばレルシュタープがそれだ。彼は死ぬ前にロッシーニに改宗しなければ、永劫の罰を免れないであろう」と、音楽評論家・詩人ルートヴィヒ・レルシュタープを非難している。

七月革命で退位したシャルル一〇世に代わって王位に就いたのが、オルレアン公ルイ・フィリップだった。彼はフランス王（roi de France）ではなくフランス人の王（roi des Français）と称して広く支持されたが、実権をブルジョアジーが握ったため文化に対する宮廷の影響力は急速に失われた。

ルイ・フィリップが歳費を三分の一以下に縮減し、旧王家の結んだ諸契約を無効としたことからロッシーニの年額六〇〇〇フランの終身年金の支給が止まり、オペラ座のために新作歌劇を書く契約も失効した。ロッシーニは一八二九年一月一日から向こう一〇年間、二年に一作のペースで少なくとも五つのフランス語のグラントペラを王立音楽アカデミーのために作曲する契約を旧王家と結び、《ギヨーム・テル》をその一作目とし、年金の支払いも始まっていたのだ。支給の再開を求めて裁判を起こした彼は「オペラの筆を折った」と公言し、パリにとどまることにした。

ハインリヒ・ハイネの肖像（1831年）

ロッシーニを「聖なる巨匠」「イタリアの太陽神」、さらにはモーツァルトと並ぶ「月桂冠の冠に飾られた天才的作曲家」（『告白』一八五四年）[22]と称えるハイネは、一八三六年に勝訴したロッシーニがイタリアへの帰国を表明すると、小説『フィレンツェの夜（*Florentinische Nächte*）』の中で巨匠の早すぎる引退をこう解釈した。

［沈黙は］ロッシーニのウィットかも知れませんよ。人びとからつけられた「ペーザロの白鳥」というあだ名が、自分にはまったく当てはまらないということを、ロッシーニはみんなに知らせてやろうとしたのでしょう。白鳥は死期がせまると歌うものです。ところがロッシーニは人生のなかばで歌うのをやめました。ぼくは、ロッシーニがそうしたのはもっともなことで、彼はそう

いうふうにして自分が天才であることをみんなに示したのだと思います。才能だけしかない芸術家は、臨終のまぎわまでこの才能を働かせようという衝動をもちつづけます。功名心がその芸術家を刺激するからです。〔中略〕ところが天才というものは、はやく最高の仕事をやりとげて満足し、世間の評価やちっぽけな名誉心などは軽蔑するのです。ウィリアム・シェイクスピアがストラトフォード・オン・エイボンの自宅へ引っこんだように、家へ引きこもることもあるでしょうし、ジョアキーノ・ロッシーニのようにパリのイタリア通りを笑って冗談をとばしながら散歩することもあるでしょう。〔中略〕天才は早死にするものだと世間で言われるのは、偏見にすぎません。

（『フィレンツェの夜』[23]）

七月革命で沈黙を余儀なくされたロッシーニに代わってパリ・オペラ座で大成功を収めたのが、ユダヤ系ドイツ人のジャコモ・マイアベーアだった。マイアベーアは一八三一年一一月二一日に初演した怪奇幻想趣味のグラントペラ《悪魔のロベール》で空前の成功を収めたが、これは同年オペ

年金を抱えてオペラ座を去るロッシーニ

マイアベーア（1847年）

ラ座の支配人に就任し、「七月革命の勝利者であるブルジョアジーは何を欲しているか。それは奢侈と娯楽だ」と喝破した実業家ルイ・ヴェロンが、「小市民は見かけの豪華さや壮麗さを喜び、そこに彼らなりの意味を見出す」との公式から生み出した見世物でもあった。

そのからくりを知る知識人たちは《悪魔のロベール》の成功を、「フランス人が根底ではまだ野蛮であることの証明」と痛烈に批判した（スタンダール『アンリ・ブリュラールの生涯』）。マイアベーアに批判的なハイネは、次作《ユグノー教徒》が一八三六年二月二九日にオペラ座で初演されて成功を収めると、二人の作曲家と時代の関係について次の意見を表明した。

ロッシーニの音楽には人間の個人的な喜びや悩みが心地よく表現されている。愛や憎しみ、優しさと憧れ、嫉妬と怒り——それらはすべて個人の孤立した感情なのだ。それゆえロッシーニの音楽には、孤立した感覚の直接表現である旋律が支配的なのである。これに反してマイアベーアの音楽を支配するのはハーモニーである。たくさんのハーモニーのなかで、旋律は溺れて消えてしまう。それは個人の特殊な感情が国民の全体感情の中に没するのと同じことである。

王政復古時代はロッシーニの勝利の時代であった。当時は休息する時間があり、諸国民の運命に頓着しない天上の星さえも大喜びで彼の音楽に耳を傾けた。ところが七月革命が天上と地上で大きな変動を引き起こした。星と人間、天使と王、神すらも平和な状態から離され、たくさんの仕事をもち、暇と休息がないので、個人的な感情の旋律を楽しむことができない。彼らは《悪魔のロベール》や《ユグノー教徒》の大合唱が調和的に憤り、歓喜し、すすり泣くときに、感激してすすり泣き、歓喜し、憤るのである。

（『フランスの舞台芸術について』第九書簡より。一八三七年）[24]

この文章には「ロッシーニは常に大美食家であるがマイアベーアはその正反対」「マイアベーアの飲食は彼の体型そのままに粗末である。私は以前彼のところで食事をしたことがあったが、そこで見たのはみすぼらしい棒ダラの料理だけだった。彼は晩餐をそれだけで済ましていたのだ」との記述もある。

五年後、ロッシーニの宗教曲《スタバト・マーテル》が一八四二年一月七日パリのイタリア劇場で初演され、「世俗的」との批判が巻き起こると、ハイネは次の言葉でロッシーニを擁護した。

この作品は宗教的素材の扱いが世俗的、官能的、滑稽、軽妙、優美、快適すぎると批判されている。しかし、芸術における真のキリスト教の特徴とは、痩せ細り青白い外見ではなく、ある種の内的情熱のほとばしりにある。それゆえロッシーニの《スタバト・マーテル》は、メンデルスゾーンの《聖パウロ》よりもはるかにキリスト教的である

ロッシーニは明るい青空と紺碧の海のようにすべてを包み込む。それこそが永遠の優しさ、損なわれることのない彼の音楽の優美さなのだ。

（パリ、一八四二年四月中旬。アウクスブルク『一般新聞』五月九日付）[25]

こうしたハイネの解釈は、《スタバト・マーテル》の重く内省的な素材をロッシーニがドラマティックな様式に高め、洒脱で美に溢れる傑作を生んだと称賛した詩人テオフィル・ゴーティエの批評（同年一月一七日付『ラ・プレス』）とも通底し、同時代の受容を理解する上でも重要である[21]。

ハイネが一八四四年五月一日に記したエピソードも見ておこう。これは前年パリを再訪したロッシーニに言及した「パリの音楽シーズン」の冒頭部分である（一八四四年五月一七日、アウクスブルク『一般新聞』に掲載され、後日『ルテーチア』に再録）。

パリ、五月一日

王立音楽アカデミー、いわゆるグランド・オペラ座は、周知のようにル・ペルティエ通りの真ん中、パオロ・ブロッジのレストランの真向かいにある。ブロッジというのは、かつてロッシーニのコックをしていたイタリア人の名前である。昨年ロッシーニはパリへ来た際、かつて自分の奉公人だった男のトラットリーアを訪れることにした。

食事の後、ロッシーニは長い間戸口の前に佇んでいた……オペラ座の大きな建物を眺め、物思いに耽りながら。不意に一粒の涙が彼の目からこぼれ落ち、それを見た人が、なぜそんなに心を乱して悲しそうにしているのですかと尋ねると、偉大なマエストロは答えた——「パオロは以前のように私の好物のパルメザンチーズのラヴィオリを作ってくれたのに、半人前しか食べられなかった。しかもそれが胃にもたれているのだ。昔はダチョウみたいな胃袋を持っていたのに、今では恋するキジ鳩並みにしか食べられないとは」

この老いたる道化者がぶしつけな質問者をどのように煙に巻いたかはさておき、今日は音楽愛好家諸氏に、ロッシーニがしたようにブロッジの店で一人前のラヴィオリを食べ、その後に彼のようにオペラ座の建物を眺めるためレストランの扉の前で一瞬佇むことをお勧めしたい。この建物は豪奢という点でとくに目を引くわけではなく、外観も飾り立てた馬小屋みたいで屋根も平らだ。屋根の上に立つ八つの彫像はムーサ［学芸を司る女神］を表している。ところが九番目が欠けている。何てことだ！　それこそがまさに音楽のムーサなのに。

このかなり注目に値するムーサの不在について、とても奇妙な解釈が広まっている。散文的な人々は、嵐の突風がそれを屋根から叩き落したのだと言う。これに対しもっと詩的な性質の人たちは、哀れなポリュヒュムニアー［音楽のムーサ］は、デュプレ氏とストルツ夫人のみじめな歌唱を聴いて絶望の発作を起こし、独り身投げしてしまったのだと主張している。これはいささかありそうなことだ。とりわけデュプレの割れたガラスめいた声は、それが調子外れになろうものなら、ムーサならずとも聴くのが耐え難いからである。［以下略］(27)

文中の歌手について付言すると、ジルベール・デュプレ（Gilbert Duprez, 1806-1896）は一八三七年の《ギヨーム・テル》再演でド・ディ・ペット（胸声のハイC）を適用してセンセーションを巻き起こした著名なテノール。ロジーヌ・ストルツ（Rosine Stoltz, 1815-1903）はドニゼッティ《ラ・ファヴォリート》初演でデュプレと共演したメッゾソプラノで、一八四四年にオペラ座で初演されたフランス語版《オテッロ》のヒロインも演じている。

ロッシーニはこの記事どおり、前年（一八四三年）五月末から九月末まで四か月間、泌尿器の病気の治療でパリに滞在し、九月一七日付『ラ・フランス・ミュジカル（*La France musicale*）』は友人デュプレがロッシーニのサロンで何度も歌い、魂を込めて歌われた〈先祖伝来の住処よ〉にロッシーニが謝意を表したと報じている[28]。

パリ・オペラ座（サル・ル・ペルティエ）

ハイネの話の舞台となるパオロ・ブロッジ［Paolo Broggi］のレストランもパリ・オペラ座の向かいに存在していた。一八三八年八月一三日付『ラ・プレス』は、「パリの誰もがイタリアン・レストラン、パオロ・ブロッジ［Brogi と誤記］を知っている。彼は公の料理人になる前にロッシーニの料理人だった」と前置きし、数日前に起きた珍事を報じている。それによれば、ロッシーニのパトロンでもあるアグアド侯爵がオペラ座に持つ桟敷の三席分の指定券をパブロ氏に届けるよう命じると、名前を聞き違えた配達人がレストラン・ブロッジを訪ねた。ブロッジは驚いたが、ロッシーニから敬意を払われたと思ってこれを受け取った。そしてキッチンを離れたくないのかオペラを聴きたくないのか不明だが、指定券を二人のコック助手と皿洗いの女にあげてしまった。喜んだ三人が着飾ってオペラ座の桟敷に座るとその奇妙な服装が注目の的になった。そして上演の途中で二人の連れと共に到着したアグアドが自分の桟敷に入ると、そこに見知らぬ三人組がいた。アグアドは自分が桟敷を間違えたと思ったが、コックの一人と話して配達人の不手際を知り、別な桟敷を開けてもらって観劇したという[29]。

一八三九年の『フィガロ』はブロッジの店をリシュリュー通りのビッフィと共にパリで唯一のイタリア人レストランとし、トリュフ味の腎臓、ミラノ風カツレツに加えてあらゆる色彩と太さと長さのマカロニがあり、ロッシーニ仕込みのマカロニ料理を供したと記している（五月一九日付）[30]。フランツ・リストもブロッジのレストランを好み、一八四二年パリで再会した友人ヴィルヘルム・フォン・レンツに対し、「オペラ座の向かいにあるロッシーニ行きつけの店で、彼のテーブルに座ってマカロニを食べましょう」と誘ったという（レンツの回想録）[31]。

ダンハウザーによる油彩（1840年。ベルリン国立図書館蔵）

当時パリで著名な芸術家がリストの演奏に耳を傾ける姿を描いた絵画がある（ヨーゼフ・ダンハウザーによる油彩、一八四〇年）。描かれているのは左から、アレクサンドル・デュマ、ヴィクトル・ユゴー、ジョルジュ・サンド、パガニーニとロッシーニ、演奏するリスト、ピアノにしなだれかかる愛人マリー・ダグー伯爵夫人で、空想を交えているとしても興味深い（図版参照）。

終身年金を得たロッシーニはイタリアに帰国し、愛人オランプ・ペリシエをボローニャに呼んで引退生活に入った。彼が食に執着し、料理の創作にも手を染めたことは、友人クヴェール宛のオランプの手紙に書かれている――「ロッシーニは毎日、国王の料理人を相手に新しい料理の創作に夢中です。私たちはまるで、食べるために生きているみたいです」（同年三月二七日付）。美食は病を癒す妨げになったが、彼の生きがいなら諦めざるをえない――「ロッシーニが美食家でなかったら、私は彼の病が完全に癒えると期待しえたでしょう。でもそれは彼に残された唯一の喜びなのです。私は無駄と知りつつ、絶えず小言を述べているのですが……」（オランプの手紙、一八四二年二月末）[32]

パリで泌尿器の治療を受けたロッシーニは帰国し、ボローニャの音楽学校の名誉校長に就任した。一八四五年に前妻コルブランを亡くし、オランプと再婚した彼は、後進を指導しながら穏やかな余生を送りたいと望んでいた。けれどもその願いは、新たな革命の勃発で打ち砕かれてしまう。次に、一八四八年の二月革命からパリに舞い戻るまで七年間の出来事を略述しておこう。

二月革命による引退生活の破綻

諸外国に分割支配され「地理的名称にすぎぬ」と言われたイタリアの民族復興（リソルジメント）と国家統一の悲願は、炭焼き党や青年イタリア運動による蜂起と挫折を繰り返しながら苦難の道を歩んでいた。一八四六年、停滞する解放運動に新たな指導者が現れた。保守的教皇グレゴリウス一六世の後継者に選出されたピウス九世である。政治犯の大赦をもって治世を始めると民衆は「覚醒した教皇」と歓迎し、イタリア全土で教皇を支持するデモンストレーションを繰り広げた。その熱狂はボローニャに波及し、ロッシーニは旧作を改作して合唱曲《教皇ピウス九世に感謝する歓喜の叫び》と《教皇ピウス九世を讃えるカンタータ》を作曲した。このとき彼は、ヨーロッパに動乱の嵐が吹き荒れ、自分も巻き込まれるとは想像もしえなかったに違いない。

一八四八年二月二二日、フランス政府はパリで催された共和主義者による政権批判の改革宴会の解散を命じた。これに怒った市民たちのデモに兵士が発砲したことから暴動が起こり、二月革命に発展する。そして国王ルイ・フィリップが退位してロンドンに亡命し、労働者を含む臨時政府が共和制を宣言すると、革命の波はヨーロッパ中に波及した。ヴィーンの三月暴動によるメッテルニヒの失脚を受けてサルデーニャ王国がオーストリア帝国に宣戦布告し、第一次イタリア独立戦争が勃発したのだ。そこにロッシーニの運命を変える事件が起きる。四月二七日、ロンバルディーアの戦場に向かう軍隊がボローニャのロッシーニの家の前を通過する際に軍楽隊が彼の音楽を演奏し、返礼にバルコニーに姿をみせたロッシーニ夫妻が「反動の金持ち」と野次られ、オランプが失神したのである。身の危険をおぼえたロッシーニは、翌朝オランプを連れてフィレンツェに逃れた。

これが原因で発症した神経症と不眠、味覚障害がロッシーニの心と身体を蝕んでいく。各地の友人から贈られる食品への礼状とは裏腹に、美食の喜びを満喫できぬ苦しみの日々が続くのだ。一八五一年には食欲不振に陥り、朝食を一〇時にスープ一皿、夕食を午後五時にとるだけの生活になっていた（オランプのゾーボリ宛の手紙）[33]、翌一八五二年にはファービ宛の手紙に「これが私の最初の哀れな遺書です」と断り、友人たちに遺贈する品を列挙した。[34]

一八五四年五月から翌年四月までの間に何度もロッシーニを訪問した作家フィリッポ・モルダー

激痩せしたロッシーニ（1855年）

ニは、マエストロの態度や言葉の変化を日記に記している。それによるとロッシーニは「体調が悪い。恐水病の一種だ。食べ物の味も全然感じられない。三ヵ月半前から寝ていない。ひどい苦しみ、本当にひどい苦しみだ。私がどんなに痩せているか見てください」と語り（一八五四年五月一二日）、自分の喉にナイフを突きつけ「私を殺してくれ」と友人たちに頼んだ（同年五月三〇日）[35]。その後も症状は悪化の一途をたどり、一八五五年二月には「こんなふうに生きるなら死んだ方がましだ。生へのあらゆる幻想が私から逃げ去った」、「神様はきっと私を罰したいのだ」と口走るようになっていた（二月一三日と一五日）[36]。イタリアでの治療に希望を失ったオランプは夫を説得し、パリに戻ることを決意させた。

かくしてロッシーニ夫妻は四月二六日にフィレンツェを発ち、五月二五日パリに到着する。これを知ったベルリオーズは友人宛の手紙に、「ロッシーニが到着しました。彼は毎晩ブルヴァールで冗談をとばしています。まるで引退した老サテュロスのようです」と書いた（オーギュスト・モレル宛、六月二日付）[37]。

そのころフランスは第二共和政の大統領ルイ・ナポレオンがクーデタによりナポレオン三世として即位し、第二帝政を迎えていた。第一回パリ万国博覧会が開幕したばかりのパリは活況を呈したが、ロッシーニは体調不良を理由に皇室と社交界の招待を断り、療養に専念することにした。健康を取り戻した彼が私邸で晩餐会と音楽の夜会を始めるのは一八五七年。以後亡くなるまでの一一年間、食通作曲家として新たな栄光を享受するのであるが、これについては後の項目にゆずり、晩年のトピックとしてヴァーグナーがロッシーニを訪問するきっかけとなった出来事を見ておこう。

ヴァーグナーとロッシーニの平目料理

リヒャルト・ヴァーグナーが「現代の音楽的叡智の輝かしい中心」(『オペラとドラマ』)と呼んだパリを征服すべくこの地に移ったのは一八五九年九月。翌年一月二五日にイタリア劇場で最初の演奏会を行い、《さまよえるオランダ人》《タンホイザー》《ローエングリン》《トリスタンとイゾルデ》の序曲、前奏曲、行進曲を指揮した。ベルリオーズ、マイアベーア、オベール、グノーも列席したこの演奏会とは別に、ヴァーグナーはオペラ座から《タンホイザー》のフランス語版を求められたことでも注目され、「未来の音楽」に対する賛否が音楽界を二分していた。そんななかロッシーニが出元とされる警句が現れ、大騒動に発展する。これについてはエドモン・ミショット『個人的回想、R・ヴァーグナーのロッシーニ訪問(*Souvenirs personnels: La Visite de R. Wagner à Rossini*)』に、次のように書かれている。

《セビーリャの理髪師》の作曲家が著名な会食者を集めて行う週毎の晩餐で、あるときドイツ風平目料理が供されることになっていた。最初に招待客のそれぞれに非常に食欲をそそるソースが運ばれたが、サーヴィスはそこまでで平目が出てこない。客たちは当惑し、このソースで何をするつもりかと囁き合った。そのときロッシーニは彼らの困惑をからかい楽しむように自分のソースを飲み干すと、こう言った。

「さあ皆さん、何を待っておられるのです？　このソースを味わって下さい。とっても美味ですぞ。メイン・ディッシュの平目のことは残念至極！……魚屋が持ってくるのを忘れたんだな。だけどこれはヴァーグナーの音楽と同じじゃないかね？……ソースは美味でも平目は無い……旋律が無いのだから！

（ミショット『個人的回想、R・ヴァーグナーのロッシーニ訪問』）[38]

これは実際にあった出来事ではなく、パリに滞在するヴァーグナーとその音楽をめぐる賛否の中で広まった笑い話である。そして自分は警句の出元でないとロッシーニが公式に否定し、これを知ったヴァーグナーがロッシーニへの表敬訪問を決意したことは、自伝の中にこう書かれている。

他の意味で私をおおいに驚喜させたのは、ロッシーニとの接触である。頓智の名手なるある男が、新聞類のために、とある警句を彼になすりつけた。この名手はある午餐の席で、わが音楽に共感するカラッファなる友人に、「ソースなしで魚をすすめるとはこれ如何に。わが友もまた、メロディなしの音楽がお好きなのだ」とやってのけたものだ。すると、ロッシーニは、公開文書によって、正式かつ真剣に、これに抗議したのである。「たちの悪い冷やかし」のために彼になすりつけられた警句を説明し、立証するのだった。「自分の芸術分野の拡大に携わる男なら、こんな冗談をあえてするわけがない」。この話を聞くや、私は一刻も躊躇せずロッシーニを訪ね、好意をもって迎えられた。その様子は、のちにロッシーニへの記念に献じた論説の中で、私が述べたとおりである。(ヴァーグナー『わが生涯』)[39]

そこには頓智の名手が新聞類のために警句をでっちあげ、ロッシーニが公開文書で抗議したと書かれているが、警句を掲載した新聞と公開文書を特定した研究者は絶無で、筆者が発見して発表したのは二〇二一年である。[40] それがブリュッセルの日刊紙『ベルギー独立 (*L'Indépendance Belge*)』一八六〇年二月五日付の第二面にファレス (Pharès) の名で書かれた次の文章である。


先日、ロッシーニの前でヴァーグナーとその音楽が話題になった。

――彼［ロッシーニ］は言った。あれは偽りの理論によって損なわれた、大いに才能のある男です。彼の音楽は学識に満ちている……リズム、形式とイデー、旋律が欠けているだけだ。そう言いながら、彼はケーパー・ソースの見事な平目［の料理］を供した。そしてヴァーグナーを支持して弁護するカラーファ氏の番になると、ロッシーニは彼にそのソースとケーパーしか与えなかった。

――あれまあ、カラーファが言った、ぼくには魚をくれないのですか？

――きみはなにが欲しいのかね、とロッシーニは答えた、きみの趣味に応じてそれをあげたのだよ……魚は無くソースだけ、それがヴァーグナーの音楽じゃないか！[41]

これを転載したフランスの新聞の初出が二日後にブールジュで発行された『ジュルナル・デュ・シェール（*Journal du Cher*）』（二月七日付）で、そこには新たな前置きに続いて『ベルギー独立』と同じ文章が載っている。

> ドイツの作曲家ヴァーグナー氏は、つい最近［パリの］イタリア劇場で彼の作品を複数演奏させた。この最初のオーディションは、外国人の作曲家の価値がさまざまに評価される音楽界にあって幾つかの騒ぎを引き起こした。
> 先日、ロッシーニの前でヴァーグナーとその音楽が話題になった。
> ——彼［ロッシーニ］は言った。あれは偽りの理論によって損なわれた、大いに才能のある男です。彼の音楽は学識に満ちている……リズム、形式とイデー、旋律が欠けているだけだ。
> そう言いながら、彼はケーパー・ソースの見事な平目［料理］を供した。そしてヴァーグナーを支持して弁護するカラーファ氏の番になると、ロッシーニは彼にそのソースとケーパーしか与えなかった。
> ——あれまあ、カラーファが言った、ぼくには魚をくれないのですか？
> ——きみはなにが欲しいのかね、とロッシーニは答えた、きみの趣味に応じてそれをあげたのだよ……魚は無くソースだけ、それがヴァーグナーの音楽じゃないか！[42]

記事の執筆者は『ジュルナル・デュ・シェール』の編集者を一八五八年から務めるジャーナリス

ト・劇作家ギュスターヴ・グラダン（Gustave Grandin, 1831-1901）である。[43]

では、ヴァーグナーが自伝に記した警句に抗議するロッシーニの公開文書は、いつ、どこに掲載されたのか。筆者が見つけた初出は一八六〇年二月二六日付の週刊新聞『演劇と音楽のプレス（*La Presse théâtrale et musicale*）』第一面に掲載された、「ロッシーニとヴァーグナー／真実（Rossini et Wagner / La vérité）」である。執筆者が同紙主幹でパリの劇場エージェント、アドルフ・ジャコメッリ（Adolphe Giacomelli, c.1825-1893）であることから、この問題でロッシーニから依頼されて反論を掲載したものと思われる。そこには『ベルギー独立』が火をつけ、フランスの新聞に転載され、ドイツの新聞にも載った逸話の要約に続いて、ロッシーニが「自分は《タンホイザー》の行進曲以外のヴァーグナー作品を知らない」と断言し、「私はヴァーグナーを音楽家として高く評価し、芸術の分野を拡大しようとする男にいつも共感しているので、その〈ひどい冗談〉が私に帰せられていることにとても心を痛めています」と述べたと書かれている。[44]　ちなみに『ベルギー独立』の「ケーパー・ソース

パリのヴァーグナー（1860年）

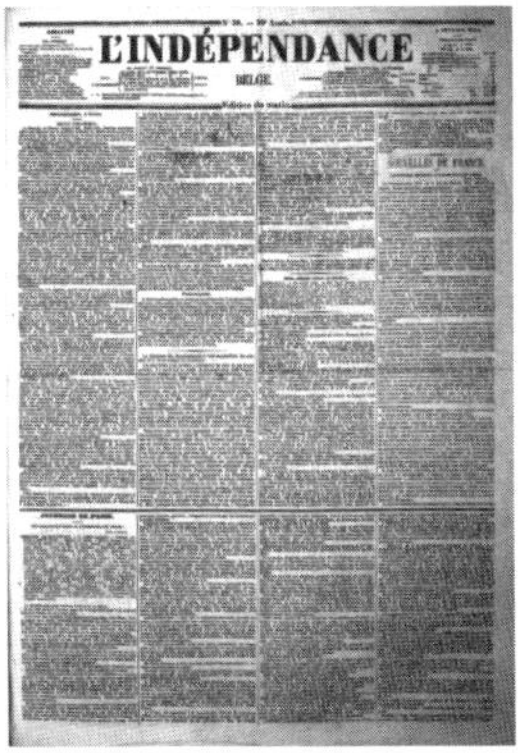

L'INDÉPENDANCE
BELGE

『ベルギー独立』（1860年2月5日付）

の平目（turbot, sauce au câpres）」は『演劇と音楽のプレス』で平目とケーパーが消えて「魚の無いソース（sauce, pas de poisson）」となり、ヴァーグナーの自伝では「魚の無いソース」が「ソース無しの魚（Fisch ohne Sauce）」に変わっている。

ヴァーグナーがこの『演劇と音楽のプレス』を読み、ロッシーニの反論を歓迎したことは、三月三日付のマティルデ・ヴェーゼンドンク宛の手紙に書かれた次の言葉でも明らかである。

ロッシーニは良く振る舞いました。彼は私の旋律の欠如について冗談を言い、それがドイツの新聞でも熱心に回覧されました。いま彼は自発的に反駁を口述させ、彼に大いなる喜びを与えた《タンホイザー行進曲》以外に私について何も知らず、さらに私に関して知っているすべてのことで私をとても尊敬していると宣言したのです。古代のエピクロス学徒［享楽主義者］の真剣さが私を驚かせました。(45)

ロッシーニに面会を申し込んだのはこの手紙が書かれた直後と思われ、期日は不明なものの三月中に対談が実現したと認定されている。それゆえ筆者が発見した一八六〇年二月のベルギーとフランスの三紙は、ヴァーグナー自伝の記述を裏付けるものとしてそれぞれの研究者に歓迎されるに違いない。

ヴァーグナーの訪問に関する当事者の証言もある。同年九月、アンチ・ヴァーグナーの音楽評論家エドゥアルト・ハンスリックがパシーのロッシーニを訪問し、そこで聞いた話を次のように記したのだ。

リヒャルト・ヴァーグナーは少し前にこの老音楽家［ロッシーニ］を訪問したが、ロッシーニは彼が「まるで革命家には見えなかったよ」と言い、小柄でデリケートなこの男を知る人は彼を疲れを知らぬ才気ある話好きと思うだろう、と言った。ヴァーグナーは――ロッシーニは話を続けた――自己紹介するとすぐに、巷間云われるような、従来の音楽に革命を起こそうなどという願望を自分はついぞ持たなかった、と落ち着いて断言した。「紳士殿」とロッシーニは彼をさえぎった――「それは私にとってどうでもいいことです。もしもあなたの革命が成功すれば、それはあなたが正しかったということ。失敗すれば、革命があろうと無かろうとあなたが計算違いをしただけのことです」。パリで広まったヴァーグナーの音楽を「魚の無い魚ソース（Fischsauce ohne Fisch）」とする悪意ある比較について、ロッシーニはなに一つ聞きたがらなかった。けれども彼が冗談めいた厳粛さで「私はけっしてそんなことを言ってないよ」と付け加えなかったら、私はそれを文字どおり信じてしまっただろう。

（ハンスリック『ロッシーニ訪問記』[46]）

ロッシーニは自分のカリカチュアが風刺新聞に掲載されることを容認したが、ヴァーグナーとの関係が面白おかしく書かれるのは不本意だった。

一八六七年にはパリ万国博覧会のための賛歌をナポレオン三世の宮廷の求めで作曲した。そして皮肉屋らしく、自筆譜にふざけた題名を記した――《ナポレオン三世とその勇敢なる民衆への〈賛歌〉（大管弦楽と軍楽隊の伴奏付）。バリトン独唱の司教、大司祭たちの合唱、酒保、兵士、民衆の合唱、ダンス、鐘、太鼓と大砲のために。たったこれだけですが、お許しを!!》。

同年七月一日に博覧会産業館で初演されたこの作品の末尾では、客席左右に陣取るテノール合唱隊による「皇帝万歳！」の叫びを合図に鐘が乱打され、大砲が炸裂するよう指示されている。そしてこれが大成功を収めると二つの風刺新聞がロッシーニの許可を得て、大砲に点火する巨匠を滑稽に描いたカリカチュアを掲載した（本書口絵8頁と「I ロッシーニの自筆メニュー」49頁参照）。これに対し、大砲を放つロッシーニの前でヴァーグナーが首を吊る絵を載せたのが七月一一日付『シャリヴァリ（*Le Charivari*）』で、「ヴァーグナーは自分がロッシーニの大砲を発明しなかったことに絶望し、首を吊る」と書かれている。(47) 無許可で掲載されたこのイラストにロッシーニは怒ったと思われるが、

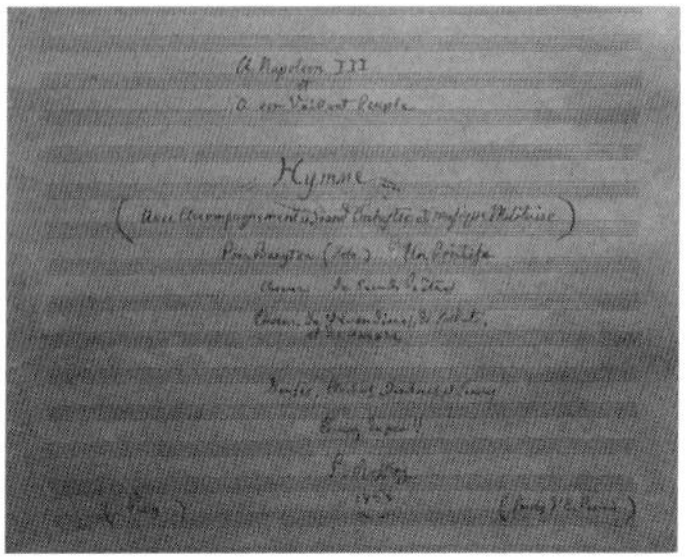

《ナポレオン3世とその勇敢なる民衆への賛歌》自筆譜のタイトル（筆者撮影）

『シャリヴァリ』掲載のカリカチュア（1867年7月11日）

沈黙を守るしかなかった。

興味深いのは、ヴァーグナーがロッシーニの死後ただちに執筆して一八六八年一二月一七日付『アウクスブルク新聞（*Gazette d'Augsburg*）』に寄稿した追悼文に「魚のないソース」の話を蒸し返したことである（自伝に「ロッシーニへの記念に献じた論説」としたのがこの追悼文である）。フランス語訳は翌一八六九年一月三日付『ル・メネストレル（*Le Ménestrel*）』に「ロッシーニの思い出、リヒャルト・ヴァーグナーのドイツ語書簡（*Un souvenir à propos de Rossini. Lettre allemande de Richard Wagner*）」と題して掲載された。そこではロッシーニから料理を供されたのがカラーファではなくメルカダンテになるなど若干の違いはあるが、該当部分を訳しておこう。

一八六〇年の初めに、私はパリで自分の幾つかの作品による器楽に特化した二回のコンサートを行いました。当時の報道は、たいてい敵対的な評価を下すことに専念していました。その後すぐ、いわゆるロッシーニの機知に富む言葉が諸新聞を一巡しました。私の音楽に味方するといわれる友人メルカダンテを懲らしめようと思ったロッシーニが、ある日彼を晩餐に招いてソースしかない魚料理の一皿を供していわく、「メロディのない音楽に満足する人には魚のないソースで充分だね」。

［中略］幾つかのドイツの新聞が飛びついたその話は、至るところでマエストロの最も洗練された警句の一つとして注意を引きました。けれどもロッシーニはそれが自分に帰せられたのを知ると、新聞の編集者に宛てた手紙でこの「ひどい冗談」に対して自尊心から反論しようと考えま

した。〔中略〕そして自分の芸術の領域を拡大しようと努める一人の芸術家に対し、大いに敬意を払っていますと付け加えました。この手紙はロッシーニの希望により、それが送られた新聞に掲載されましたが、他の新聞にはこれに関して一言もふれぬよう警告しました。

ロッシーニの振る舞いが、私の訪問を彼に告げるよう私を促しました。私は彼に友好的に迎えられ、この無礼な作り話が主人に与えた遺憾の念を彼の口から聞かされました。(48)

ヴァーグナーとロッシーニの対話は、同席したと主張する――但し、その事実を確認しえない――前記ミショットの『個人的回想』に詳述されているが、訪問から四六年後の一九〇六年に出版され、その間に世に出たさまざまな文献を参照して物語化しているので信用しえない。(49)

それでもロッシーニと対話したヴァーグナーがその偉大さを理解したことは、追悼文に「彼の言葉とそれを話すときの穏やかで誠実な態度により、ロッシーニは私が芸術界で初めて出会った真に偉大で尊敬に値する人物との印象を私に与えました」と記し、「ずいぶん前から私生活に身を隠し、懐疑主義者の無頓着と寛大さに身を委ねたロッシーニ」を「俗っぽい駄洒落屋の域に貶めるならこれほどひどい誤りはない」と述べたことでも判る。そのうえで「歴史が私たちの世紀とその文化を正しく良心的に判断すれば、〔中略〕パレストリーナ、バッハ、モーツァルトが彼らの時代に置かれたようにロッシーニは彼の時代に置かれるであろう」と断言したのである（ヴァーグナー「ロッシーニの思い出」）。(50)

ヴァーグナーの追悼文は作曲家ロッシーニを称揚し、美食家としての側面にふれていない。ロッシーニの晩餐会や音楽の夜会に列席した形跡もなく、一回きりの対面で互いに距離を保ったのだろう。これは常に注目を浴びる「老いの過ち」の音楽家と「未来の音楽」の旗手ならではの正しい選択と言える(51)。

晩年のロッシーニ、美食の晩餐会と死

一八五五年パリに戻ったロッシーニはノルマンディーの避暑地トルーヴィルで療養し、翌年ドイツのバート・ヴィルトバートとバート・キッシンゲンでの温泉療養を経て徐々に健康を取り戻した。パリ定住を決意してイタリアン大通りとショセ＝ダンタン通り二番の高級アパルトマンを借りて移り住んだのは一八五七年。居住部分は一一部屋あり、入口の待合室、大広間、小さな居間、食堂、小さな居間を伴う二つの大きな部屋の他に複数の小部屋があった。二つの通りに面する大広間を得たロッシーニは同年一二月から「土曜の音楽の夜会（Samedis musicaux）」を開始し（聖金曜日にも開催）、《老いの過ち》としてまとめられる歌曲とピアノ曲の作曲を始めることになる。

これとは別に、パトロンのピエ＝ヴィル伯爵の邸宅の落成祝いに「私の老いの最後の大罪」と称して《小ミサ・ソレムニス》（一八六三年）を作曲し、自筆譜の末尾に神への献辞を冗談めかしてこう記した——「神さま。これでこの貧しく小さなミサ曲が終わります。私が作曲したのは宗教音楽[Musique Sacrée]、それとも単にひどい音楽[Sacrée musique]でしょうか？　私はオペラ・ブッファのために生まれました。それをあなたはよくご存知です！　少しの知識、僅かなハート、それがすべて

です。祝福され、私を天国に受け入れてくれますように」。ロッシーニはこのようにして、天才作曲家としてパリで新たな脚光を浴びたのである。

音楽の夜会に先立つ晩餐会はロッシーニみずから献立を考え、専属料理人に調理させていた。一八六〇年夏に招かれた作曲家イグナーツ・モシェレスは妻シャルロッテへの手紙に、「ロッシーニ家の晩餐は美食家が楽しむために計算されたもので、食通だけがなしうる厳選されたメニューにより、彼自身がその一人であると証明しました」と書いている。(52)

一八六四年一月の晩餐会に招待されたマイアベーアは、次の礼状をイタリア語で書き送った。

私の聖なるマエストロ！

ショセ＝ダンタンのロッシーニの住居（3階部分）

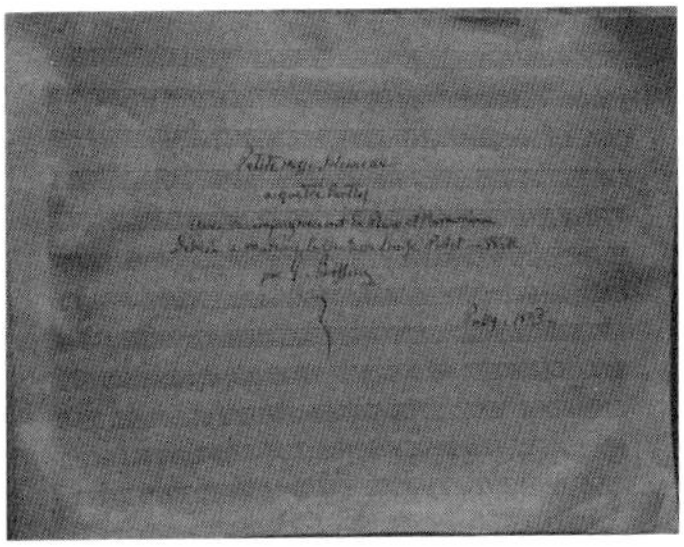

《小ミサ・ソレムニス》の自筆譜（筆者撮影）

福引で一度に三つの大当たりを取るなんて、ほとんどあり得ないと思われますが、そんな幸運が昨日私に起こりました。

第一の僥倖：ロッシーニの自筆

第二の僥倖：不滅のマエストロの愛情あふれる手紙

第三の僥倖：あなたの居心地よい食堂で音楽のジョーヴェ［ユーピテル］と一緒に数時間過ごせるとの期待を抱かせてくれる親切な招待

あなたのご親切を喜んで、感謝とともにお受け致します。そして私は今度の土曜日を、もどかしく待ち焦がれております。

（一八六四年一月九日付の手紙[53]）

一八六七年三月に訪問したジューリオ・リコルディによれば、ロッシーニは朝食に「薄切りパンをちぎり、殻付き半熟卵につけて」食べ、オランプは「半熟卵二個と上等のボルドー一杯が彼の健康的な朝食で、もっと栄養のあるものは昼食にとります」と説明した。リコルディ父子を昼食に誘ったロッシーニは、「どんなレストランにもないスープ・マカロニの特製料理」をいつでも用意しておくと約束したという[54]。

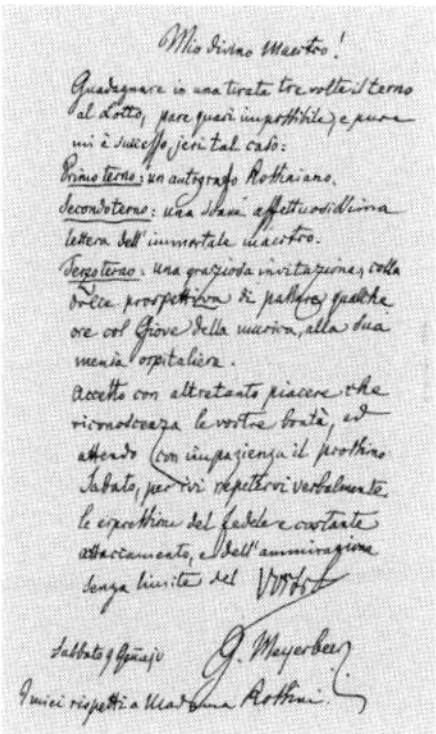
Mio divino Maestro!
Guadagnare in una tirata tre volte il terno al Lotto, pare quasi impossibile, e pure mi è successo jeri tal caso:
Primo terno: un autografo Rossiniano.
Secondo terno: una sua affettuosissima lettera dell'immortale maestro.
Terzo terno: una graziosa invitazione, colla dolce prospettiva di passare qualche ore col Giove della musica, alla sua mensa ospitaliera.
Accetto con altretanto piacere che riconoscenza le vostre bontà, ed attendo con impazienza il prossimo Sabato, per ivi repetervi verbalmente le espressione del fedele e costante attaccamento, e dell'ammirazione senza limite del Vostro
Sabbato 9 Gennajo
G. Meyerbeer
I miei rispetti a Madama Rossini

マイアベーアの礼状（1864年1月9日付。ファクシミリ）

普段の昼食は最も親しい六人か七人の友人ととり、燕尾服に白タイを義務付ける正餐には一〇人から一二人の貴族、政治家、音楽家、劇場関係者、作家、画家、科学者が招かれた。招待状には「午後六時半にお出で下さい」と時間を指定し、自筆メニューからも分かるように献立はフランス料理とイタリア料理を組み合わせ、料理に合わせてワインを厳選した。出席したリコルディはロッシーニの前に特別なボルドーのボトルが置かれ、食事の間に召使がそのボトルと空のグラスをロッシーニ夫人の前に持っていくと彼女がグラスに注いでマエストロの前に戻し、召使がこれを丁重に部屋の外に運び去ったが、それが何のための、誰のためのワインなのか謎だったという。

晩餐会には毎回のように出席を求められるカラーファを筆頭にマイアベーアとオベールも同席し、パリを訪問したリスト、ヴェルディ、コスタ、歌手のアデリーナ・パッティ、ヴァイオリニストのカミッロ・シーヴォリらが招かれ、一八六七年九月にはパッティに敬意を表する晩餐会が催された。(55)

最後の年となる一八六八年二月一〇日、パリ・オペラ座で《ギヨーム・テル》五〇〇回目の公演が行われた。終演後にオーケストラと合唱団がソリストと共にロッシーニの住居の中庭で演奏して功績を称え、「《ギヨーム・テル》五〇〇回目の上演を記念し、オペラ座のアーティストたちより」と刻まれた栄冠がロッシーニに贈られた。二月二九日、七六歳の誕生日に催した晩餐会には、コントラルトのマリーア・アルボーニ、バリトンのジャン＝バティスト・フォールとその妻でメッゾソプラノのカロリーヌ・ルフェーブル、政治家ピエール＝アントワーヌ・ベリエ、ピエ＝ヴィル伯爵とその息子、画家ギュスターヴ・ドレ、作曲家で後にオペラ座の監督となるオーギュスト・ヴォーコルベイユなど一一人が招かれ、続く音楽の夜会ではフォールが《ギヨーム・テル》のエールを歌い、アンコールを求められた。その日ロッシーニの家は、至るところから届いた花束で一杯だったという。[56]

だが、終わりの時は確実に近づいていた。神経病を併発したロッシーニは「私は不幸にして神経の危機に陥っているが、医学部はどうすることもできない。彼らの知識ではこうしたことがまるで解らないのだ」と書き（ミニャーニ宛の手紙、一八六七年一二月一六日付）[57]、二か月後の一八六八年二月二二日にも自分の神経症を「邪悪な医学部が認めようとしない！」と嘆いた。四月二二日には、新たな栄誉となるイタリア王冠大十字騎士爵をイタリア王国の初代国王ヴィットーリオ・エマヌエーレ二世から授与された。

五月からパシーの邸宅で過ごすロッシーニはいったん中止した夜会を六月に再開したが、その後健康状態は一進一退となり、八月二六日にミラノの音楽評論家フィリッポ・フィリッピに送った長文の手紙を次の署名で締め括った――「G・ロッシーニ。フランス人からペーザロの猿、私の父の市民であるルーゴ人（ロマーニャ）たちからルーゴの白鳥と呼ばれ、自分自身では新たな中国音階の作者にして（ライヴァルのいない）四流ピアニスト。これで終わります。筆を措きます。神を称えよ！」[58]。そしてゴルゴンゾーラの送り主ブスカ侯爵への九月一五日付の礼状に、「天使の侯爵様。重い病と三か月前から私の睡眠と体力を完全に奪った神経過敏をおして、あなたに御礼申し上げようと筆をとりました。［中略］私の萎えた手を導いているのは私の心なのです……。永遠にあなたの友。G・ロッシーニ。お察しい

ナダールが撮影したロッシーニの写真

ただけますか⁉」と別れの言葉を記した。
九月二六日に行った夜会については、『ル・メネストレル』がこう報じた。

先週土曜日のロッシーニの夜会は、間違いなくこのシーズンにおける最も輝かしいものの一つに数えられる。アルボーニ、ニルソンとフォール！［中略］ニルソンは彼女のスウェーデン・アリア集を、感動的な優雅さを込めて囁くように歌った。フォールは大演奏家らしくデュプラート（Duprato）の詩的なソネットを吟じ、［ニルソンの］オフェリーと《アムレット》の有名な二重唱を歌った。アルボーニはロッシーニがみずから中国音階と名付けた音楽で作曲した愛らしい旋律を、少なくとも二〇回以上歌った。それは彼が考案した新しい音階であった。［中略］この夜会では、ラヴィニャックが［ロッシーニの］未出版作品を数曲演奏した。(59)

この夜会で歌ったスウェーデン人ソプラノ、クリスティーナ・ニルソンはフォールと共に同年三月九日パリ・オペラ座でアンブロワーズ・トマの歌劇《ハムレット［アムレ］》を初演し、大成功を収めていた。九月二九日付『フィガロ』は、夜会の前の晩餐会でロッシーニがアルボーニ、ニルソン、フォールに敬意を表してマカロニ料理を作ったと報じた。(60)そしてヴィーン生まれのソプラノ、ガブリエル・クラウスを迎えて一〇月半ばに催した夜会を最後に病が悪化し、肺に炎症を起こして床についた。
侍医ヴィーオ＝ボナートと外科治療の最高権威オーギュスト・ネラトンを中心に組まれた医療チ

ームが治療に当たり、一一月四日に直腸がんの手術も施されたが回復の見込みはなく、一一日には丹毒が胴全体に広がり重態に陥った[61]。友人アントーニオ・ザノリーニは一一月一三日（金曜日）の死の模様を、午後一一時から徐々に臨終のときを迎えたマエストロは友人たちに囲まれ、「泣き濡れて彼の片手を握り締めるオランプの名を口にすると永遠に目を閉じ、そのすぐ後に深い眠りに落ちたかのようになり息を引き取った」と記している[62]。

訃報はただちにパリ中を駆け巡った——「金曜日の夜、《ユグノー教徒》の上演中にロッシーニの死の報せが突然オペラ座の場内に広まった。ペーザロの白鳥はひどい苦痛の一日の後に、彼の病気が始まって以後ひと時も彼のそばを離れずに泣き濡れた妻と数人の友人の腕の中で亡くなった。幕間には誰もがこの出来事しか話さなかった。それは二、三日前から予想されていたが、この比類ない天才のすべての崇拝者を深く悲しませずにはいなかった[63]」。『ルヴュ・エ・ガゼット・ミュジカル』は第一面を全面黒枠にして訃報を掲載し、ロッシーニの死は神格化による不死の始まりにすぎぬと記した[64]。

ドレが描いた死の床のロッシーニ

ロッシーニのなきがらは一一月一六日パリのマドレーヌ教会に運ばれ安置されたが、規模が小さいことから正式な葬儀は二一日正午、ショセ・ダンタンに近い聖トリニテ教会で執り行われた。その日、教会前の広場には四〇〇〇人以上の弔問者が詰めかけ、巨匠の死を悼んだ。

一八七八年に妻オランプが亡くなると、ロッシーニの遺言により遺産がペーザロ市、フランス政府、ボローニャ音楽学校に寄付され、故郷ペーザロに音楽学校（現ロッシーニ音楽院）、パリに困窮した歌手のための養老院が設立された。一八八七年にはイタリア政府の求めでロッシーニのなきがらがパリのペール・ラシェーズ墓地から移送され、イタリアの偉人を祀るフィレンツェのサンタ・クローチェ教会に再埋葬されている。

BUREAUX A PARIS : BOULEVARD DES ITALIENS, 4.

35e Année. N° 46. 15 Novembre 1868.

REVUE

ET

GAZETTE MUSICALE

DE PARIS

THÉATRE IMPÉRIAL DE L'OPÉRA.

『ルヴュ・エ・ガゼット・ミュジカル』（1868年11月15日付）

サンタ・クローチェ教会のロッシーニの墓

あとがき

　本書は一九九三年に初版が刊行された『ロッシーニと料理』の完全リニューアル版である。旧著はこのテーマを研究的視点で取り上げた世界初の書であったが、「ロッシーニの美食を伝説から彼の生きた時代の中の出来事に差し戻す」との目的を達成できたとは言い難かった。参照できた一九世紀の資料に限りがあり、「トリュフはきのこのモーツァルトである」などのロッシーニの言葉に疑義を呈しながらも真偽の解明に至らなかったからだ。その結果、インターネットが普及すると旧著の文章の一部が出典を伏せてネット上に転載され、不本意な形で定着してしまった。これは海外も同じで、料理関係のサイトにはロッシーニに関する過去の謬説と根拠のない話があふれている。

　それでも過去三〇年間に世界の図書館に所蔵される資料のデジタル化が進んでアクセスが容易になり、ロッシーニ財団『書簡とドキュメント集』の出版でも新たな地平が拓かれた。両親宛の書簡二四六通の発見と刊行もオペラ作曲家ロッシーニを理解するうえで貴重な収穫で、料理創作の裏付けとなる自筆レシピの発見がこれに続いた。かくして読み物だった旧著を全面的に書き改め、研究書として世に送り出す条件が整ったのである。

　では本書で全貌が明らかになったかと言えば、そうではない。『書簡とドキュメント集』は二〇二一年刊の第五巻で一八三九年四月二八日に到達したものの、食に関する手紙の多くは最後のパリ時代（一八五五〜六八年）に書かれたからだ。これについても可能な限り探求して採り入れたが、今後の新発見は日本ロッシーニ協会ホームページに特設サイト「美食家ロッシーニ」を設けて対応したいと思う。前著『サリエーリ　生涯と作品』（復刊ドットコム）もそうだが、まとまった書の出版は終わりではなく、著者は常にこれを補完する責務を負うのである。ロッシーニと命名された食品と飲み物（ケーキ、チョコレート、パスタ、ワインなど）についても当サイトで随時紹介していきたい。

筆者の目的の一つは、一九世紀の偉人ロッシーニの真実をさまざまな証言を通じて浮かび上がらせることにあった。料理人カレームはもちろん、ベートーヴェン、パガニーニ、メンデルスゾーン、リスト、ヴァーグナー、マイアベーア、スタンダール、デュマ、バルザック、ハイネ、さらにはロッチルド男爵やナポレオン三世を登場させ、食通音楽家の枠に収まらぬ天才ロッシーニの存在価値を示したつもりである。本書を広い視野を備えた一九世紀のイタリア・フランス文化史としてお読みいただければ幸いである。

貴重な情報を提供いただきました『書簡とドキュメント集』の編者セルジョ・ラーニ氏とレート・ミュラー氏、故ブルーノ・カーリ氏の遺産を管理するパオロ・デル・モーロ氏に心から感謝いたします。春秋社と編集者・中川航さんにもこの場を借りて御礼申し上げます。本書を通じてロッシーニとその作品への関心が高まり、再評価につながることを願ってやみません。

二〇二三年一二月　横浜市にて

水谷　彰良

水谷彰良（みずたに・あきら）

1957年東京生まれ。音楽・オペラ研究家、日本ロッシーニ協会会長。ドイツ・ロッシーニ協会会員。著書に『ロッシーニと料理』（透土社）、『プリマ・ドンナの歴史』（全2巻。東京書籍）、『消えたオペラ譜』『サリエーリ』『イタリア・オペラ史』『新イタリア・オペラ史』（共に音楽之友社）、『ロッシーニ《セビーリャの理髪師》』（水声社）、『サリエーリ 生涯と作品』（復刊ドットコム）など。『サリエーリ』で第27回マルコ・ポーロ賞を受賞。日本ロッシーニ協会の紀要とホームページに多数の論考を掲載。https://www.akira-rossiniana.org/

美食家ロッシーニ
食通作曲家の愛した料理とワイン

2024年1月30日　第1刷発行

著　者――――水谷彰良
発行者――――小林公二
発行所――――株式会社 **春秋社**
〒101-0021東京都千代田区外神田2-18-6
電話03-3255-9611
振替00180-6-24861
https://www.shunjusha.co.jp/
印　刷――――株式会社 太平印刷社
製　本――――ナショナル製本 協同組合
装　幀――――鎌内 文

Printed in Japan, Shunjusha.
ISBN 978-4-393-93230-8　C0073
定価はカバー等に表示してあります。

ロッシーニの料理（50のレシピ）

料理は食べ物を洗練させることである。ガストロノミー［美食術］は料理そのものを完璧の域に高めることである。

（ルヴェル『美食の文化史』）

ロッシーニの自筆レシピとロッシーニ風料理

一般に料理書やレシピ集は実用的性格から個々の料理の典拠や出典が示されず、同じ料理でもその著者の数だけヴァリエーションが存在しうる。厳密には確かな典拠に基づくロッシーニ自身のレシピとドキュメントを一次資料とし、後世の料理人の手によるロッシーニの名を冠した料理と区別すべきだろう。後者の料理には、美食家ロッシーニの知名度にあやかった根拠のないものが含まれるからである。けれどもこの問題に学究的態度で臨むと、たちまち困難に直面する。原資料が乏しく、基礎研究も遅れているからである。それでも近年「トリュフと栗を詰めた七面鳥」のロッシーニ自筆レシピが発見されて料理創作の事実が認定され、ロッシーニの名を冠した料理の成立にもそれなりの根拠のある可能性が浮上した。これに対し、20世紀の料理書は執筆者たちが「原資料まで遡らずにほとんど互いに丸写しし合うことでお茶を濁し、過去の伝説や偏見を永遠にはびこらせる」との批判を免れない（ルヴェル『美食の文化史』）。

モッレージによれば、19世紀の料理書とメニューには数百ものロッシーニ風レシピが見出せるという。その多くが美食家ロッシーニの名声にあやかった料理であるのは疑いえない。それでもこうした歴史的な背景があればこそ、「トゥルヌド・ロッシーニ」がフランス古典料理の精華として不動の地位を占め、料理辞典に「ロッシーニ」や「ロッシーニ風」が項目にされて名声が不滅のものとなったのだ。他の歴史上の人物の名前を冠した「〜風」料理の多くが時を経てその価値を減じ、忘れられる運命にあるのとは正反対のことがロッシーニに起きているのである。

次に紹介するのはロッシーニの自筆レシピとロッシーニ風料理50のレシピである。自筆レシピ以外は別記10種の文献から抽出し、料理名の原語表記は出典のフランス語とイタリア語に準拠し、内容の重複する料理を併記してレシピ末尾に丸付き数字で示し、必要に応じて註と解説を付した。

文献①は天才料理人カレームと親しくロッシーニとも面識があったと推測される植物学者ロケスによるきのこの研究書で、ロッシーニのトリュフ・サラダのレシピが見出せる。②はカレーム、③はその弟子プリュムレの料理書である。④は1856年に出版されたデュボワとベルナール共著『古典料理』で「家禽のパン、ロッシーニ風」と「クロカンブーシュ、ロッシーニ風」のレシピを掲載、デュマの遺著『料理大辞典』⑤には「白トリュフと黒トリュフのラグー、ロッシーニ風」がある。⑥はロッシーニの存命中に料理修行を始めたエスコフィエがフランス料理の伝統とその精髄を集大成した『料理の手引き』で11種のロッシーニ風レシピを掲げている。他の５書は20世紀後半の出版で、⑦は出版年こそ新しいものの百科全書的フランス料理集成として定評があり、13種のロッシーニ風料理が掲載されている。続く２書はイタリアの出版で、マルケ地方の民俗料理を蒐集した⑧はロッシーニに関する章に18のレシピを掲げている。⑨

はペーザロのレストラン「ロ・スクディエロ」のオーナーシェフによるロッシーニ料理のレシピ集（26種）、⑩は美食家ロッシーニにまつわるコンパクトな書である。

以上10書を比較参照して50の料理のレシピを選んだが、それぞれの料理に通底する風味や素材の扱いの一貫性から浮かび上がるのがロッシーニ風料理であり、調理人ごとにその出来栄えは異なる。レシピとは音楽における楽譜にほかならず、そこから食通をうならせる美味を引き出すのは、いつの時代も卓越した演奏家に匹敵する名料理人なのである。

音楽のトロフィー（『古典料理』1882年版の図版 No.389）

レシピ目次

レシピの出典

① **ジョゼフ・ロケス『食用キノコと毒キノコの歴史』（パリ、1832年）**
Joseph Roques, *Histoire des champignons comestibles et vénéneux*, Hocquart aîné, Gosselin, Treuttel et Wurtz, Paris, 1832

② **アントナン・カレーム『19世紀フランス料理術』（パリ、全3巻。1833-35年）**
Antonin Carême, *L'art de la cuisine française au dix-neuvième siècle*, chez L'Auteur, Paris, 3 vols, 1833-1835

③ **アルマン・プリュムレ『19世紀フランス料理術』（パリ、全2巻。1843-44年）**
Armand Plumerey, *L'art de la cuisine française au dix-neuvième siècle*, Dentu etc, Paris, 1843-1844

④ **ユルバン・デュボワ／エミール・ベルナール『古典料理』（パリ、全2巻。1856年）**
Urbain Dubois et Émile Bernard, *La Cuisine classique*, Dentu, Paris, 1856

⑤ **アレクサンドル・デュマ『料理大辞典』（パリ、1873年）**
Alexandre Dumas [et D.-J. Vuillemot], *Le grand dictionnaire de cuisine*, Alphonse Lemerre, Paris, 1873

⑥ **オーギュスト・エスコフィエ『料理の手引き』（パリ、1903年）**
Auguste Escoffier, *Le guide culinaire, aide-mémoire de cuisine pratique*, Aux Bureaux de l'Art Culinaire, Paris, 1903

⑦ **『新ラルース美食学事典』（パリ、1967年）**
Nouveau Larousse Gastronomique, Libraire Larousse, Paris, 1967

⑧ **ニクラ・マッザーラ・モッレージ『マルケ料理、歴史と民俗の間で』（アンコーナ、1978年）**
Nicla Mazzara Morresi, *La cucina marchigiana Tra storia e folklore*, Fratelli Aniballi, Ancona, 1978（pp.437-443［Piatti rossiniani］）

⑨ **フランコ・リドルフィ『ロッシーニとの食卓』（ペーザロ、1987年）**
Franco Ridolfi, *A tavola con Rossini*, Pesaro, 1987

⑩ **パオラ・チェッキーニ『ロッシーニとキッチンで』（アンコーナ1992年）**
Paola Cecchini, *In cucina con Rossini*, Tecnoprint, Ancona, 1992

ロッシーニ料理 50のレシピ

1 トリュフと栗（マロン）を詰めた七面鳥［自筆レシピ］
La tachiana con triffole e castagne（maroni）

栗を鍋に入れ、ラードまたは鶏脂で少し炒め、取り出して皮をむき、細かく切ったトリュフ（triffole）に加える。（加熱後）最後に上質な腸詰を取って挽き、前記のものと混ぜ合わせ、とろ火で（少し）煮たその詰め物のすべてを食べる前日に七面鳥に詰め、ローストする。

これはパリのマーラー音楽メディア図書館（La Médiathèque Musicale Mahler）所蔵のロッシーニ自筆ノートに書かれたレシピの翻訳である（料理名の記載なし）。これとは別にフランス国立公文書館（Archives nationales［France］）所蔵のロッシーニ自筆ノート（住所録と忘備録）にも、「トリュフと栗（マロン）を詰めた七面鳥の作り方 modo di preparare una tachina[sic] con triffole e castagne（maroni）」のタイトルと共に次の書き込みがある。その内容は、前記レシピの３分の２に当たる詰め物に関する部分とほぼ同じである。

栗をそのまま鍋に入れる。ラードもしくは鶏脂で少し炒めたら、それを取り出して皮を剥く。これを加熱したら細かく切ったトリュフに混ぜ、最後に上質な腸詰を加えてそれをすり潰す。

このノートには1858年７月25日の日付をもつロッシーニ自筆の遺言証書が含まれ、レシピの次頁に1865年６月15日付の遺言変更証書もあることから、彼にとって最も重要な文書と判る。この発見により料理の創作家としてのロッシーニの真実が明らかになるとともに、トリュフ詰め七面鳥の逸話も俄然真実味を帯びてくる。「栗を詰めた七面鳥（La dinde aux marrons）」はフランス語圏の伝統的なクリスマス料理であることから、ロッシーニはこれに刻んだトリュフをたくさん加えて独自性を出したものと思われる。

ちなみにマーラー音楽メディア図書館の自筆レシピは最後に「ローストする」とあるが、この料理にはオーヴンでのロースト、串焼き、蒸し焼き以外に寸胴鍋の野菜出汁で丸ごとゆでる調理法もある。ポール・ボキューズが1976年にテレビで紹介したクリスマス用の「栗を詰めた七面鳥）」もその一つで、詰め物のトリュフとは別にスライスしたそれを皮と肉の間に押し込み、丸ごとゆでている[(1)]。

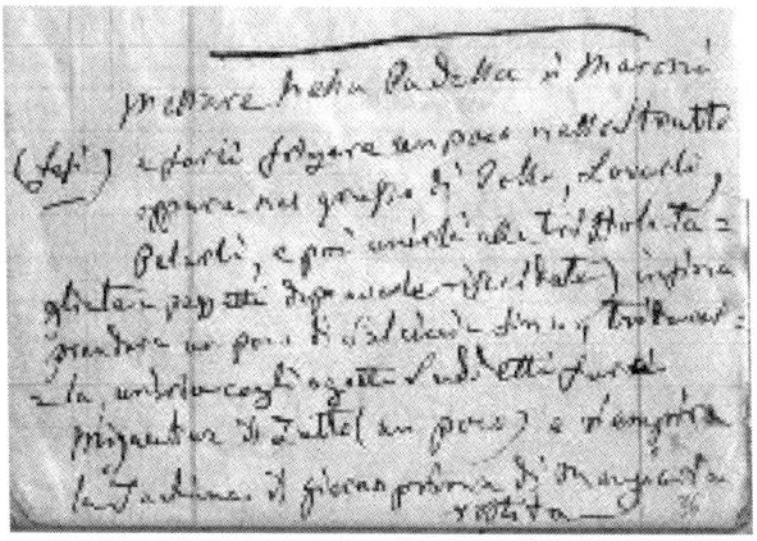

ロッシーニ自筆レシピ（パリ、マーラー音楽メディア図書館）

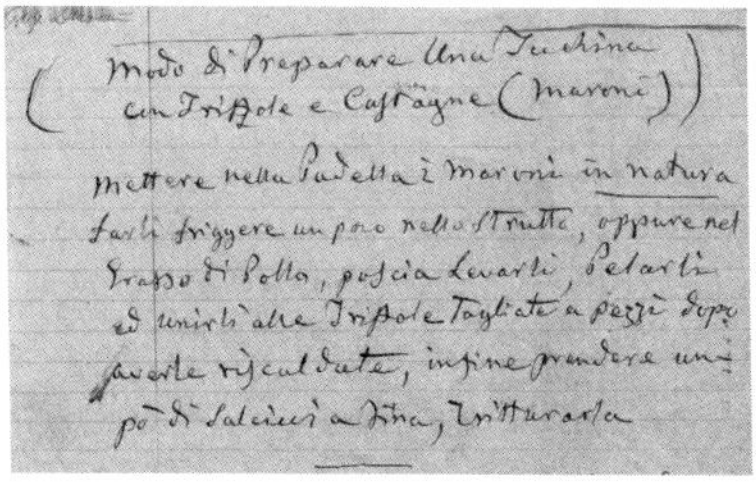

Modo di Preparare una Tachina
con Triffole e Castagne (Maroni)

mettere nella Padella i Maroni in natura
farli friggere un poco nello strutto, oppure nel
Grasso di Pollo, poscia Levarli, Pelarli
ed unirli alle Triffole Tagliate a pezzi dopo
averle riscaldate, infine prendere un
po di Salciccia a Fina, trittararla

ロッシーニ自筆レシピ（パリ、フランス国立公文書館）

2 ピエモンテのトリュフ、ロッシーニ風
Truffes du Piémont à la Rossini

ピエモンテのトリュフを細かく薄切りにする。次に、サラダボウルにエクス［プロヴァンス］の油、上等なマスタード、酢、レモン汁少々、胡椒と塩を入れる。それらが完全に混合するまでかき混ぜ、トリュフを加える。この種のとても食欲をそそる風味のサラダは、財界のルクッルス[註]、ロッチルド男爵氏の家で催された集いで全員の好評を得た。そしてこれを準備したのが、かの有名なロッシーニである。 ①

註　ルキウス・リキニウス・ルクッルス（Lucius Licinius Lucullus, 118-56 BC）共和制ローマの政治家で美食家としても知られ、後にその名が食通の代名詞になった。

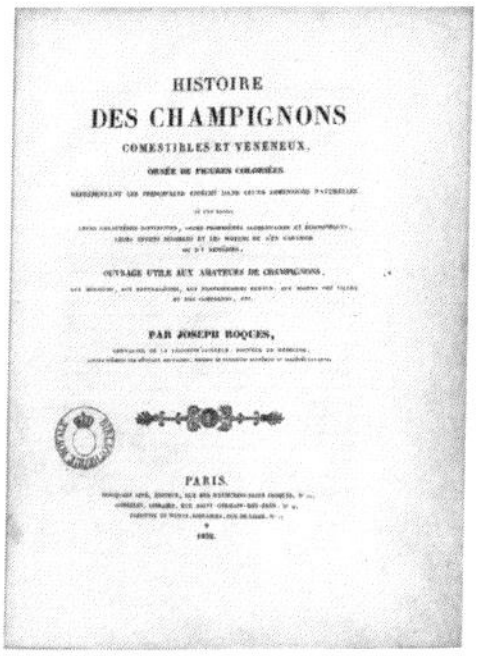

ロケス『食用キノコと毒キノコの歴史』（パリ、1832年）

ピエモンテの白トリュフを用いるこのサラダは美食家ロッシーニの名をひときわ高めた料理で、19世紀のラルース百科全書『一九世紀世界大百科事典（*Grand Dictionnaire Universel du XIXe siècle*）』（全15巻、1866〜76年）の「トリュフ Truffe」の項目にもこう書かれている——「**ピエモンテのトリュフ、ロッシーニ風 Truffes du Piémont à la Rossini** サラダボウルの中でオリーヴ油、マスタード、酢、レモン少々、胡椒、塩を完全に混ぜ合わせる。そこに細かく薄切りにしたトリュフを加える。これはこのうえなく美味なサラダである(2)」

現代の料理書は「サラダ・ロッシーニ Salade Rossini」の名称で素材をプロヴァンス産の油、イギリスのマスタード、フランスの酢、

レモン汁、塩、胡椒、薄切りのトリュフとするが、要となるトリュフの種類を指定しなければ意味をなさない。

筆者が特定したこのレシピの初出は、1832年パリで出版されたジョゼフ・ロケス著『食用キノコと毒キノコの歴史（*Histoire des champignons comestibles et vénéneux.*）』[3]である。著者ジョゼフ・ロケス（Joseph Roques, 1772-1850）はレジョン・ドヌール騎士章に受勲された著名な医師・植物学者であると共に、名高い美食家グリモ・ド・ラ・レニエールやキュシー侯爵の友人でカレームとも面識があり、『美食家年鑑』にも寄稿した食通である[4]。『食用キノコと毒キノコの歴史』がパリで出版されたときカレームは存命で、ロッシーニもロッチルド家を訪れると最初に厨房に顔を出してカレームと会話したとされる。ロケスとロッシーニの関係を示す証言やドキュメントは未発見だが、前記レシピはロケスがロッシーニもしくはカレームから得たものだろう。前記書はきのことその文献学的な研究書であり、レシピの掲載は例外的だからである。

ロケスは1841年の増補改訂版で「ピエモンテのトリュフ、ロッシーニ風――タレーラン公のレシピ（Truffes du Piémont à la Rossini — Recette du Prince Talleyrand.）」と改題し[5]、美食のアンソロジー『クラシック・ド・ラ・ターブル（*Les Classiques de la table*）』（第２版、1844年）[6]に転載されて広く知られるようになった。このレシピをロッシーニの書簡から採られたとする⑦⑧⑨⑩その他の記述がドイツの作家エッティンガーに起因する誤謬であることは、本書Ⅲの「捏造されたロッシーニの言葉」を参照されたい。

3　マカロニ・ポタージュ、ロッシーニ風
Potage de macaroni à la Rossini

規則どおりに２羽の赤足シャコ［ヤマウズラの一種］のファル

スのクネルを作る。おろしたパルメザン・チーズをファルスに少し混ぜておく。次にそれとは別に2羽の赤足シャコをローストし、普通の方法で野鳥のピュレを作る。続いてナポリ風マカロニ・ポタージュのところで説明したようにポタージュのコンソメを半量に煮詰めるが、その際、赤足シャコのガラと荒挽き胡椒を少し加えておく。ここで沸騰した湯で12オンスのナポリ産の小さなマカロニをゆでて水気をきり、半量に煮詰めたコンソメの中に荒挽き胡椒少々と4オンスのバターとともに入れ、25分間とろ火で煮る。

供する直前に、コンソメの中でツグミの小さなクネルをゆでてマカロニ同様水気をきり、それらを事前に湯煎で温めておいたツグミのピュレを混ぜながらフライパンで軽くソテする。スープ容器の底をマカロニで覆い、おろしたパルメザン・チーズ（4オンス）を振りかけ、さらに小さなクネル、パルメザン・チーズ少々、マカロニ、チーズ、クネルと重ねる。仕上げにポタージュを注ぎ、マカロニのだし汁とコンソメを少々加える。残りは銀のキャスロール［シチュー鍋］に入れて供する。

このポタージュは、著名な食通音楽家［ロッシーニ］にふさわしい。 ②

4　野鳥のピュレのポタージュ、ロッシーニ風
Potage de purée de gibier à la Rossini

ミルポワの中で上等のウズラ12羽を煮て、煮汁の中で冷ます。次にそれを切り身にし、とさか少々、鶏の腎臓、1ダースのきのこと同数のオリーヴ形に切ったトリュフとともにスープ用蓋付き容器に並べる。野鳥のピュレのポタージュ・ア・ラ・ロワイヤルの項で説明したキジのピュレとコンソメを注ぐ。コンソ

メは規則に従って作られたものでなければならない。 ②

5　カルドン、ロッシーニ風
Cardons à la Rossini

カルドン［食用チョウセンアザミ］の葉柄三つを規則に従って煮る。煮あがったら水気をきり、7センチほどの長さに筒切りにする。それらを、スプーン3杯のデグラッセしたアルマンド・ソースのブイヨンを入れたフライパンに入れる。トリュフ数個を薄切りにし、上質なバターとカップ半杯のマデイラ酒で数分ソテしたらカルドンに加え、銀のキャスロールの底に並べる。おろしたパルメザン・チーズをカルドンとトリュフ全体にまんべんなく振りかけ、ドゥミ＝グラスでデグラッセして漉したカルドンの煮汁をスプーン数杯振りかける。スプーン数杯のアルマンド・ソースで覆い、おろしたパルメザン・チーズを振り、かまどで焼き色がつく程度に軽くグラタンにして供する。 ③

6　家禽のパン、ロッシーニ風
Pain de volaille à la Rossini

すでに説明したエストラゴン［タラゴン］風味の家禽のパンの混合物を作る。これをいわゆるマセドワーヌ型から二重にする中央の型を除いて氷の上に置き、幅全体に切った美しいトリュフの厚い切り身を対照的ではなく配置し、半ば固まったジュレに徐々に浸す。この飾りを取り付けるときは、型に接しているヒンジで型を内側から固定し、型の間に残る空間によく冷やした白いジュレ、液体のそれを徐々に注ぐ。型がいっぱいになったら型の真ん中に砕いた氷を入れ、ジュレの凍結を早める。こ

れができたらすぐにシリンダーから氷を取り出し、ぬるま湯に置き換えてジュレから取り外す。次に、家禽の混合物を好みのゆるさになるまで氷の上でかき混ぜ、トリュフを数個加え、これを二重底の隙間に注ぐ。蓋をして、混合物をしっかり固まらせる。食べるときは型を熱湯に浸してすぐに取り出し、飾りをつけた緑または白のパンの上に裏返す。パンの端に円柱状に切った小さな丸いジュレのクルトンを並べ、ジュレをまぶしただけの美しい素敵な鶏冠《とさか》とトリュフで作った飾り串をパンのてっぺんに刺す。 ④

『古典料理』初版のタイトル図版（パリ、1856年）

1856年パリで出版された『古典料理（*La Cuisine classique*）』は、ユルバン・デュボワ（Urbain Dubois, 1818-1901）とエミール・ベルナール（Emile Bernard, 1826-1897）が共同執筆した料理書である。デュボワは多数の料理書を出版してカレームとエスコフィエの間の最も重要な理論家となるが、ロッチルド家のカレームの下で料理見習いを始め、カフェ・トルトーニ、カフェ・アングレ、ロシェ・ド・カンカルで働いたというネット情報は確証がない。フランスのトレッツで生まれ、ベルトラン将軍の料理人を務める叔父ジャン・デュボワの下で修業し、1840年パリに移って1845年以後は中央ヨーロッパ各国で経験を積み、ロシアのニコライ１世の大使アレクセイ・オルロフ公のシェフを経て1860年から80年までベルリンでプロイセン国王ヴィルヘルム１世（1797-1888 即位は1861年。71年に初代ドイツ皇帝となる）の料理人を務めたという略歴が事実に近いようだ。共著者エミール・ベルナールは

肉屋の息子として生まれ、フランス東部ロン＝ル＝ソーニエでの修業を経てイタリア各地で働き、1850年代初頭にワルシャワのクラシンスキー将軍のシェフを務め、フランス外務省の料理人になった。デュボワとはロシアでシェフを務めた時期に知り合ったという。『古典料理』は偉大なカレームの伝統に依存しながらも新たな時代にふさわしい百科全書的な視野を備え、食べる順序に料理を供するロシア式サーヴィスを普及する目的もあって書かれた。

「家禽のパン、ロッシーニ風」は「エストラゴン［タラゴン］風味の家禽のパン［pain de volaille à l'estragon］を立体的で装飾的な料理に仕上げるためのレシピで、完成品のイラストも掲載されている（図版参照）(7)。これはカレームを彷彿とさせる手が込んだ料理で、ロッシーニとの関連は見出せない。『古典料理』初版に掲載された次の「クロカンブーシュ、ロッシーニ風」も同様である。

家禽のパン、ロッシーニ風
（『古典料理』初版の図版）

7　クロカンブーシュ、ロッシーニ風
Croquembouche à la Rossini

普通のシュー生地を作るが、少し硬めに保つように注意する。出来上がったら小麦粉をまぶした円盤の上に置き、小さな部分に分割してマカロニの厚みになるようその上で転がす。紐状のそれを幅と長さを揃えて横に切り、必要に応じて丸め、小麦粉をまぶした蓋の上に置く。少し熱したフライパンで少量ずつ炒め、布巾の上で少しずつ水気を切り、保温する。次にアーモンド・ヌガーのところで説明した手順に従って粉砂糖600グラム

を使って二つの異なる柄付き鍋で調理する。準備が出来たらシューの一部を柄付き鍋の中で壊さぬよう砂糖と混ぜ合わせる。そのために鍋を火の上に置いておく。それからスプーンでブドウの房の形の小さなグループにして軽く油を塗った皿に少しずつ置き、その幾つかに刻んだピスタチオ、その他は小さなブドウと一緒にして最後に白砂糖を振りかける。よく冷やし、ドームの型の外壁に油を塗り、逆さまにした片面を調理した砂糖に浸した後、小さなシューの塊を底から順に周囲に組み立て、くっつける。型が完全に覆われたら砂糖を冷まし、クロカンブーシュを割らぬよう注意しながら上から取り出す。これを皿に置き、底の部分を糖衣で包んだオレンジで飾り、糸状の白い砂糖の塊を隙間に滑り込ませ、てっぺんにヤシの木の飾りを貼り付ける。このクロカンブーシュは同じシューを使ってとてもエレガントな岩の形を作ることができる。 ④

クロカンブーシュ［Croquembouche］はシュー生地で作った小さな塊を貼り付けて立体的に組み立てる飾り菓子で、現代のそれはシュークリームを円錐状に貼り付ける。『古典料理』の「クロカンブーシュ、ロッシーニ風」はブドウの房の形の飾りを台座に用い、その上に刻んだピスタチオをまぶしたシューや小さなブドウと一緒にしたシューを貼り付けて組み立て、てっぺんにヤシの木の飾りを載せて完成する。これも手の込んだ作りがカレームを想起させ、ロッシーニとの関連は認めがたいが、参考までに現代のクロカンブーシュと『古典料理』に掲載された「糖衣で包まれた果物のクロカンブーシュ（Croquembouche de fruits glacés）」のイラストを比較されたい(8)。

なお、二つのロッシーニ風レシピは1868年刊の『古典料理』第3版で削除され、その代わりに第1巻の中で著名人の名前が料理に付けられた例を挙げ、「ロッシーニに栄光あれ！ ロッシーニ風ピュレ

糖衣に包まれた果物のクロカンブーシュ（『古典料理』初版の図版）

ウェディングケーキのクロカンブーシュ

(Gloire à Rossini! Purée à la Rossini)」と記している（但し、ロッシーニ風ピュレのレシピは掲載されない）[9]。

8　白トリュフと黒トリュフのラグー、ロッシーニ風
Ragoût de truffes blanches et noires à la Rossini

　ピエモンテの白トリュフを細かく刻み、サラダボウルにエクスのオイル、上質のマスタード、ヴィネガー、レモン汁、胡椒、塩を入れ、この材料を完璧に混ぜ合わせたらトリュフを加える。私たち［フランス産］の黒トリュフを同様に用い、ピエモンテの白トリュフの味と柔らかさを出すため、この調味料に卵黄２個と少量のニンニクを加えて供することもできる。　⑤

　これはデュマが「2　ピエモンテのトリュフ、ロッシーニ風」を採用しつつ、入手困難なピエモンテの白トリュフの代わりにフラン

ス産の黒トリュフを用いた例としても興味深い。

――ここまでがロッシーニと同時代の著者による文献①〜⑤に掲載されたレシピである。次に⑥〜⑩から、独自の基準でレシピを選んで配列する。

軍楽のトロフィー（『古典料理』1882年版の図版 No.388）

9 ロッシーニ風付け合わせ
Garniture Rossini

バターでソテしたフォアグラのエスカロップ［切り身］の上に、トリュフの薄切りを飾る。マデイラ酒でデグラッセした焼き汁に、仔牛の肉汁を加えて添える。肉料理の付け合わせに用いる。
⑦

［ノワゼット&トゥルヌド用］10切れの上質のフォアグラをバターでソテし、調味する。100グラムのトリュフの薄切りをのせ、トリュフ・エッセンス入りドゥミ＝グラス・ソースを添える。
⑥

註　ここでのノワゼット&トゥルヌド（Noisettes et Tournedos）はトゥルヌド・ロッシーニのアレンジで、砕いたヘーゼルナッツ［ノワゼット］のトッピングやヘーゼルナッツのソースで仕上げる。

10 トリュフの簡単なラグー
Ragu semplice di tartufi

トリュフを薄切りにする。バター少々を浅鍋に入れて火にかけ、溶けだしたらトリュフを加える。小カップ1杯の白ワイン、スプーン2杯の肉汁、塩、胡椒を足してソースが濃くなりすぎない程度に煮詰める。
⑧⑨

註　肉料理の付け合わせ。モッレージはオリジナル・レシピとするが出典不明。

11 コンソメスープ、ロッシーニ風

Consommé Rossini／Consumato alla Rossini

ゆでた鶏肉2～3枚を細かく挽き、鶏の極上のスープ3リットルに入れる。それとは別にカップ半分の水で白小麦粉二分の一カップを溶き、塩少々、クルミ大のバターと合わせ、弱火でペースト状になるまで煮る。キャスロールからはがれにくくなる位になったら火から下ろし、卵3個を一つずつ絶えずかき回しながら混ぜ合わせる。次にスプーンの先端でそれを小さな固まりにすくい取り、熱した油の中に入れ、たくさんの小さなシュー皮を形作る要領でキツネ色に揚げる。ナイフの先端でそれぞれのシュー皮に小さな穴を開け、中にフォアグラを詰める。先に作っておいたスープをスープ用蓋付き容器に注ぎ、シュー皮を入れてすぐに供する。 ⑧

家禽の軽くなめらかなタピオカ・コンソメ。かりっと焼きあげたはしばみの実の大きさのプロフィトロールに、フォアグラとトリュフのピュレを半々に混ぜた詰め物をし、別に付け合わせる。熱いところを供する。 ⑥

コンソメスープを澄ませるにあたり、60グラムの刻んだトリュフを入れ、いったん濾して小匙2杯のワインを加える。 ⑨

軽くなめらかなコンソメスープに、フォアグラとトリュフの詰め物をした小さなプロフィトロールを付け合わせる。 ⑨

註　付け合わせのプロフィトロール（profiterole）は、シュー生地を絞り出し袋で天板の上に小球状に絞り出してオーヴンで焼き、ピュレや混ぜ物を詰めたもの。

12 小はしばみの実のミネストラ、ロッシーニ風
Minestra di nocciolline alla Rossini

セモリーナ粉、卵、塩を練って小さな球を作り、バターで炒めてから沸騰したスープに投げ入れる。おろしたパルメザン・チーズとともに供する。 ⑧⑨⑩

註　料理名にある小はしばみの実（nocciolline）は、セモリーナのパスタを小さなはしばみの実の大きさにしたもの。

13 ツグミと栗のミネストラ、ロッシーニ風
Minestra di tordi e castagne alla Rossini

１ダースのツグミをローストして切り身にする。ツグミの残骸を押しつぶし、１ダースの焼き栗と合わせてピュレを作り、裏漉ししておく。塩、胡椒で調味し、これをミネストラ用のスープに溶かし込んだら賽の目に切ったツグミの身を加え、最高に熱くして供する。 ⑧⑨⑩

14 狩りのミネストラ、ロッシーニ風
Minestra di caccia alla Rossini

上等なウズラ12羽をキャスロールで煮る。煮汁の中で冷ましたら切り身にし、鶏のとさか、もつ少々、１ダースのきのこと、同数のオリーヴ形に切ったトリュフをスープ用蓋付き容器に並べる。ウズラのガラから作ったピュレと、ミネストラ用のコンソメスープを注ぐ。 ⑧

註　モッレージはこれを1830年のレシピとするが出典不明。これに酷似した料理がカレームの書にある。（→４「野鳥のピ

ュレのポタージュ、ロッシーニ風」)

15 ミネストラ、ロッシーニ風
Minestra alla Rossini

野鳥からとったスープで上等なウズラ6羽を煮て、煮汁の中で冷ます。鳥の骨を抜いて切り身にしたら、ニンジン、鶏の腎臓、半ダースの小さなきのこ、同数の賽の目切りにしたトリュフとともにスープ用蓋付き容器に並べる。ウズラのガラから作った野鳥のピュレをコンソメスープに溶いたものを上から注ぐ。
⑨

16 ヤマシギのミネストラ、ロッシーニ風
Minestra di beccaccie alla Rossini

ヤマシギを2羽ローストして骨を抜き、肉を挽いておく。乳鉢で骨を砕いてピュレを作り、スープに溶かし込んだら漉して先の挽き肉を合わせ、塩と胡椒で調味し、スプーン1杯のコニャックで風味を引き立たせてからスープに溶かす。トリノのグリッシーニを添えて供する。 ⑧⑨⑩

17 リゾット、ロッシーニ風
Risotto alla Rossini

60グラムのバターを新鮮な牛の骨髄90グラムとともに火にかけて溶かしたら裏漉しし、500グラムの米とスプーン1杯の塩で調理を始める。米が油分をすべて吸収しきらぬうちに、野菜と滋養に富むスープをスプーン数杯加えながら絶えずかき混

ぜる。さらに５分経過したら小匙２杯のスープを再び入れ、良く洗ったきのこ12個の薄切りと、種を取って細切れにしたトマト４個分を加える。絶えずスープを足し、仕上げにおろしたパルメザン・チーズ200グラムを加える。キャスロールを火から下ろし、卵の黄身２個を混ぜ合わせて５分間放置したら、おろしたパルメザン・チーズを別に添えて供する。 ⑧⑨⑩

註　ロッシーニはこのリゾットをペーザロ出身の友人たちのために好んで調理した。それは彼らがこの料理にアルプスを越えた料理に影響されないマルケの真の素朴さを理解したからである。（モッレージ）

18　トリュフ入りスパゲッティ・ビアンコ
Spaghetti in bianco con tartufo

トリュフ１個を良くブラシして磨き、非常に薄くスライスする。それをバターとともに浅鍋に入れ、ひとつまみの胡椒を加えながら表面を軽くソテする。数分味を馴染ませたら、歯応えよくゆで上げ水気を切ったスパゲッティに合わせ入れ、おろしたパルメザン・チーズを振りかける。 ⑧

19　注入したマカロニ、ロッシーニ風
Maccheroni siringati alla Rossini

ナポリ産のマカロニをゆで、水気をよく切っておく。フォアグラ、トリュフ、ヨークシャー・ハムのクリームをベシャメル・ソースでなめらかにした詰め物を用意する。それを銀の注入器の助けをかりてマカロニの穴に詰め、かまどに入れる皿に並べる。バター、上質のトマト、パルメザン・チーズで調理し、

数分でグラタンになったら供する。 ⑧

口径の大きなナポリ産マカロニを塩を入れた湯の中でゆで、水気を切っておく。フォアグラ、黒トリュフ、ハムと卵の黄身を挽いて磨り潰し、胡椒とミルク・クリームで調味した詰め物を用意する。これを銀の注射器でマカロニの穴に詰め、オーヴン皿に並べる。バター、パルメザン・チーズ、上質のトマトで作ったソースをかけ、数分でグラタンにして供する。 ⑩

註　モッレージはオリジナル・レシピとするが出典不明。この料理については本書IIの「注入したマカロニ料理」を参照されたい。

20 トゥルヌド・ロッシーニ
Tournedos Rossini

厚さ2センチほどの牛フィレ肉［トゥルヌド］を4枚用意し、まわりを細紐で縛って形を保つ。塩、胡椒を振り、バターで両面を返し焼きする。トゥルヌドと同じ厚さのパンのクルトン4枚をバターで揚げ、食卓へ出す皿に並べる。それぞれのトゥルヌドの上にバターで返し焼きしたフォアグラのエスカロップ1枚とトリュフの薄切り3枚をのせ、クルトンの上に並べる。肉の焼き汁にカップ半杯のマデイラ酒かマルサラ酒を混ぜてトゥルヌドにかける。熱いところを供する。 ⑧

トゥルヌドをソテし、濃縮肉汁をかけた揚げクルトンの上に置く。それぞれのトゥルヌドにバターでソテしたフォアグラのエスカロップをのせ、その上に数枚のトリュフの薄切りを飾る。マデイラ酒とトリュフ・エッセンス入りドゥミ＝グラスでデグ

ラッセした焼き汁をかける。 ⑥

註　ロッシーニがカフェ・アングレのシェフにレシピを与えたとされるが、これを証明する資料を欠く。詳細は本書IIの「トゥルヌド・ロッシーニ」を参照されたい。

21　フィレ肉、ロッシーニ風
Filetto alla Rossini

材料　牛フィレ肉400グラム、トースト用パン１枚、バター50グラム、アンチョビ２尾、小トリュフ１個、マルサラ酒１カップ

フィレ肉を４つに切り分け、細紐でしっかりとぐるぐる巻きに結わえたら、丸い形を保つために肉を伸ばしながら厚さ３～４センチに小さく押し縮める。肉を25グラムのバターで、焼く面を次々に変えながらきつね色に焼き上げる。ただし内部はかなり生の状態を保たねばならないので５～６分以上は焼かないこと。フィレ肉とは別にトースト用パンをたくさんに切り分け、トーストするかまたは油とバターで揚げて食卓へ出す皿に並べる。小さなキャスロールの中でバター25グラムと細かく挽いたアンチョビまたはアンチョビのペーストをホイップする。塩、胡椒、薄切りトリュフを数枚加える。このホイップをすでに出来上がったクルトンに少しずつ塗り付ける。フィレ肉は、火から下ろして紐を解く前にマルサラ酒を振りかけておく。その後バターで調理済みのクルトンの上に置き、バターホイップの残りとトリュフの薄切り数枚で肉を覆う。キャスロールの底に残った肉汁に必要に応じて小匙１杯の水かマルサラ酒を加え、ひと煮立ちさせる。食卓に運ぶ前に、これをフィレ肉にかける。

⑧⑨

22　添え物付きロースト、ロッシーニ風
Arrosto con guarnizioni alla Rossini

ローストした雄牛肉１片に、厚めに切った黒トリュフとフォアグラのエスカロップを付け合わせる。バターで返し焼きし、濃縮肉汁をワインで薄めたソースをかける。⑨

23　腎臓のトリュフ風味
Rognoni al tartufo

仔牛の腎臓の薄切りに塩を振って水分を出させる。フライパンに油少々を入れ、つぶしたニンニク２かけを軽く炒める。ニンニクを取り出し、水気をよく切った腎臓を入れる。水気が飛んだらトリュフの薄切りを入れ、塩少々と胡椒を振り、しばらく煮立たせる。⑧⑩

24　仔牛のともくり［もも上部］肉、ロッシーニ風
Noce di vitello alla Rossini

ニンジン、セロリ、玉葱を洗い、細かく薄切りにする。それらをできれば楕円形のキャスロールへ、縛ったバジリコの葉、タイム、月桂樹の葉、挽いたばら肉、約50グラムのバターと油とともに入れる。肉をミートローフのようにきつく結わえる（色付きの細紐を使うこと）。次に容器に入れた野菜の上に肉を置いて塩と胡椒を振り、すでに肉を焼く温度に達したかまどに入れる。時々肉を回し、白ワインと容器の底にでた肉汁をつけながら、中火で２時間ほど調理し続ける。火から下ろす10分前に肉をコニャックで濡らし、焼き上がったら、容器から皿に移し

て自然に冷ます。肉が冷める間にスープ容器に80グラムのバターを入れ、木の匙でしなやかに泡立つまでホイップする。これにフォアグラ全部をよく混ぜながら合わせ入れる。良く研いだ長包丁で、すでに冷たくなった肉を薄切りにするが、その際切り身が動かぬよう注意しながら行う。後で元の形に戻さなければならないからである。肉を全部切り終えたら左側の最初の切り身から順に、それぞれの間にハムを一枚ずつ挟みながら準備しておいた混ぜ物を少しずつ塗る。ただし、ハムが肉からはみ出さぬように注意すること。 ⑨

25 ロンボ、ロッシーニ風
Lombo alla Rossini

雄牛のロンボ（腰部肉）。アスパラガス、白トリュフ、トマトの付け合わせにマルサラ酒で風味をつけた黒トリュフのソースをかける。 ⑩

26 仔牛の胸線のエスカロップ、ロッシーニ風
Escalopes de ris de veau Rossini

熱湯でゆでた仔牛の胸線のエスカロップをバターで返し焼きする。肉と同じ大きさの円盤型のフォアグラとトリュフ数枚をのせ、マルサラ酒のソースか白ワインで仕上げる。 ⑨

仔牛の胸線のエスカロップをバターでソテし、「トゥルヌド・ロッシーニ」と同様に仕上げる。 ⑦

「仔牛の胸線のエスカロップ、ファヴォリット風」と同様に

調理するが、アスパラガスの穂先の付け合わせは省く。　⑥

註　「仔牛の胸線のエスカロップ、ファヴォリット風」の作り方　仔牛の胸線をゆがき、冷ませてからエスカロップに切り、塩、胡椒をして小麦粉をふり、澄ましバターでソテする。これを調味料と小麦粉をつけてバターでソテした同じ大きさのフォアグラのエスカロップと交互にターバン形［リング状］に盛りつける。トリュフの薄切りをこのターバンに冠状に並べ、中心にバターであえたアスパラガスの穂先を付け合わせる。トリュフ・エッセンス入りマデイラ・ソースを別に添えて供する。

27　羊のコートレット、ロッシーニ風
Cotoletto di montone alla Rossini

バターでソテした薄切りのコートレットをバターで揚げたクルトンに置く。コートレットの上にフォアグラのエスカロップと薄切りのトリュフ数枚をのせ、白ワインで味を引き立たせた肉汁ソースをかける。　⑨

28　仔羊のコートレット、ロッシーニ風
Côtelettes d’agneau Rossini

仔羊のコートレットをバターでソテし、皿に盛りつける。それぞれにバターでソテしたフォアグラ１枚とトリュフの薄切り２～３枚を置く。焼き汁をマデイラ酒または他のリキュールでデグラッセし、ドゥミ＝グラスを加えて煮詰めたものを濾してコートレットにかける。　⑦⑨

註　⑨は「去勢羊のコートレット、ロッシーニ風と称する。

29 タンバル、ロッシーニ風
Timbales à la Rossini

型にバターを塗り、トリュフを貼りつけてその上に家禽か仔牛の上質なファルスを塗る。フォアグラとトリュフのサルピコン［素材を賽の目切りにしてソースでつないだもの］を煮詰めたドゥミ＝グラスでつないで詰める。基本に従って仕上げ、トリュフ・エッセンス入りドゥミ＝グラス・ソースと共に供する。⑦

30 家禽のコキーユ、ロッシーニ風
Coquilles de volaille Rossini

ポテトのデュッシェス風ピュレで縁取りし、焼き色をつける。家禽のささみのエスカロップ、トリュフ、煮詰めたマデイラ・ソースを詰め物に使う。仕上げにそれぞれのコキーユに、バターでソテしたフォアグラのエスカロップとトリュフの薄切りをのせる。⑦

31 肥鶏、ロッシーニ風
Poularde à la Rossini

ポワレした肥鶏を、バターでソテしたフォアグラのエスカロップ８枚で取り囲む。それぞれのフォアグラの上に、バターで温めたトリュフの薄切りを２枚ずつのせる。焼き汁をマデイラ酒でデグラッセし、トリュフの香りをつけたドゥミ＝グラスを足して肥鶏にかける。フォアグラのエスカロップを空焼きしたタルトレットに詰めるか、バターで揚げた丸いクルトンの上にのせてもよい。⑦

肥鶏をポワレする。シュプレームをエスカロップに切り、バターでソテしたフォアグラの薄切りと交互に丸皿に輪に並べる。トリュフ・エッセンスで仕上げた、こくのある肥鶏のフォンを中心に注ぎ入れる。別に、供する直前に生のヌイユをバターでソテし、バターでつないだヌイユのタンバルにかけたものを添える。 ⑥

32 きのこスープのコロッケ
Crocchette in brodo di funghi

パンの柔らかな部分250グラムをミルクに浸した後、絞って小鉢に入れる。これにスプーン２杯のベシャメル・ソース、潰した赤身のハム１枚、磨り潰したポルチーニとトリュフ１個、ひとつまみの胡椒とナツメグ、卵の黄身３個分、おろしたパルメザン・チーズひと掴みを加え、全部を良く混ぜ合わせる。この練り物で小さな筒をたくさん形作り、溶き卵とパン粉をつける。熱したオリーヴ・オイルできつね色に揚げ、熱く濃密なきのこのスープとともに供する。 ⑩

33 ブーシェ、ロッシーニ風
Bouchées alla Rossini

ローストした鶏肉、塩漬けの牛舌、ハムとモルタデッラを細かく挽く。全部を鉢に入れ、スプーン数杯のパルメザンのヴルテ・ソースを加えて混ぜ合わせる。あらかじめ用意したブーシェにこれを詰め、トリュフの薄切りとソースを飾る。 ⑩

註　ブーシェは折り込みパイ生地で作った小さなクルート。

34 ロッシーニ風クリーム
Crema Rossini

クリームで濃厚にしたチキン・クリーム。小さなチキン・コロッケと黒トリュフの薄切りをフォアグラのクルトンとは別に付け合わせる。
⑨

35 ヴルーテ、ロッシーニ風
Vellutato Rossini

トリュフとフォアグラ入りチキンのヴルーテ［Velouté フランス料理の基本ソースの一つ］。トリュフで味付けしたフォアグラの小さなニョッキを付け合わせる。
⑨

36 ショーフロワ、ロッシーニ風
Chaud Froid à la Rossini／Caldofreddo alla Rossini

鶏の切り身をフォアグラのピュレを加えたショーフロワ・ソースで覆う。ハーブを象ったトリュフを飾り、アスピックで包む。
⑨

白いショーフロワ・ソースで覆った鶏肉のシュプレームで、パンのクルトンの上に置かれている。クルトンを覆い隠すようにフォアグラの円盤をつける。ハーブを象ったトリュフを飾る。
⑨

普通のショーフロワのように鶏肉を調理する。きめの細かいフォアグラのピュレを四分の一加えた白いショーフロワ・ソー

スをこれにかける。抜き型でハープの形に抜いたトリュフを1枚ずつ鶏肉に飾る。次にそれを四角の深皿に並べ、ゼリーで覆う。 ⑥

註　ショーフロワ［Chaud Froid］は加熱した肉や魚を冷やし、ゼラチンを加えたソースで表面をコーティングした料理。

37　家禽のシュプレーム、ロッシーニ風
Suprêmes de volaille Rossini

シュプレームをバターでソテする。これをバターでソテしたフォアグラのエスカロップにのせ、環状に皿へ盛りつける。トリュフの薄切りを入れて煮詰めたマデイラ・ソースをかける。

⑥

「家禽のシュプレーム、ペリゴール風」と同様に調理する。澄ましバターでソテしたものを環状に盛りつける。それぞれのシュプレームの上に、バターで炒めたフォアグラの薄切りとトリュフの薄切りを1枚ずつのせる。トリュフ・エッセンス入りドゥミ＝グラスをかける。 ⑦

38　ハムと鶏のムース、ロッシーニ風
Spuma di prosciutto e pollo alla Rossini

ハム300グラムと鶏のゆで肉300グラムを挽き、さらに押しつぶす。去勢鶏の良質なスープ少々で溶いたクリームを漉してノルチャのトリュフ片を加え、ゼラチンで覆い、冷やして供する。 ⑨⑩

39 鳩、ロッシーニ風
Piccioni alla Rossini

白鳩を３羽用意し、内蔵を抜いて清潔にしてからラードの薄切り１枚に包む。次に新鮮な豚の膀胱の中に、鳩肉、塩ひとつまみ、種をとったレモンの果肉１個分、マルサラ酒カップ半杯を詰める。細紐で膀胱をがま口のようにしっかり括り、塩を入れた水４リットルに入れ、蓋をして約１時間半ぐつぐつと煮る。膀胱を取り出し、鳩を１枚の皿に盛りつけ、上からスープを注いで供する。 ⑨

40 エビ、ロッシーニ風
Gamberi alla Rossini

エビを水、ワインと香草で煮る。煮汁の中で冷ましたらエビを取り出す。新鮮なキクヂシャをたくさん用意し、キャスロールにまずキクヂシャの層、次にエビ１匹といった具合に、縁に達するまで積み重ねてゆく。キャスロールを火にかけ、油とレモン、塩、胡椒を混ぜて作った簡単なソースとともに供する。 ⑧⑩

41 舌平目の切り身、ロッシーニ風
Filetti di sogliola alla Rossini

バター焼きした舌平目の切り身。フォアグラを塗りつけ、きつね色に焼き上げられ、バターに浸っている。白ワインを振りかけて煮た小さなトリュフのソースで取り囲む。 ⑧

42 アーティチョーク、ロッシーニ風
Cuori di carciofo alla Rossini

ゆでたアーティチョークを裏漉しする。バターとマデイラ酒を加え、スープをかける。小さなフリッテッラ〔小麦粉に砂糖、牛乳、卵などを混ぜて捏ね、油で揚げたもの〕を作り、それぞれにフォアグラのメダイヨンをのせる。グラタンに調理し、熱くして供する。⑧⑩

註　⑩は「アーティチョーク、マデラ風味」と称する。

43 ロッシーニ風オムレツ
Omelette Rossini

フォアグラとトリュフのサルピコンを卵に加えて溶きほぐし、普通にオムレツを作る。フォアグラのエスカロップとトリュフの薄切りを付け合わせる。マデイラ酒入りのドゥミ＝グラス・ソースを紐状にかける。⑦⑨

割りほぐして調味した卵に、煮たフォアグラとトリュフを賽の目切りにしたものをスプーン１杯加える。オムレツの上に温めたフォアグラの小さな角切りをのせ、トリュフの薄切りをオムレツの両端に飾る。トリュフ・エッセンス入りドゥミ＝グラス・ソースを紐状に包みかける。⑥

44 ロッシーニ風卵
Uova alla Rossini

200グラムのバターと同量の小麦粉でパイ生地を用意する。

キャスロールの中に20グラムのバターを入れ、溶けだしたら15グラムの小麦粉を加える。木の匙で良くかき混ぜ、完璧に混合させる。これは用心深く固まりができないようにするためで、着色が目的ではない。牛乳または沸いたスープを合わせ、絶えずエネルギッシュにかき混ぜながら約10分間調理し続ける。ソースはかなり濃密で、滑らかになるはずである。火から容器を下ろし、おろしたパルメザン・チーズを加え、残ったバターを良く混合させるためにエネルギッシュにかき混ぜる。味見をし、必要なら塩で味付けして冷ましておく。

パイ生地を必要な時間ねかせたら、小槌で数ミリの厚さに打ち伸ばす。次に二つの丸い抜き型——一つは直径約９センチ、もう一つは約11センチのもの——で、大小８枚ずつ計16枚を円盤型に抜く。フォアグラを小型の円盤パスタの中央に少しずつのせ、フォアグラの中心に軽く窪みを作っておく。次にこの円盤をかまど用の金属プレートの上に並べ、フォアグラの窪みの中に卵の黄身を一つずつ壊れないように慎重に置く。残ったフォアグラは先に作っておいたソースに良く混ぜ、さらに卵の黄身と融き合わせる。卵をのせた８枚の円盤の縁を卵の白身少々で湿らせ、次に大型の円盤をのせてパスタの縁が下のそれとくっつくよう少し押し、蓋をする。これは調理中に詰め物がはみ出ないようにするためである。溶き卵の中に刷毛を浸し、それでパスタ全体に卵をひと塗りする。次に金属プレートを170～180度に熱したかまどに入れ、約15分放置する。焼き上がったらナプキンで覆った１枚の皿に並べ、パセリの株を飾り付け、熱いうちに供する。

⑨⑩

45　ロッシーニ風卵（半熟または落とし卵）
Œufs Rossini (mollets ou pochés)

バターでソテしたフォアグラの丸いエスカロップ1枚をタルトレットのクルートに詰め、その上に卵［半熟または落とし卵］をのせる。マデイラ酒を加えて仕上げた仔牛の肉汁をかけ、それぞれの上にトリュフの大きな薄切りを1枚飾る。　⑥

バターでソテしたフォアグラの薄切り1枚の上に、卵［半熟または落とし卵］を1個ずつ盛りつける。それぞれの卵の上に、バターで温めたトリュフの薄切りを2枚のせる。マデイラ酒入りドゥミ＝グラス・ソースをかける。

［別な方法］

折り込みパイ生地で作ったクルスタード［croustade 小さなカップ］にフォアグラの大きな賽の目切り1個を入れる。この上に卵を盛りつけ、トリュフの薄切りをのせる。マデイラ酒入りドゥミ＝グラス・ソースを煮詰めてバターを加えたものをかける。
⑦

落とし卵、ロッシーニ風
Uova affogate alla Rossini

フォアグラを塗ったクルトンの上に落とし卵をのせる。トリュフのソースをかけ、黒トリュフを飾る。　⑨

大きめの鍋に水をたっぷり入れて沸騰させ、塩とスプーン1杯の白ワインを加えた後、かろうじて沸騰している程度の弱火にする。その間に卵四つをそれぞれ別な小皿に割り入れ、それ

を一度に一つずつ湯に滑り落とす。３〜４分間茹でたら穴の空いたおたまで卵をそっとすくい上げ、清潔な麻ふきんにのせ、鋭利なナイフで縁を切って形を整える。小さなフライパンを熱し、四つに切り分けたフォアグラの切り身をきつね色にソテし、塩と胡椒を加える。これを折りパイ生地でできた四つのヴォローヴァン［Vol-au-vent 軽く焼いたパイ生地の器］にそれぞれ配したら、その上へ慎重に落とし卵をのせる。フォアグラをソテしたフライパンにスプーン３杯のマデイラ酒（またはマルサラ酒）を入れて半量に煮詰め、卵の上に少しずつ注ぎかける。それぞれに黒トリュフの薄切り２枚を配して仕上げる。⑩

46　ロッシーニ風卵（皿焼きまたはココット入り）
Œufs Rossini (sur le plat ou en cocotte)

フライパンで卵を焼き、丸型の型抜きで抜く。これをバターでソテした生フォアグラの丸いエスカロップの上にそれぞれ盛りつけ、トリュフの薄切り１枚を黄身にのせる。⑥

バターを塗った焼き皿に、フォアグラとトリュフの賽の目切りを敷く。卵を割り入れ、オーヴンで焼く。マデイラ酒入りドゥミ＝グラス・ソースを煮詰めてバターを加えたものを、黄身の周囲に紐状にかける。ココット入りロッシーニ風卵の場合は、焼き皿のかわりにココットを使って同様に調理する。⑦

47　ロッシーニ風炒り卵
Œufs brouillés Rossini

炒り卵を、バターでソテしたフォアグラの薄切りとバターで

温めたトリュフの薄切りを入れたタンバル皿または空焼きしたフラン用クルートに盛りつける。充分に煮詰めたマデイラ酒入りドゥミ＝グラス・ソースを紐状にかける。 ⑦

48 きのこ、ロッシーニ風
Funghi alla Rossini

きのこを刻んで細切れにし、炒めた小玉葱とともにバターで調理する。トリュフの薄切り、ミルク少々、塩、胡椒を加える。数分煮たらスプーン数杯のスープを足す。 ⑧

49 セープ（ぬめりいぐち茸）、ロッシーニ風
Cèpe Rossini

「セープのクリーム和え」と同様の調理法だが、セープの三分の一量の生トリュフの厚切りを加え、一緒にエチュヴェする。供する際に黄金色の濃縮肉汁少々を加え、タンバル皿に盛りつける。

「セープのクリーム和え」のレシピ――セープをエスカロップにし、セープ250グラムにつき中型スプーン1杯のバターで白く炒めた玉葱のみじん切りを入れてエチュヴェしたら水気をきり、煮立ったクリームをかけて完全に煮詰まるまでゆっくり煮る。仕上げにクリーム少々を加え、タンバルに盛りつける。
⑥

50 トリュフ、ロッシーニ風
Tartufi alla Rossini

オリーヴ油、上等なマスタード、ワイン酢、レモン汁少々、ビャクシン、塩、胡椒を念入りに混ぜ合わせる。次に細かく刻んだ生トリュフを加え、1時間ほど寝かせてから供する。　⑧

註　これは「1 ピエモンテのトリュフ、ロッシーニ風」のアレンジレシピである。

ロッシーニ年譜

西暦 [年齢]	生涯と主な作品	文化 社会 音楽 料理
1792 [0]	2月29日、ペーザロに生まれる	フランス王政廃止（第一共和政）
1800 [8]	ボローニャでプリネッティから音楽を学ぶ	ナポレオンのイタリア再征
1802 [10]	ルーゴに移住し、マレルビ神父に師事	ユゴー、A. デュマ生
1806 [14]	ボローニャの音楽学校（リチェーオ・フィラルモーニコ）に入学	神聖ローマ帝国滅亡
1808 [16]	6曲の弦楽四重奏曲（四重奏ソナタ）作曲	フランス軍のローマ再占領
1810 [18]	《デメートリオとポリービオ》を習作（初演は1812ローマ）。ヴェネツィアで《結婚手形》を初演してオペラ作曲家デビュー	ショパン、シューマン生。スコット『湖上の美人』刊
1811 [19]	ボローニャで《ひどい誤解》初演	イギリスでラッダイト暴動起こる
1812 [20]	ヴェネツィアで《幸せな間違い》《絹のはしご》《なりゆき泥棒》、フェッラーラで《バビロニアのチーロ》初演。《試金石》をミラノのスカラ座で初演し、大成功を収める	ナポレオンのロシア遠征とモスクワからの撤退
1813 [21]	ヴェネツィアで《ブルスキーノ氏》《タンクレーディ》《アルジェのイタリア女》、ミラノで《パルミラのアウレリアーノ》初演	ヴェルディ、ヴァーグナー生。諸国民解放戦争開始
1814 [22]	ミラノで《イタリアのトルコ人》、ヴェネツィアで《シジスモンド》初演	ナポレオン退位。ヴィーン会議開始
1815 [23]	ナポリに活動の場を移し、同地で《イングランド女王エリザベッタ》、ローマで《トルヴァルドとドルリスカ》初演	ナポレオンの百日天下。全イタリアで王政復古
1816 [24]	ローマで《セビーリャの理髪師》、ナポリで《新聞》《オテッロ》初演	パイジエッロ没

西暦［年齢］	生涯と主な作品	文化 社会 音楽 料理
1817［25］	ローマで《ラ・チェネレントラ》《ブルグントのアデライデ》、ミラノで《泥棒かささぎ》、ナポリで《アルミーダ》初演	スタール夫人没
1818［26］	ナポリで《エジプトのモゼ》《リッチャルドとゾライデ》初演。《アディーナ》を作曲（初演は1826リスボン）	アーヘン列国会議。グノー、マルクス生
1819［27］	ナポリで《エルミオーネ》《湖の女》、ヴェネツィアで《エドゥアルドとクリスティーナ》、ミラノで《ビアンカとファッリエーロ》初演	オッフェンバック生
1820［28］	ナポリで《マオメット2世》初演	ナポリで立憲革命
1821［29］	ローマで《マティルデ・ディ・シャブラン》初演	ナポリ革命挫折。ナポレオン没
1822［30］	ナポリで《ゼルミーラ》初演。コルブランと結婚。ヴィーン訪問で大成功を収める	ヴェローナ会議。ホフマン没
1823［31］	ヴェネツィアで《セミラーミデ》初演。パリとロンドンを訪問して大歓迎を受ける	スタンダール『ロッシーニ伝』刊
1824［32］	ロンドン滞在を経てパリに移り、王立イタリア劇場の監督に就任	ルイ18世没。シャルル10世即位
1825［33］	パリで《ランスへの旅》初演	ブリア＝サヴァラン『味覚の生理学』刊
1826［34］	パリ・オペラ座で《コリントスの包囲》初演	ヴェーバー没。ブリア＝サヴァラン没
1827［35］	母アンナ没。パリ・オペラ座で《モイーズ》初演	ベートーヴェン没
1828［36］	パリ・オペラ座で《オリー伯爵》初演	トルストイ生
1829［37］	パリ・オペラ座で《ギヨーム・テル》初演	ギリシア独立承認
1830［38］	パリで七月革命勃発し、旧政府との契約が失効する。その後、終身年金の支給再開を求める訴訟を起こし、オペラの筆を折る	パリ七月革命。ルイ・フィリップ即位。ユゴー『エルナニ』初演

西暦 [年齢]	生涯と主な作品	文化 社会 音楽 料理
1831 [39]	スペイン旅行。非公開の約束で《スタバト・マーテル》を作曲（初演は1833マドリード）	ベッリーニ《夢遊病の女》《ノルマ》、マイアベーア《悪魔ロベール》初演
1832 [40]	社交界の寵児となり、美食家として名声を得る。オランプ・ペリシエが愛人となる	ドニゼッティ《愛の妙薬》初演
1833 [41]		カレーム没。『19世紀フランス料理術』(1833-35)
1835 [43]	歌曲・重唱曲集《音楽の夜会》出版	ベッリーニ没。サン＝サーンス生
1836 [44]	フランス政府との裁判に勝訴し、終身年金を獲得。イタリアに帰国	マイアベーア《ユグノー教徒》初演
1837 [45]	コルブランと離婚。オランプと共にミラノで音楽サロンを開く	レオパルディ、プーシキン没。［グリモ・ド・ラ・レニエール没］
1839 [47]	ボローニャに定住し、音楽学校の永久名誉校長に就任。父ジュゼッペ没	ムソルグスキー生
1842 [50]	《スタバト・マーテル》第２稿をパリで初演し、大成功を収める	ヴェルディ《ナブコドノゾル》初演
1845 [53]	前妻コルブラン没。	フォーレ生
1846 [54]	ペリシエと再婚	エスコフィエ生
1848 [56]	デモの群衆に罵倒されて恐怖をおぼえ、フィレンツェに逃れる。以後ボローニャを放棄し、フィレンツェに定住	パリ二月革命。ドニゼッティ没。『共産党宣言』刊
1851-4 [59-62]	健康悪化。神経衰弱と不眠に苦しみ、自殺をほのめかす	ヴェルディ《リゴレット》(1851)～《椿姫》(1853)初演
1855 [63]	パリに再移住し、徐々に健康を取り戻す	ネルヴァル、キルケゴール没
1857 [65]	自宅に各界著名人を招く晩餐会と音楽の夜会を始める。後に《老いの過ち》と総題するピアノ曲と声楽小品の作曲開始	プッチーニ生

西暦 [年齢]	生涯と主な作品	文化 社会 音楽 料理
1860 [68]	ヴァーグナーの訪問を受ける。パリ・オペラ座で《セミラミス》(フランス語版《セミラーミデ》) が初演され、大成功を収める	ヴォルフ、マーラー生
1863 [71]	ナポレオン3世よりレジョン・ドヌールを受勲。《小ミサ・ソレムニス》完成 (翌年初演)	ドラクロワ没。マスカーニ生
1867 [75]	パリ万国博覧会で《ナポレオン3世とその勇敢なる民衆への賛歌》初演	ボードレール没
1868 [76]	パリ・オペラ座で《ギヨーム・テル》500回目の記念公演が行われる。11月13日パシーの邸宅で死去。ペール・ラシェーズ墓地に埋葬される	明治維新。ボーイト《メフィストーフェレ》初演

1878	妻オランプ・ペリシエ没。ロッシーニの遺言で遺産がペーザロ市、フランス政府、ボローニャ音楽学校などに寄付される
1887	ロッシーニのなきがらがペール・ラシェーズ墓地からフィレンツェのサンタ・クローチェ教会に移送される
1902	サンタ・クローチェ教会にロッシーニの墓のモニュメントが完成

註

はじめに

（1）Honoré de Balzac, *Traitéde excitants modernes*（Bibliothèque de la Pléiade, 1981, tome XII）, p.319

（2）現在は削除されている URL（http://www.sazaby-league.co.jp/news/detail/20150909_restaurantkihachi/）より。この催しについては日本ロッシーニ協会のメールマガジン「ガゼッタ」第120号（2015年12月15日配信）でも筆者が紹介した。

（3）ナポレオン３世の言葉はオペレッタの感想を求めたリリー・モールトン（Lillie Moulton［後の Lillie de Hegermann-Lindencrone］, 1844-1928）の回想録に書かれている（*In The Courts of Memory 1858-1875, from Contemporary Letters*）』（New York, Harper & Brothers, 1912）p.230（1868年12月４日）

（4）以下、「東京・春・音楽祭2018」プログラムの拙稿「時代を駆け抜けた天才」を本書に合わせて増補改訂した。

I

（1）Honoré de Balzac, *La Rabouilleuse*（Bibliothèque de la Pléiade, 1976, tome IV）, p.400

（2）a cura di Giuseppe Giovanetti, *Rossini, raffinato gourmet, Ambasciatore del gusto europeo*, Il cigno di Pesaro edizione d'autore, 2015

（3）以下、図版として掲げる自筆メニュー①〜③は文字部分のファクシミリ複製、④は筆者撮影の写真の加工と文字部分のファクシミリ複製。

（4）ロッシーニの筆跡が判読できず、旧著では「オマール（omar）」と推測したが、Reto Müller と Sergio Ragni 両氏からご教示いただき homar と修正。

（5）出典は1992年にパリのカルナヴァレ博物館で行われた展覧会の目録（写真と複製の掲載なし）。*Rossini à Paris, Musée Carnavalet (27 Octobre - 31 décembre 1992)*, Sociétédes Amis du Musée Carnavalet, Paris, 1992. p.146

（6）Reto Müller 氏からご教示いただいたが、判読できない文字がある。

（7）ファクシミリ複製。オリジナルの写真は売却した古書店 John Wilson のサイトに掲載（https://www.manuscripts.co.uk/stock/8151.HTM）。

II

（1）*Le grand dictionnaire de cuisine / par Alexandre Dumas* [et D.-J. Vuillemot], Alphonse Lemerre, Paris, 1873. p.1035

（2）宇田川悟『食はフランスにあり』講談社、1986年。55頁

（3）Ada Urbani, *In cucina con il tartufo*, Fratelli Melita, Milano, 1983. p.13

（4）Curnonsky et Gaston Derys, *Gaietés et Curiosités gastronomiques*, Librairie Delagrave, Paris, 1933. p.101

（5）Urbani, *In cucina con il tartufo*, p.18

（6）Edmond et Jules de Goncourt, *Journal, Mémoires de la vie littéraire*, 3-vols, Robert Laffont, Paris, 1989. Vol.II. p.679

（7）Reto Müller, *Rossini-Autografe entdeckt: Testamente und ein Rezept*, (*La Gazzetta*, Zeitschrift der Deutschen Rossini Gesellschaft e.V. 29. Jahrgang 2019), p.17

（8）*Biographie universelle et portative des contemporains, ou, Dictionnaire historique des hommes vivants, et des hommes morts depuis 1788 jusqu'a nos jours*, F.G. Levrault, Paris, 1834. Vol.V - Supplément, p.534

（9）Eugenio Checchi, *Rossini*, G. Barbera, Firenze, 1898. p.106.

（10）*La Gastronomie*, 23 février 1840 (p.4)

（11）*Revue et gazette musicale*, 08 mars, 1840 (p.162), *La Presse*, 17 mars 1840 (p.2), *La Commerce*, 18 mars 1840 (p.3), *The London Magazine, Charivari, and Courrier Des Dames*, London, Simpkin, Marshall and Co, 1840. (Vol.I, June 1840. No V, p.370)

（12）Jean-Marie Bruson, *Olympe Pélissier, la seconde Madame Rossini* (in *Rossini in Paris Tagungsband*, Leipziger Universitätsverlag, Leipzig, 2002. pp.51-66) p.62

（13）Paolo Fabbri, *Rossini nelle raccolte Piancastelli di Forlì*, Libreria Musicale Italiana, Lucca, 2001. p.66 [CR.405.266]

（14）[Mazzatinti-Manis] *Rossini, Lettere*, pp.153-154 [138]

(15) Antonin Carême, *Le Pâtissier royal parisien*, Tome II, J. G. Dentu, Paris, 1815

(16) Checchi, *Rossini*, op.cit. pp.105-106

(17) ロッシーニのかぎ煙草愛好は、それを好きだった母の思い出に結びついていると同時に彼のロココ趣味――それは18世紀に流行した貴族文化の名残だった――の表れである。かぎ煙草の濫用が嗅覚をだめにすることから美食家に相応しくないと思われがちだが、当時は鼻の神経が脳に直接結びつくことから感覚を鋭くすると考えられた。「料理を殺す」と見なされたのは、19世紀初頭に登場した葉巻とそれに続くシガレットの流行である。

(18) Edmond Michotte, *Souvenirs personnels: La Visite de R. Wagner à Rossini*, Librairie Fischbacher, Paris, 1906. p.14 (1)

(19) ジャン＝フランソワ・ルヴェル『美食の文化史』福永淑子・鈴木顕 訳、筑摩書房、1989年。270頁（一部表記を変更して引用）

(20) 宇田川悟『食はフランスにあり』36頁

(21) 写真複製は *Rossini à Paris, Musée Carnavalet*（*27 Octobre - 31 décembre 1992*）[Catalogue rédigé par Jean-Marie Bruson], Paris, Société des Amis du Musée Carnavalet, 1992. p.145

(22) Nicla Mazzara Morresi, *La cucina marchigiana Tra storia e folklore*, Fratelli Aniballi, Ancona, 1978. p.440

(23) ルヴェル『美食の文化史』邦訳、242〜243頁（一部表記を変更して引用）

(24) これは2008年にアンデス研究センター（Centro de Investigación de los Andes）のサイトに掲載された Jaime Ariansen Céspedes, *Adolphe Dugléré, El Mozart de la Cocina*（https://historiagastronomia.blogia.com/2008/012901-adolphe-dugl-r-.php）が発端だが、典拠は一切示されない。

(25) *L'Ordre de Paris*, 30 décembre 1879.（p.2）

(26) 1547年5月6日のトゥルヌドの領主に関する条例が書かれている。Josias Berault, *La coustume réformée du pays et duché de Normandie...* Raphaël du Petit Val, Rouen, 1612. p.159

(27) Jacques Lacombe, *Encyclopédie méthodique. Dictionnaire de toutes les espèces de pêches*, H. Agasse, Paris, 1795. p.281

(28) *La Mode, revue des modes, galerie de moeurs ...*, 07 octobre 1837. pp.58-63 «Les Restaurans[*sic*]（Troisième Article.）Les Provençaux. —Le Café Anglais. —Tortoni. —Desmares» p.58

(29) F. Vidalein, *La Cuisinière des familles, ou Traitéde la cuisine domestique enseignée par des préceptes à la portée de toutes les intelligences*, E. Dentu, Paris, 1864. pp.91-92

(30) Jules Gouffé, *Le livre de cuisine: comprenant la cuisine de ménage et la grande cui-*

sine, L. Hachette, Paris, 1864. pp.492-493

（31） *Le Messager du Midi: journal du soir*, 19 mai 1868.（p.4）

（32） Dumas, *Le grand dictionnaire de cuisine*, p.1144

（33） *Le Figaro*, 14 novembre 1894.（p.1）

（34） *The Atlantic Monthly, February* 1895.（pp.286-288）

（35） これとは別に近年幾つかの料理書がトゥルヌド・ロッシーニの考案者として挙げるのが、デュグレレの下で働き、26歳でメゾン・ドレ（Maison Dorée）のシェフになったカジミール・モワソン（Casimir Moisson, 1833-1909）だが、根拠を示した者は絶無で信用しえない。これに関する詳細は水谷彰良「トゥルヌド・ロッシーニの謎」（『ロッシニアーナ』第43号、日本ロッシーニ協会、2023年所収）を参照されたい。

（36） Raymond Oliver, *The French at table*, Wine and Food Society, London, 1967. p.221

（37） Chatillon-Plessis, *La vie à table à la fin du XIXe siècle : théorie, pratique et historique de gastronomie moderne...* Firmin-Didot, Paris, 1894. p.322

（38） *Larousse gastronomique sous la dir. de Patrice Maubourguet et Laure Flavigny*, Paris, Larousse, 1996. p.1060

（39） Massimo Alberini, *4000 Anni a tavola, Dalla bistecca preistorica al pic-nic sulla luna*, Fratelli Fabbri Editori, Milano, 1972

（40） *Mémoires de Hector Berlioz, Vol.1*, Calmann Lévy, Paris, 1878, ［Chapitre XLIII］ p.277

（41） ロベール・クルティーヌ『食卓のバルザック』石井晴一、渡辺隆司 共訳、柴田書店、1979年。6頁

（42） Gioachino Rossini, *Lettere e documenti, Vol. III: 17 ottobre 1826 - 31 dicembre 1830*, a cura di Bruno Cagli e Sergio Ragni, Fondazione Rossini, Pesaro, 2000. pp.509-510［N.914］「25日、月曜日」とあるだけで年号が無く、書簡集の編者は1824年から29年5月25日までの間に書かれたと推測。冒頭、「君に約束したトルコ煙草（Tabacco Turco）を送った」とある。

（43） *Aneddoti rossiniani autentici, raccolti da Giuseppe Radiciotti*. A. F. Formiggini, Roma, 1929. pp.121-122

（44） Morresi, *La cucina marchigiana Tra storia e folklore*, p.440

（45） Edmondo Corradi, *Gioacchino Rossini*, M.Carra e C, Roma, 1909. pp.51-52

（46） Horace-Napoleon Raisson, *Code gourmand, manuel complet de gastronomie, contenant les lois, règles, applications et exemples de l'art de bien vivre*, 2e Edition, Ambroise Dupont et Cie, Paris, 1827. p.161 この話は1829年版まで再録され、続

いてさまざまな美食文献に再録された。

(47) André Castelot, *L'Histoire à table*, Plon / Perrin, 1972. p.595

(48) Joseph Méry, *Un Diner chez Rossini*, in *Collection Hetzel, La cuisinière poétique par M. Charles Monselet*, M. Lévy frères & Hetzel, Paris, 1859. pp.95-99

(49) Ibid. pp.97-98

(50) *L'Aube* (Troyes), 15 janvier 1857 (p.1)

(51) *L'Écho des vallées*, 5 mars 1857 (p.1)

(52) Joseph Méry, *La Semiramide* (in *La Guerre du Nizam*, vol. III, Victor Magen. Hachette & Cie, Paris, 1847. pp.209-323.) pp.245, 252-253

(53) *Figaro-programme*, 21 Avril 1858 (p.2)

(54) フィオレンティーニの文章は博識の食通キュルノンスキー (Curnonsky, 1872-1956) の『美食の歓びと好奇心 (*Gaietés et curiosités gastronomiques*)』(パリ、1933年) にも引用されている。

(55) Marco Beghelli, *Braga e Rossini: lampi fugaci di un'amicizia artistica*, in *Bollettino del centro rossiniano di studi*. Anno LVI (2016), Fondazione Rossini, Pesaro, 2017. p.92

(56) この2通は未公表の書簡。ロッシーニ研究者ブルーノ・カーリ旧所蔵の書簡と資料を遺贈されたパオロ・デル・モーロ (Paolo Del Moro) 氏のご好意により複製を提供いただいた。ここに記して感謝する。

(57) *La Gazette de France*, 21 février 1860. (p.3)

(58) Giovanetti, *Rossini, raffinato gourmet*, p.122 個人所蔵の書簡からの部分引用で宛先と所有者に関する情報を欠く。

(59) Ibid.

(60) 2012年11月28日ロンドンのサザビーズ・オークション目録。https://www.sothebys.com/en/auctions/ecatalogue/2012/toscanini-l12413/lot.48.html

(61) Thierry Beauvert, *Rossini, Les Péchés de gourmandise*, Plume, Paris, 1997. p.158

(62) Franco Ridolfi, *A tavola con Rossini*, Pesaro, 1987. pp.17-18

(63) Jean-Camille Fulbert-Dumonteil, *Macaroni a la Rossini, «La France»* 7 mai 1887 (p.3)

(64) *La Salle à manger*, I, n.7 dicembre 1890. pp.107-108

(65) *Le Cultivateur*, 27 septembre 1891. pp.617-619『食卓の伝説 (Légendes de la table)』と改題され、「ある日、神の霊感で「ペーザロ風マカロニ (le macaroni à la Pesaro)」を考案したのはロッシーニだった」との新たな一行に前記の引用部分を続けている。

(66) *Souvenir - Le Macaroni de Rossini*, in *L'Événement*, 23 juillet 1898 (p.1) 文章に

僅かな異同あり。

(67) L.De Hegermann-Lindencrone, *In The Courts of Memory 1858-1875, from Contemporary Letters*, Harper & Brothers, New York, London, 1912. p.57

(68) ロッシーニ関連の文章の翻訳と解説は、水谷彰良「リリー・モールトンの書簡の中のロッシーニ」(『ロッシニアーナ』第40号、日本ロッシーニ協会、2020年。34-39頁) を参照されたい。

(69) Mario Nicolao, *La maschera di Rossini*, Rizzoli, Milano, 1990 (邦訳は『ロッシーニ仮面の男』小畑恒夫＝訳、音楽之友社、1992年) 引用は邦訳266頁

(70) L.De Hegermann-Lindencrone, *In The Courts of Memory 1858-1875*, p.59. ニコラーオはこれが逆説的な冗談であることを理解できず、「ロッシーニは素晴らしい音楽を書くが料理の方は恐ろしい」とオベールが語ったと書く (『ロッシーニ仮面の男』邦訳265頁)

(71) *Le Gaulois*, 15 mars 1869. (p.1)

(72) *La Petite Press*, 15 mars 1869. (p.2)

(73) *L'Illustration, Journal universel*, 10 Avril 1869. (p.240)

(74) 複製が AA.VV. *I péchés de vieillesse di Gioachino Rossini*, a cura di Massimo Fargnoli, Guida Editori, Napoli, 2015. p.114. に掲載されている。

(75) *Mes mémoires par Alexandre Dumas*, Tome 9, Michel Lévy frères, Paris, 1863. pp.10-11, 111-114

(76) ガイ・エンドア『パリの王様』河盛好蔵訳、講談社、昭和48年。36頁

(77) *Causerie macaronique* (*Le Monte-Cristo*, 03 juin 1858) pp.1-2 改行の場所を変更。デュマの話は続いて著名な女優アデライデ・リストーリ (Adelaide Ristori, 1822-1906) を妻に持つ貴族ジュリアーノ・カプラーニカ・デル・グリッロ侯爵 (Giuliano Capranica del Grillo, 1824-1892) のおかげで侯爵の家で夫人の調理するマカロニを供されたとし、そのレシピを掲げているが省略する。

(78) *M. Alexandre Dumas on Macaroni*, in *The Musical World*, 21 August 1858, pp. 534-535 これに先立ちニューオリンズの『タイムズ』紙にも掲載されている (*The Times-Picayune*, 04 Jul 1858. p.3)。

(79) *Le Petit journal*, 09 décembre 1863 (p.4) Alexandre Dumas, *Deuxième lettre "Mon cher Torelli"*

(80) *La Petite Press*, 23 novembre 1868 (p.4)

(81) Ibid., 01 décembre 1868 (p.2)

(82) アンドレ・モーロワ『アレクサンドル・デュマ』菊池映二訳、筑摩書房、1971年。300頁。なお、旧著『ロッシーニと料理』にはデュマがロッシー

ニ家の晩餐でマカロニを供された際の逸話をコッラーディ『ジョアッキーノ・ロッシーニ』40〜41頁から転載したが、出典が確認できず本書では除外した。

(83) *Le Constitutionnel*, 22, 23, 26, 28 june, 1849. 日本語訳と解説は、中山千夏子「A. デュマ「ロッシーニ家での晩餐」訳と解説」(『ロッシニアーナ』第42号、日本ロッシーニ協会、2022年。26-42頁)を参照されたい。

III

(1)『バルザック 風俗研究』山田登世子訳、藤原書店、1992年。162〜163頁

(2) 同前、164〜165頁

(3)「1822年」は『近代興奮剤考』が印刷された際の誤植で、バルザックが「1832年」とした可能性もある。

(4) *Balzac: Correspondance tome I. 1809-1835*, Édition de Roger Pierrot et Hervé Yon, Bibliothèque de la Pléiade, Gallimard, 2006. p.447

(5) Ibid. pp.899-900

(6) Balzac, *Lettres à Madame Hanska*, Tome 1, Robert Laffont, Paris, 1990. p.200

(7) Ibid. p.209

(8)『バルザック 風俗研究』166〜168頁

(9) *Balzac: Correspondance tome II. 1836-1841*, Édition de Roger Pierrot et Hervé Yon, Bibliothèque de la Pléiade, Gallimard, 2011. pp.372-374

(10) Geltrude Righetti-Giorgi, *Cenni di una donna già cantante sopra il maestro Rossini in risposta a ciò che nescrisse nella [e]state dell'anno 1822 il giornalista inglese in Parigi e fu riportato in una gazzetta di Milano dello stesso anno*, Sassi, Bologna, 1823. [Luigi Rognoni, *Gioacchino Rossini*, Torino, 1977. 2-ed.1981. pp.339-372], Capitolo XIII

(11) [Mazzatinti-Manis] *Rossini, Lettere*, pp.342-343 [13]

(12) Gioachino Rossini, *Lettere e documenti, IIIa: Lettere ai genitori.18 febbraio 1812 - 22 giugno 1830*, a cura di Bruno Cagli e Sergio Ragni, Fondazione Rossini, Pesaro, 2004. pp.401-403 [N.223] 及び426-428 [N.235]

(13)『グリルパルツァ自伝』佐藤自郎訳、名古屋大学出版会、1991年。214頁

(14) 次のイタリア語訳から重訳。[Carlo Barassi] *Lettere di Mendelssohn 1830-1847... vol. II*, Ulrico Hoepli, Milano, 1895. pp.107-108

(15) Gioachino Rossini, *Lettere e documenti, Vol. IV: 5 gennaio 1831 - posto 28 dicem-*

bre 1835, a cura di Sergio Ragni, Fondazione Rossini, Pesaro, 2016. pp.556-558 [N.1260]

(16) Ibid. pp.563-565 [N.1264]

(17) Ibid. pp.570-571 [N.1267]

(18) *Rossini à Paris, Musée Carnavalet, 1992*. pp.145-146

(19) [Mazzatinti-Manis] *Rossini, Lettere*, pp.312-314 [328]

(20) Rossini, *Lettere e documenti, IIIa*, pp.96-97 [N.54]

(21) ナポリのムスタッチョーリの詳細は次の記事を参照されたい。
https://www.lastampa.it/mare/2013/11/20/news/napoli-il-golfo-sa-di-mustaccioli-br-1.35958590

(22) [Mazzatinti-Manis] *Rossini, Lettere*, pp.179-180 [172]

(23) Ibid. pp.35-36 [24]

(24) Vincenzo Agnoletti, *Manuale del cuoco e del pasticciere di raffinato gusto moderno*, Tomo II, Nobili, Pesaro, 1834. pp.85-86

(25) [Mazzatinti-Manis] *Rossini, Lettere*, p.286 [296]

(26) Paolo Fabbri, *Rossini nelle raccolte Piancastelli di Forlì*, Libreria Musicale Italiana, Lucca, 2001. p.88 [CR.406.203]

(27) ビッフィのサイトは https://www.biffipasticceria.it/

(28) Rossini, *Lettere e documenti, IIIa*, pp.143-144 [N.78]

(29) Giovanetti, p.133（個人コレクションで詳細不明）

(30) Fabbri, p.187 [CR.405.214]

(31) Giovanetti, p.134 及び Fabbri, p.205 [CR.405.224]

(32) Ibid. 及び Fabbri, p.214 [CR.405.231]

(33) Ibid. 及び Carlini, p.140 [CR.405.347]

(34) Ibid.（個人コレクションで詳細不明）

(35) *Rossini à Paris, Musée Carnavalet, 1992*. p.145（3）

(36) メゾン・ヴィルモラン＝アンドリューに関する詳細は次のサイトを参照。
https://www.jardinsdefrance.org/vilmorin-grand-nom-service-de-lagriculture-de-lhorticulture-francaise/

(37) Alfredo Testoni, *Gioachino Rossini, quattro episodi della sua vita*, N. Zanichelli, Bologna, 1909. pp.222-223

(38) Alessandro D'Ancona, *Pagine sparse di literatura e di storia*, G. C. Sansoni, Firenze, 1914. p.309

(39) *Aneddoti rossiniani autentici, raccolti da Giuseppe Radiciotti*. A. F. Formiggini, Roma, 1929. pp.118-119

（40）Ibid. p.121

（41）L De Hegermann-Lindencrone, *In The Courts of Memory 1858-1875, from Contemporary Letters*, New York, Harper & Brothers, 1912. p.57

（42）Berto Bertù, *Lo spirito di Rossini (aneddoti)*, G. Federici, Pesaro, 1927. pp.171-173

（43）Ibid. p.173

（44）*Wit and Wisdom; Jokes, Conundrums, Sentiments, and Aphorisms*, Ward and Lock, London, 1860. p.107

（45）Paola Cecchini, *In cucina con Rossini*, Tecnoprint, Ancona, 1992. p.79

（46）*L'Esprit de Rossini*（*Les Annales politiques et littéraires*, 28 février 1892. pp.141-142）

（47）Eugenio Checchi, *Rossini*, G.Barbera, Firenze, 1898. pp.104-105

（48）Bertù, *Lo spirito di Rossini*, p.176（チェッキーニ『ロッシーニとキッチンで』にもアレンジされて掲載）

（49）Venturino Camaiti, *Gioachino Rossini; Notizie Biografiche, Artistiche e Aneddotiche*, Tip. Coppini e Bocconi, Firenze, 1887. p.30

（50）2018年に《クラリネットの独奏を伴う、グラス、皿、フィアスコとフライパンのためのバッカスの序奏》のブラスバンド用の楽譜がピカルバンド（Picarband）の編曲で出版されている（Mulph Edizioni）。これは『ロッシーニ風のユーモラスな３曲（Tre brani umoristici alla Rossini）』のうちの１曲で、他の２曲は器楽用に編曲した《愉快な猫の二重唱》（《２本のフルートと……さまざまな猫のための滑稽二重唱 Duetto buffo per due flauti e...diversi gatti）》）、シロフォン独奏のための《短い消化のワルツ…豪勢な昼食の後の（*Breve Polka digestiva... dopo un lauto pranzo*）》である。それらは偽作もしくは他の楽曲のブラスバンド用編曲であって真作ではない。

（51）Arturo Codignola, *Paganini intimo*, Edito a cura del municipio, Genova, 1935. pp.362-363

（52）Antonio Zanolini, *Biografia di Giochino Rossini*. Nicola Zanichelli, Bologna, 1875. p.86. n.1

（53）*Aneddoti rossiniani autentici*, p.103

（54）Bertù, *Lo spirito di Rossini*, pp.65-66（チェッキーニ『ロッシーニとキッチンで』にもアレンジされて掲載）

（55）*Larousse gastronomique sous la dir. de Patrice Maubourguet et Laure Flavigny*, Paris, Larousse, 1996. pp.912-913

（56）*Der Humorist*, 23 oktober 1844（p.1019）第255号の第３面。

（57）*Lettre à Rossini, À propos d'Othello.*（*La revue des deux mondes*. Octobre 1844.

pp.160-178), pp.176-177. n.2

(58) Eduard Maria Oettinger, *Rossini; l'homme et l'artiste*, traduit de l'allemand avec l'autorisation de l'auteur, par P. Royer, Tome III, A. Schnée, Bruxelles et Leipzig, 1858. p.11

(59) *Le Figaro*, 03 juin 1858 (p.7)

(60) 原著は Ernst Wilhelm Heine, *Wer ermordete Mozart? Wer enthauptete Haydn?*, Diogenes Verlag, Zürich, 1984 と *Wie starb Wagner? Was geschah mit Glenn Miller?*, Diogenes Verlag, Zürich, 1985. 問題の記述は邦訳124頁以下を参照されたい。

(61) *Le Figaro*, 07 août 1856 (p.1)

(62) Carl Van Vechten, *Music and Cooking* (in *The Merry-Go-Round*), Alfred A. Knopf, New York, 1918. p.168

(63) Alexis Azevedo, *G Rossini, Sa vie et ses œuvres*, Heugel, Paris, 1864. pp.309-310

Ⅳ

(1) [Mazzatinti-Manis] *Rossini, Lettere*, pp.249-250 [255]

(2) ダスティ『ナポリのロッシーニ』は1816年のナポリを舞台とする4幕の喜劇。ロッシーニ、コルブラン、バルバーイアを登場人物とするが、充分な成功を得られなかった。

(3) Gioachino Rossini, *Lettere e documenti, Vol. IIIa: Lettere ai genitori.18 febbraio 1812 - 22 giugno 1830*, a cura di Bruno Cagli e Sergio Ragni, Fondazione Rossini, Pesaro, 2004. p.77 [N.42]

(4) Ibid. p.85 [N.47] バルバーイアをバルバーリア Barbaglia と誤記。

(5) Ibid. p.91 [N.51]

(6) ロッシーニの手紙では Antoni、Antonio、Tognino、Tonino と書かれる。

(7) Ibid. pp.128-129 [N.69]

(8) Ibid. pp.143-144 [N.78]

(9) Ibid. pp.256-257 [N.140]

(10) Ibid. pp.296-298 [N.165]

(11) Ibid. p.374 [N.206]

(12) Gioachino Rossini, *Lettere e documenti, Vol. II: 21 marzo 1822 - 11 ottobre 1826*, a cura di Bruno Cagli e Sergio Ragni, Pesaro, Fondazione Rossini, 1994. pp.481-483 [N.575]

(13) Gioachino Rossini, *Lettere e documenti, Vol. III: 17 ottobre 1826 - 31 dicembre*

1830, a cura di Bruno Cagli e Sergio Ragni, Fondazione Rossini, Pesaro, 2000. pp.578-580［N.940］フランス語の手紙で「Saucissons et Sanpetti」とあるのを編者の注釈から「Zampetto e Zampone」とした。ザンペットはザンポーネの蹄の部分。

(14) Gioachino Rossini, *Lettere e documenti, Vol. IV: 5 gennaio 1831 - posto 28 dicembre 1835*, a cura di Sergio Ragni, Fondazione Rossini, Pesaro, 2016. pp.345-349［N.1165］

(15) Ibid. pp.359-360［N.1173］ 2月9日付の父宛の手紙にもあらためて「サラミがとても美味しかった」と記している（Ibid. p.367［N.1176］）。

(16) Ibid. pp.517-518［N.1239］及び n.7

(17) Ibid. pp.525-526［N.1244］編者は前年12月1日の手紙でロッシーニが求めた品とするが、父が2か月後に発送するとは考えにくく、新たな求めに応じたものであろう。そのことは2週間後の2月13日付の手紙で品物が届いたと報せたことでも分かる（Ibid. pp.538-539［N.1252］）。当時ボローニャからパリまでの配送に2週間かからなかったので、前年12月1日に依頼された品は同月半ばに届いたと思われる。

(18) Gioachino Rossini, *Lettere e documenti, Volume V, 1 gennaio 1836 - 28 aprile 1839*, a cura di Sergio Ragni e Reto Müller, Fondazione Rossini, Pesaro, 2021. pp.22-24［N.1405］

(19)［Mazzatinti-Manis］*Rossini, Lettere*, pp.57-58［43］の年号（1835）を誤読と判断した Giovanetti, p.59. は1838年としたが、Rossini, *Lettere e documenti, Volume V*, p.670.［N.1718］は1839年を採用。

(20) アスコリのオリーヴの定義と原産地名称保護の詳細は次の文書を参照。
https://www.regione.marche.it/Portals/0/Agricoltura/qualita/disciplinare_oliva_ascolana_del_piceno_29marzo2012.pdf

(21) 旧著ではオリーヴに詰め物をした「アスコラーナ風オリーヴ（Le olive all'ascolana）」別名「詰め物をしたアスコリのオリーヴ（Olive ripiene all'Ascolana / Olive ascolane farcite）」のレシピを掲げたが、ジョヴァネッティによればその調理法は19世紀末に生み出されたので割愛する。

(22)［Mazzatinti-Manis］*Rossini, Lettere*, p.87［71］（*Lettere e documenti, Vol.V* の N.1711に再掲載）

(23) Ibid. pp.64-65［49］は1835年とするが、1839年に変更した（Giovanetti, p.59及び p.177参照）。

(24) Ibid. p.96［81］

(25) Ibid. pp.107-108［91］

（26）Ibid. pp.115-116［98］
（27）Ibid. pp.123-124［105］
（28）Ibid. p.130［110］
（29）Ibid. pp.133-134［113］
（30）Ibid. p.146［128］
（31）Ibid. pp.135-136［115］は日付を1月30日とするが、12月30日と訂正した（Paolo Fabbri, *Rossini nelle raccolte Piancastelli di Forlì*, Libreria Musicale Italiana, Lucca, 2001. p.75参照）。
（32）Ibid. pp.259-260［266］
（33）Giovanetti, p.60 手紙のオリジナルはスポレート市立図書館所蔵。写真は次のサイトに掲載。
https://berenice.over-blog.it/article-gioacchino-rossini-la-musica-il-risorgimento-e-i-tartufi-eccellenti-di-spoleto-121118492.html
（34）略伝は Enzo Piscitelli, ACCURSI, Michele, in *Dizionario Biografico degli Italiani*, Volume 1（1960）ネット版は https://www.facebook.com/JapanRossini/
（35）Tipicamente Umbria のサイト https://www.tipicamenteumbria.it/tag/tartufo/ による。ウルバーニ社とウルバーニ・トリュフ博物館のサイトは1852年創業とするだけで瓶詰による輸出に関する記述がない。
（36）スポレート市立図書館所蔵。内容は次の記事を参照されたい。
https://www.liberoquotidiano.it/news/regioni/800331/musica-a-spoleto-a-cena-con-gioachino-rossini-2.html
（37）トレーヴィのヴィーノ・サントについては次のサイトを参照されたい。
https://www.vinosano.com/vin-santo-di-trevi-un-vino-scomparso-che-meriterebbe-di-essere-riscoperto/
（38）A cura di Luigi Verdi, *Rossini a Bologna, note documentarie in occasione della mostra 'Rossini a Bologna'*, Pàtron Editore, Bologna, 2000. p.114
（39）［Mazzatinti-Manis］*Rossini, Lettere*, pp.134-135［114］
（40）Ibid. pp.156-157［143］
（41）Fabbri, p.113［CR405.130］
（42）［Mazzatinti-Manis］*Rossini, Lettere*, pp.187-188［182］
（43）Ibid. p.192［186］
（44）Franco Schlitzer, *Rossiniana; contributo all'epistolario di G. Rossini*, Quaderni dell'Accademia Chigiana XXXV, Siena, 1956. pp.25-26
（45）Fabbri, p.134［CR.405.155］
（46）［Mazzatinti-Manis］*Rossini, Lettere*, pp.222-223［220］

(47) Ibid. p.223. n.1
(48) Ibid. p.223 [221]
(49) 個人所蔵。掲載はロッシーニの家のデジタル複製より。
(50) Fabbri, p.181 [CR.405.211] 3月 8 日付のカテラーニ宛の手紙でベッレンターニへの支払いに言及（[Mazzatinti-Manis] *Rossini, Lettere*, pp.232-233 [234]）。
(51) [Mazzatinti-Manis] *Rossini, Lettere*, pp.234-235 [236]
(52) Ibid. pp.239-240 [242]
(53) Ibid. pp.249-250 [235]
(54) Ibid. pp.293-294 [303] カテラーニは1859年にバロックの作曲家アレッサンドロ・ストラデッラに関する論文をロッシーニに献呈し、これに先立つ部分でストラデッラについて語られている。
(55) Ibid. pp.294-295 [304]
(56) 現在のベッレンターニのサイトは https://bellentani1821.com/
(57) [Mazzatinti-Manis] *Rossini, Lettere*, p.284 [293]
(58) Fabbri, p.192 [CR.406.148]
(59) Schlitzer, *Rossiniana*, pp.31-32
(60) F. Giarelli, *Rossini e il «Gorgonzola» I. Gazzetta musicale di Milano*, 27 Giugno 1886. p.197
(61) [Mazzatinti-Manis] *Rossini, Lettere*, pp.256-257 [261]
(62) *Rossini e il «Gorgonzola»* I, p.198に楽譜と共に掲載。
(63) Ibid. pp.197-198
(64) Ibid. p.198
(65) *Rossini e il «Gorgonzola»* II. Gazzetta musicale di Milano, 11 Luglio 1886. p.211
(66) Ibid. p.211ロッシーニは1836年に初めて汽車に乗って鉄道嫌いになり、以後二度と乗らなかった。
(67) Ibid.
(68) Ibid.
(69) Ibid. pp.211-212
(70) Ibid. p.212
(71) Cia Carlini, *Gioacchino Rossini, lettere agli amici*, Istituti Culturali della Città di Forlì, 1993. p.182 [CR. 405.72]
(72) 書簡全文は Ibid. p.185 [CR.405.78] そこではチーズとのみ書かれている。
(73) 1990年のサザビーズ・オークション目録のイタリア語の原文より。
(74) [Mazzatinti-Manis] *Rossini, Lettere*, pp.141-142 [123]
(75) Rossini, *Lettere e documenti, Vol. V*, pp.457-459 [N.1608], pp.460-461 [N.1609],

pp.476-477［N.1616］

（76）Ibid. pp.497-498［N.1625］良い状態で届いたと感謝する手紙は2月13日付と2月20日付（pp.507-508［N.1630］及びp.510［N.1632］）

（77）Giovanetti, p.124 個人コレクションで詳細不明

（78）［Mazzatinti-Manis］*Rossini, Lettere*, p.192［186］

（79）Fabbri, p.126［CR405.580］

（80）Carlini, p.221［CR 405.342］

（81）パリの公立病院連合アーカイヴ所蔵。写真複製はGiovanetti, p.130

（82）Fabbri, p.212［CR. 405.228］

（83）Carlini, p.222［CR.405.343］

（84）Ibid. p.224［CR.405.345］

（85）Giovanetti, p.123 個人コレクションで詳細不明

（86）［Mazzatinti-Manis］*Rossini, Lettere*, pp.43-45［31］

（87）Rossini, *Lettere e documenti, Vol. V*, pp.460-461［N.1609］ロッシーニは12月20日付の手紙であらかじめ「あなたは友人たちに分配するために幾つかのストラッキーノを間もなく受け取るでしょう」と予告していた（pp.457-459［N.1608］）

（88）Ibid. pp.484-485［N.1620］

（89）［Mazzatinti-Manis］*Rossini, Lettere*, pp.83-84［65］（*Lettere e documenti, Vol. V* のN.1644に再掲載。ロッシーニは3月26日付のゾーボリ宛の手紙でルイージがコック見習の忠誠心に責任を負うことに満足している。Ibid. p.539［N.1646］）

（90）Ibid. pp.108-109［92］アンチッロから贈られた魚を食べて嘔吐したことをユーモラスに表現している。

（91）Ibid. pp.134-135［114］

（92）全文はCarlini, p.88［CR.405.269］3月5日は消印による。

（93）全文はIbid. p.131［CR.405.311］

（94）全文はIbid. p.140［CR.405.320］

（95）Fabbri, p.76［CR405.292］ヴェリカノフ（Velicanof）はファッブリによるが、全文を掲載したCarlini, p.113はその部分の文字を「判読不明」とする。

（96）Carlini, p.119［CR405.298］

（97）［Mazzatinti-Manis］*Rossini, Lettere*, pp.185-186［180］

（98）Fabbri, p.129［CR405.150］ロッシーニはもう一つほしいと記している。

（99）［Mazzatinti-Manis］*Rossini, Lettere*, pp.200-201［196］

（100）Ibid. p.204［200］

(101) Ibid. pp.220-221［218］
(102) カテラーニ宛の礼状［Mazzatinti-Manis］*Rossini, Lettere*, pp.232-233［234］
(103) Ibid. pp.112-113
(104) Fabbri, p.142［CR405.172］
(105) Ibid. p.193［CR405.247］日付は編者による推測。
(106) Ibid. p.195［CR405.337］
(107) Ibid. p.200［CR405.221］
(108) Ibid. p.341［s.d. 10］
(109) Ibid. n.1
(110) *Gazzetta musicale di Milano*, 29 febbraio 1892（p.20）
(111) Giuseppe Radiciotti, *Gioacchino Rossini.Vita documentata. Opere ed influenza su l'arte, II*, Arti Grafiche Majella, Tivoli, 1928. p.208による引用。
(112) Rossini, *Lettere e documenti, Vol. IV*, pp.340-342［N.1163］
(113) 文面は1993年12月パリのドルオ＝リシュリュー・オークション目録のフランス語訳と紹介文に基づく。
(114) 同前
(115) *Catalogue général de l'Exposition Universelle de 1867 à Paris, publié par la commission impériale, Deuxième partie (groupes VI à X)*, Dentu, Paris, 1867. p.192
(116) 以上３点の写真は次の二つのサイトに掲載。
https://www.21secolo.news/rossini-e-il-suo-rapporto-con-napoli-alla-nazionale/
https://www.flickr.com/photos/70125105@N06/39091577430
(117) Fabbri, p.223［CR.405.239］
(118) Ibid.［CR.406.16］
(119) 1864年11月８日付（Fabbri, p.208［CR.405.227］）及び11月14日付（Giovanetti, p.102）、1865年11月24日付（Ibid. p.215［CR.405.232］）、1866年12月16日付（Ibid. p.222［CR.405.238］）、1867年10月８日付（Ibid. p.229［CR. 405.241］）

V

(１) *La France musicale*, 01 janvier 1860（p.259）ダンタンが造ったもう一つはマイアベーアのブロンズ像である。
(２) *Le Gaulois*, 8 jullet 1860（p.2）
(３) Théophile Gautier, *Les Jeunes France, romans goguenards*, E. Renduel. Paris, 1833.

p.366

（4）Charles Virmaître et Élie Frébault, *Les Maisons Comiques*, P. Lebigre-Duquesne, Paris, 1868. pp.183-184

（5）Chatillon-Plessis, *La vie à table à la fin du XIXe siècle: théorie, pratique et historique de gastronomie moderne...* Firmin-Didot, Paris, 1894

VI

（1）チッコリーニ＋山口昌男《祝祭としての音楽》（『音楽の手帖 サティ』青土社、1981所収）144頁

（2）Franz Liszt. *Correspondance, Lettres choisies*, présentées et annotées par Pierre-Antoine Huré et Claude Knepper., M&M. J-C-Lattès, 1987. pp.430-431

（3）Giuseppe Radiciotti, *Gioacchino Rossini. Vita documentata. Opere ed influenza su l'arte, II*, Arti Grafiche Majella, Tivoli, 1928. pp.384-385

（4）Gioachino Rossini, *Lettere e documenti, IIIa: Lettere ai genitori.18 febbraio 1812-22 giugno 1830*, a cura di Bruno Cagli e Sergio Ragni, Pesaro Fondazione Rossini, 2004. pp.392-393［N.218］

（5）Arthur Lawrence, *Sir Arthur Sullivan; Life-Story, Letters, and Reminiscences*, James Bowden, London, 1899. pp.53-54

（6）Herbert Sullivan & Newman Flower, *Sir Arthur Sullivan: His Life, Letters and Diaries*, Cassell & Company, Ltd, London, 1927. p.43

（7）*Le Chronique illustrée*, 28 février 1869（p.4）

（8）Luigi Rognoni. *Gioacchino Rossini*, Giulio Einaudi, Torino, 1968/2ed. 1977. p.247

（9）《城館のアルバム（Album de château）》第9曲と《ピアノ、ヴァイオリン、チェロ、ハルモニウム、ホルンのためのアルバム（Album pour piano, violon, violoncello, harmonium et cor）》第5曲。《純血種のタランテッラ》は「行列の通過付き」、「合唱、ハルモニウム、随意の鐘」を伴うと書かれているが、現存する楽譜はピアノ独奏曲。

（10）*Revue et Gazette Musicale*, 08 April 1866. p.110

（11）*Œuvres posthumes de Rossini, publiée sous la direction de A.-E. Vaucorbeil*, in 3 series, Heugel et Fils, Paris, 1880-1885

（12）*Quaderni Rossiniani, vol.II*, Fondazione Rossini, Pesaro, 1954. *-vol.XV*, 1968. *-vol.XIX*, 1976

（13）*Edizione critica delle opere di Gioachino Rossini, VII-2*, Fondazione Rossini, Pesaro,

1989

（14） Alessandro Marangoni, Rossini Complete Piano Music, Péchés de vieillesse, Naxos 8.501306（CD13枚 Box Set）

VII

（1） Honoré de Balzac, *La Duchesse de Langeais*（Bibliothèque de la Pléiade, 1977, tome V）, p.909

（2） 1812年３月24日付。Gioachino Rossini, *Lettere e documenti,IIIa*, pp.6-9［N.2］

（3） 1812年５月10日付。Ibid. pp.12-13［N.4］

（4） Stendhal, *Correspondance I 1800-1821*, Bibliothèque de la Pléiade, Gallimard, 1968. pp.1049-1051

（5） ザイフリート『ベートーヴェンの学習』（セイヤー『ベートーヴェンの生涯』〈下〉、大築邦雄訳、音楽之友社、1974年。922頁）

（6） Leigh Hunt, *Letters from Abroad, Letter III. Italy*（in *The Liberal. Verse and Prose from the South*, vol. II, Printed for John Hunt, London, 1822. pp.47-65）pp.47-51

（7）『美食家年鑑』の書名は1829年刊の書誌 *Bibliographie de la France : ou Journal général de l'imprimerie et de la librairie*, Pillet Aine, Paris. p.2 によれば *Almanach des Gourmands, servant de guide aux convives et aux amphytrions, dédié à M.Rossini, par Périgord cadet*. Troisième année, Baudouin Frères / Charles-Béchet, Paris, 1829. 献辞「Dédicace à M. Rossini, le plus illustre des musiciens gourmands」は Anselm Gerhard, *The Urbanization of Opera: Music Theater in Paris in the Nineteenth Century*, University of Chicago Press, Chicago & London, 1998. p.483 に基づく。

（8） Dictionnaire général de la cuisine française ancienne et modern, 2-ed. Plon frères, Paris, p.562

（9） 料理の詳細はジャン＝ポール・アロン『食べるフランス史』佐藤悦子 訳、人文書院、1985年。31-33頁を参照されたい。

（10） カレームの生涯については不明な点が多く、文献間のデータも一致せず整合性を欠く。旧著ではカレーム生誕200年記念展目録（*L'art culinaire au XIXe siècle Antonin Carême 1784-1984, Catalogue de l'exposition à l'Orangerie de Bagatelle à Paris*, Délégation À L'action Artistique De La Ville de Paris, 1984）を基に略述したが、本書では他の文献も参照して記述を改めた。

（11） Marquis de Cussy, *L'art culinaire*, Chapitre VIII（*Dictionnaire de la conversation et de la lecture*, Tome VIII, Belin-Mandar, Paris, 1835. p.330）この部分の執筆者

は Frédéric Fayot と思われる。

(12) ゲラルド・べヴィラクワのロッシーニ宛の手紙、1819年5月10日付。Gioachino Rossini, *Lettere e documenti, Volume II*, pp.370-373 [N175]

(13) ロッシーニの訪問以前にパリのイタリア劇場で上演されたのは次の12作——1817年《アルジェのイタリア女》、1819年《幸せな間違い》《セビーリャの理髪師》、1820年《イタリアのトルコ人》《トルヴァルドとドルリスカ》、1821年《試金石》《オテッロ》《泥棒かささぎ》、1822年《イングランド女王エリザベッタ》《タンクレーディ》《ラ・チェネレントラ》《エジプトのモゼ》

(14) Lady Morgan, *France in 1829-30, Saunders and Otley*, London, 1830. (Vol. II, Dinner Giving, pp.402-420)

(15) *Les classiques de la table*, Paris, 1843 に転載されたフランス語訳（Lady Morgan, *Un dîner chez M. le comte de Ségur et chez Madame de Rothschild au château de Boulogne*) pp.511-512

(16) Antonin Carême, *Souvenirs écrits par lui-même (Inédits)* [*1833*] *(Les Classiques de la table*, ed. Frédéric Fayot, Dentu, Paris, Dentu, 1844. pp.453-464) pp.463-464

(17) Antonin Carême, *L'Art de la cuisine française au XIXe siècle*, Tome I (Chez L'auteur, Paris, 1833) pp.291-292（ロッシーニ風のレシピは pp.132-133及び212-213）なお、第2巻の箴言（アフォリズム）に「偉大な医師と音楽家は偉大な美食家である。その証拠は名高いブルセ、ロック、ロッシーニ、ボワエルデューである」と書かれている (Ibid. Tome II, Paris, 1833. p.iij.)

(18) *La Presse*, 20 juin 1845 (p.3) ロッシーニがカレームに献呈した未出版のシャンソネットの楽譜が目の前にあると記しているが、自筆譜は未発見。

(19) 詳細は中山千夏子「スクリーブと《パリのロッシーニ、あるいは大宴会》—パリはロッシーニをいかに受け容れたか」（日本ロッシーニ協会紀要『ロッシニアーナ』第38号、2018年。1-22頁）を参照されたい。

(20) 以下、歓迎宴会に関する記述は日本ロッシーニ協会ホームページ掲載の水谷彰良「パリにおけるロッシーニ作品の受容（1816～1830年）」より一部表記を変更して転載。

(21) ハイネ『ミュンヘンからジェノヴァへの旅』鈴木謙三／鈴木和子訳（『ハイネ散文作品集』第2巻、松籟社、1990年。162～163頁

(22) ハイネ『告白』土井義信訳（『世界文学大系78 ハイネ』筑摩書房、1964年、360頁

(23) ハイネ『フローレンス夜話』井上正蔵訳（『世界文学大系78 ハイネ』筑摩書房、1964年、12頁　タイトルと固有名詞を一部変更して引用。

(24) Heinrich Heine, *Cronache musicali 1821-1847*, a cura di Enrico Fubini, Discanto edizioni, Fiesole, 1983. pp.10-22より要点を抽出。

(25) Ibid. pp.56-60より要点を抽出。

(26) ゴーティエによる初演批評の詳細は、中山千夏子（訳と解説）「テオフィル・ゴーティエ　評論「ロッシーニの《スタバト・マーテル》」（1842年）」（『ロッシニアーナ』第37号所収）を参照されたい。

(27) Heine, *Cronache musicali 1821-1847* より重訳

(28) *La France musicale*, 17 novembre 1843（p.306）

(29) *La Press*, 13 août 1838（p.1）

(30) *Le Figaro*, 19 mai 1839（p.2）

(31) Wilhelm von Lenz, *Die grossen Piano-virtuosen unserer Zeit aus persönlicher Bekanntschaft*, B. Behr's Buchhandlung, Berlin, 1872. p.25

(32) 以上３通の手紙は *Rossini à Paris, Musée Carnavalet (27 Octobre - 31 décembre 1992)*, Société des Amis du Musée Carnavalet, Paris, 1992. p.144

(33) 日付なし。Paolo Fabbri, *Rossini nelle raccolte Piancastelli di Forlì*, p.129［CR. 407.59］

(34)［Mazzatinti-Manis］*Rossini, Lettere*, pp.209-210［206］

(35) *Della vita privata di Giovacchino Rossini : memorie inedite del professore Filippo Mordani*, Tip. d'Ignazio Galeati e figlio, Imola, 1871. pp.3-5

(36) Ibid. pp.20-21, pp.23-24

(37) Hector Berlioz, *Correspondance Générale V: March 1855-August 1859*, Flammarion, Paris, 1989. p.95. ベルリオーズは続いてフランツ・リスト宛の手紙に、ロッシーニと再会した詩人メリが涙にくれ、ロッシーニ夫妻やエスキュディエらがもらい泣きした様子を記している（６月７日付。Ibid. p.100）

(38) Edmond Michotte, *Souvenirs personnels : La Visite de R. Wagner à Rossini (Paris 1860)*, Librairie Fischbacher, Paris, 1906. pp.13-14

(39) リヒャルト・ヴァーグナー『わが生涯』山田ゆり訳、勁草書房、1986年。713頁

(40)『ロッシニアーナ』第41号（2021年）の拙稿「再説「ロッシーニと料理」——自筆レシピ、逸話の起源とメニュー」。ドイツ・ロッシーニ協会の事務局長レート・ミュラー氏にも報告した。

(41) *L'Indépendance Belge*, 5 février 1860（p.2）

(42) *Journal du Cher*, 7 février 1860（p.2）

(43) グラダンについては https://data.bnf.fr/fr/16609296/gustave_grandin/ 参照

(44) ジャコメッリの記事「ロッシーニとヴァーグナー／真実」は中山千夏子

「E・ミショット『ワーグナーのロッシーニ訪問』――その読解と背景の考察」(『ロッシニアーナ』第41号、2021年)83～84頁に翻訳が掲載。

(45) *Richard Wagner an Mathilde Wesendonk: Tagebuchblätter und Briefe 1853-1871*, Neunte Auflage. Alexander Duncker, Berlin, 1904. p.211

(46) Eduard Hanslick, *Musikalische Erinnerungen aus Paris (1860), Ein Besuch bei Rossini.* (*Bollettino del Centro rossiniano si studi*, Anno XLIV, Fondazione Rossini, Pesaro, 2004. Appandice 2. pp.160-161 原文とイタリア語訳)

(47) *Le Charivari*, 11 juillet 1867 (p.3)

(48) *Le Ménestrel*, 03 janvier 1869 (pp.37-38)

(49) ミショットのロッシーニに関する文章とその諸問題については、Reto Müller, *Gli scritti su Rossini di Edmond Michotte* 及び *I testi* (*Bollettino del Centro rossiniano di studi*, Anno XLIV, Fondazione Rossini, Pesaro, 2004. pp.59-63 及び pp.65-157) を参照されたい。

(50) *Le Ménestrel*, 03 janvier 1869 (pp.37-38)

(51)《タンホイザー》初演が3回で打ち切られた後にロッシーニを出元とする新たな警句が現れ、ロッシーニはこれを否定すべくヴァーグナーを招いたが、ヴァーグナーは応じなかったといわれる。

(52) *Recent music and musicians as described in the diaries and correspondence of Ignatz Moscheles*, H. Holt and company, New York, 1873. p.402

(53) *Le Ménestrel*, 30 avril 1865 (p.170) 自筆ファクシミリは Henri Blaze de Bury, *Meyerbeer: Sa vie, ses oeuvres, et son temps*, Heugel et Cie, Paris, 1865 に掲載。

(54) 以下リコルディの証言は Giulio Ricordi, *Conosco Gioachino Rossini* (*Gazzetta Musicale di Milano*, 29 febbraio 1892. pp.18-20) に基づく。

(55) *Le Ménestrel*, 29 septembre 1867 (p.351)

(56) Ibid. 08 mars 1868 (p.118) 及び *La France musicale*, 08 mars 1868 (p.75)

(57) Fabbri, pp.230-237 [CR.405.548]

(58) [Mazzatinti-Manis] *Rossini, Lettere*, pp.329-333 [342]

(59) *Le Ménestrel*, 04 Octobre 1868 (p.359)

(60) *Le Figaro*, 29 septembre 1868 (p.3)

(61) ロッシーニの病状と死までの詳細は水谷彰良「ロッシーニ最後の4年間(1865～1868年)」(『ロッシニアーナ』第41号、日本ロッシーニ協会、2021年。1-49頁(改訂版を日本ロッシーニ協会ホームページに掲載)の28頁以降を参照されたい。

(62) Antonio Zanolini, *Vita di Gioachino Rossini*, Zanichelli, Bologna, 1875. p.151

(63) *La France musicale*, 15 novembre 1868 (p.357)

(64) *Revue et Gazette Musicale*, 15 novembre 1868 (p.361)

ロッシーニの料理

(1) La grande cocotte, 17 dicembre 1976. YouTube に動画がアップされている。
https://www.youtube.com/watch?v=7WYb-UDN22w

(2) *Grand dictionnaire universel du XIXe siècle*. Tome 15, 1876. p.561

(3) Joseph Roques, *Histoire des champignons comestibles et vénéneux*, Hocquart aîné, Gosselin, Treuttel et Wurtz, Paris, 1832 (レシピは p.165)

(4) ロケスについては *Grimod de La Reynière et son groupe: d'après des documents entièrement inédits* / par Gustave Desnoiresterres, Didier et Cie, Paris, 1877の p.279以下を参照されたい。

(5) Joseph Roques, *Histoire des champignons comestibles et vénéneux*, Fortin et Masson, Paris, 1841 (レシピは p.417)

(6) *Les Classiques de la table*, Paris, P. Martinon, 1844 (p.542) 同書初版 (1843) はレシピ未掲載。

(7)「エストラゴン風味の家禽のパン」の項目やレシピは『古典料理』初版に無く、1864年刊の第2版に追加された。そこでの「家禽のパン、ロッシーニ風」のレシピは内容が変更されているので省略する (1864年版の p.283を参照されたい)。

(8) 現代のそれは結婚式のウェディングケーキとして作られたクロカンブーシュ。『古典料理』のイラストは Planche No.29より。

(9) Urbain Dubois et Émile Bernard, *La Cuisine classique*, Dentu, Paris, 1868. Tome I, p.264. この記述はデュボワが単独で出版した *École des Cuisinières. Méthodes élémentaires, économiques, cuisine, patisserie, office*, Dentu, Paris, 2ème edition, 1875. p.LX に踏襲されている。

参考文献

本書執筆に利用した文献・文書の主要なものを刊行年順に掲げる。

美食、料理（ロッシーニ関係を含む）

Antonin Carême, *Le Pâtissier royal parisien*, 2-vols, J. G. Dentu, Paris, 1815

Jean Anthelme Brillat-Savarin, *Physiologie du goût, ou Méditations de gastronomie transcendante*, 2-vols, A. Sautelet et Cie, Paris, 1826（Gabriel de Gonet, Paris, 1848 及び『美味礼讃（上）（下）』関根秀雄・戸部松実 訳、岩波文庫、1967年）

A. B. de Périgord [i.e. H.N. Raisson], *Nouvel almanach des gourmands: servant de guide dans les moyens de faire excellente chère*, Baudouin Frères, Paris, 1825-1827

Horace-Napoleon Raisson, *Code gourmand, manuel complet de gastronomie, contenant les lois, règles, applications et exemples de l'art de bien vivre*, 2e Edition, Ambroise Dupont et Cie, Paris, 1827

Joseph Roques, *Histoire des champignons comestibles et vénéneux*, Hocquart aîné, Gosselin, Treuttel et Wurtz, Paris, 1832

Antonin Carême, *L'art de la cuisine française au dix-neuvième siècle*, chez L'Auteur, Paris, 3 vols, 1833-1835

Antonin Carême, *Souvenirs écrits par lui-même (Inédits)* [1833]（*Les Classiques de la table*, ed. Frédéric Fayot, Dentu, Paris, Dentu, 1844）

Vincenzo Agnoletti, *Manuale del cuoco e del pasticciere di raffinato gusto moderno*, 3-vols, Nobili, Pesaro, 1834

[Marquis de Cussy], *L'art culinaire*, ChapitreVIII（*Dictionnaire de la conversation et de la lecture*, Tome VIII, Belin-Mandar, Paris, 1835

La Gastronomie : revue de l'art culinaire ancien et moderne, 23 février 1840

Joseph Roques, *Histoire des champignons comestibles et vénéneux*, Fortin et Masson, Paris, 1841

Les Classiques de la table, Paris, Au dépôt, rue Thérèse; Dentu, Tresse, J. Renouard et Cie, Mansut, Maison, Amyot, 1843

Armand Plumerey, *L'art de la cuisine française au dix-neuvième siècle*, Dentu [etc.], Paris,

1843-1844
Les Classiques de la table, chez Martinon, Paris, 1844
Dictionnaire général de la cuisine française ancienne et modern, 2-ed. Plon frères, Paris, 1853
Urbain Dubois et Émile Bernard, *La Cuisine classique, études pratiques, raisonnées et démonstratives de l'école française appliquée au service à la russe*, 2 vols. Chez les auteurs, Paris, 1856
Joseph Méry, *Un Diner chez Rossini*, in *Collection Hetzel, La cuisinière poétique par M. Charles Monselet*, M. Lévy frères & Hetzel, Paris, 1859
F. Vidalein, *La Cuisinière des familles, ou Traité de la cuisine domestique enseignée par des préceptes à la portée de toutes les intelligences*, E. Dentu, Paris, 1864
Jules Gouffé, *Le livre de cuisine: comprenant la cuisine de ménage et la grande cuisine*, L. Hachette, Paris,1864
Urbain Dubois et Émile Bernard, *La Cuisine classique, études pratiques, raisonnées et démonstratives de l'école française...*, [2ème Édition], E. Dentu, Paris, 1864
Ibid. 3ème Édition, 2 vols. E. Dentu, Paris, 1868
Alexandre Dumas [et D.-J. Vuillemot], *Le grand dictionnaire de cuisine*, Alphonse Lemerre, Paris, 1873
Gustave Desnoiresterres. *Grimod de La Reynière et son groupe: d'après des documents entièrement inédits*, Didier et Cie, Paris, 1877
Urbain Dubois et Émile Bernard, *La Cuisine classique, études pratiques, raisonnées et démonstratives de l'école française*, 2 vols. E. Dentu, Paris, 1882
F. Giarelli, *Rossini e il «Gorgonzola» I e II*, in *Gazzetta musicale di Milano*, 27 Giugno 1886 ([I] pp.197-198) / 11 Luglio 1886 ([II] pp.211-212)
Jean-Camille Fulbert-Dumonteil, *Macaroni a la Rossini*, «*La France*» 7 mai 1887
Georges Vicaire, *Bibliographie gastronomique: la cuisine, la table, l'office, les aliments, les vins, les cuisiniers et les cuisinières, les gourmands et les gastronomes, l'économie domestique... depuis le XVe siècle jusqu'à nos jours...*, Rouquette et fils, Paris, 1890
Lucien Tendret, *La table au pays de Brillat-Savarin*, Belley, Louis Bailly fils, 1892
Chatillon-Plessis, *La vie à table à la fin du XIXe siècle, Théorie pratique et historique de gastronomie modern*, Firmin-Dido et Cie, Paris, 1894
Auguste Escoffier, *Le guide culinaire, aide-mémoire de cuisine pratique*, Aux Bureaux de l'Art Culinaire, Paris, 1903
Le Livre des menus: complément indispensable du "Guide culinaire" par A. Escoffier avec la collaboration de MM. Philéas Gilbert et Émile Fétu, Paris, 1912

Carl Van Vechten, *Music and Cooking* (*in The Merry-Go-Round*), Alfred A. Knopf, New York, 1918

Curnonsky et Gaston Derys, *Gaietés et curiosités gastronomiques*, Librairie Delagrave, Paris, 1933

Nouveau Larousse Gastronomique, Libraire Larousse, Paris, 1967

Raymond Oliver, *The French at table*, Wine and Food Society, London, 1967

André Castelot, *L'Histoire à table*, Plon / Perrin, 1972

Massimo Alberini, *4000 Anni a tavola, Dalla bistecca preistorica al pic-nic sulla luna*, Fratelli Fabbri Editori, Milano, 1972

Nicla Mazzara Morresi, *La cucina marchigiana Tra storia e folklore*, Fratelli Aniballi, Ancona, 1978

Ada Urbani, *In cucina con il tartufo*, Fratelli Melita, Milano, 1983

L'Art Culinaire au XIXème siècle, Antonin Carême,1784-1984, Délégation à l'action artistique de la Ville de Paris, Government publication, Paris, 1984

ジャン＝ポール・アロン『食べるフランス史』佐藤悦子 訳、人文書院、1985年

北山晴一『美食と革命』三省堂、1985年

宇田川悟『食はフランスにあり』講談社、1986年

Franco Ridolfi, *A tavola con Rossini*, Pesaro, 1987

A cura di Emilio Faccioli, *L'arte della cucina in Italia, Libri di ricette e trattati sulla civiltà della tavola dal XIV al XIX secolo*, Giulio Einaudi, Torino, 1987

ジャン＝フランソワ・ルヴェル『美食の文化史』福永淑子・鈴木顕 訳、筑摩書房、1989年

Georges Bernier, *Antonin Carême, 1783-1833: la sensualité gourmande en Europe*, Grasset, Paris, 1989.

Grande enciclopedia illustrata della gastronomia, Selezione dal Reader's Digest, Milano, 1990

Paola Cecchini, *In cucina con Rossini*, Tecnoprint, Ancona, 1992

水谷彰良『ロッシーニと料理』透土社、発売：丸善、1993年

Larousse gastronomique sous la dir. de Patrice Maubourguet et Laure Flavigny, Paris, Larousse, 1996

Thierry Beauvert, *Rossini, Les Péchés de gourmandise*, Éditions Plume, Paris, 1997

水谷彰良『ロッシーニと料理』新版、透土社、発売：丸善、2000年

イアン・ケリー『宮廷料理人アントナン・カレーム』村上彩 訳、ランダムハウス講談社、2005年

a cura di Giuseppe Giovanetti, *Rossini, raffinato gourmet: Ambasciatore del gusto europeo,*

Il cigno di Pesaro edizione d'autore, 2015
Reto Müller, *Rossini-Autografe entdeckt: Testamente und ein Rezept*, (*La Gazzetta*, Zeitschrift der Deutschen Rossini Gesellschaft e.V. 29. Jahrgang 2019)
Christian Volbracht, *Zu schön, um nicht wahr zu sein. Rossini und die Trüffeln. Ein neues Kapitel zum Thema Die Trüffel. Fake & Facts*. MykoLibri, Hamburg, 2021
Christian Volbracht, *Rossinis Makkaroni und die Spritze* (*La Gazzetta*, Zeitschrift der Deutschen Rossini Gesellschaft e.V. 31. Jahrgang 2021)
水谷彰良「再説 ロッシーニと料理――自筆レシピ、逸話の起源とメニュー」(『ロッシニアーナ』第41号、日本ロッシーニ協会、2021年。123-140頁)
水谷彰良「〈注入したマカロニ、ロッシーニ風〉の起源」(『ロッシニアーナ』第42号、日本ロッシーニ協会、2022年。43-51頁)
水谷彰良「書簡の中の美食家ロッシーニ」「トゥルヌド・ロッシーニの謎」(『ロッシニアーナ』第43号、日本ロッシーニ協会、2023年。1-22頁及び23-32頁)

ロッシーニの書簡、史料、楽譜、文献

a. 書簡とドキュメント

Lettere di G. Rossini.,Raccolte e annotate per cura di G. Mazzatinti - F. e G. Manis, Firenze, G.Barbera Editore, 1902 本書では復刻版を出典とする ([Mazzatinti-Manis] *Rossini, Lettere*, Passigli Editori, Firenze, 1980)
Gioachino Rossini, *Lettere e documenti:*
— *Volume I, 29 febbraio 1792 - 17 marzo 1822*, a cura di Bruno Cagli e Sergio Ragni, Fondazione Rossini, Pesaro, 1992
— *Volume II, 21 marzo 1822 - 11 ottobre 1826*, a cura di Bruno Cagli e Sergio Ragni, Fondazione Rossini, Pesaro, 1996
— *Volume III, 17 ottobre 1826 - 31 dicembre 1830*, a cura di Bruno Cagli e Sergio Ragni, Fondazione Rossini, Pesaro, 2000
— *Volume IIIa, Lettere ai genitori. 18 febbraio 1812 - 22 giugno 1830*, a cura di Bruno Cagli e Sergio Ragni, Fondazione Rossini, Pesaro, 2004
— *Volume IV, 5 gennaio 1831 - posto 28 dicembre 1835*, a cura di Sergio Ragni, Fondazione Rossini, Pesaro, 2016
— *Volume V, 1 gennaio 1836 - 28 aprile 1839*, a cura di Sergio Ragni e Reto Müller, Fondazione Rossini, Pesaro, 2021
Fondo lettere Rossini (Collezione privata Paolo Del Moro [ex collezione Bruno Cagli]), Roma, Inedito.

b.《老いの過ち》の楽譜

Œuvres posthumes de Rossini, publiée sous la direction de A.-E. Vaucorbeil, in 3 series, Heugel et Fils, Paris, 1880-1885

Quaderni Rossiniani, 19-vols, Fondazione Rossini, Pesaro, 1954-76（ピアノ曲：Vol.II, X, XIV-XIX）

[*Le lazzarone. Chansonette de cabaret*]: *Edizione critica delle opere di Gioachino Rossini, VII-2*, Fondazione Rossini, Pesaro, 1989

c. ロッシーニ文献（伝記・研究など）

Geltrude Righetti-Giorgi, *Cenni di una donna già cantante sopra il maestro Rossini in risposta a ciò che nescrisse nella [e]state dell'anno 1822 il giornalista inglese in Parigi e fu riportato in una gazzetta di Milano dello stesso anno*, Sassi, Bologna, 1823（Luigi Rognoni, *Gioacchino Rossini*, Giulio Einaudi, Torino, 1977. 2-ed. 1981）

Stendhal, *Vie de Rossini*, Chez Auguste Boulland et Cie, Paris, 1824

Eduard Maria Oettinger, *Rossini; l'homme et l'artiste*, traduit de l'allemand avec l'autorisation de l'auteur, par P. Royer, 3-vols, A. Schnée, Bruxelles et Leipzig, 1858

Eduard Hanslick, *Musikalische Erinnerungen aus Paris (1860), Ein Besuch bei Rossini*（*Bollettino del Centro rossiniano si studi*, Anno XLIV, 2004. Fondazione Rossini, Pesaro, 2004）

Lettre à Rossini, À propos d'Othello（*La revue des deux mondes*. Octobre 1844）

Alexis Azevedo, *G Rossini, Sa vie et ses œuvres*, Heugel, Paris, 1864

Charles Virmaître et Élie Frébault, *Les Maisons Comiques*, P. Lebigre-Duquesne, Paris, 1868

Della vita privata di Giovacchino Rossini : memorie inedite del professore Filippo Mordani, Tip. d'Ignazio Galeati e figlio, Imola, 1871

Lodovico Settimo Silvestri, *Della vita e delle opere di Gioachino Rossini*, A spese dell'autore, Milano, 1874

Antonio Zanolini, *Biografia di Giochino Rossini*. Nicola Zanichelli, Bologna, 1875

Venturino Camaiti, *Gioachino Rossini; Notizie Biografiche, Artistiche e Aneddotiche*, Tip. Coppini e Bocconi, Firenze, 1887

Giulio Ricordi, *Conosco Gioachino Rossini*（*Gazzetta Musicale di Milano*, 29 febbraio 1892）

Eugenio Checchi, *Rossini*, G.Barbera, Firenze, 1898

Edmond Michotte, *Souvenirs personnels : La Visite de R. Wagner à Rossini (Paris 1860)*, Librairie Fischbacher, Paris, 1906

Edmondo Corradi, *Gioacchino Rossini*, M.Carra e C, Roma, 1909
Alfredo Testoni, *Gioachino Rossini, quattro episodi della sua vita*, N. Zanichelli, Bologna, 1909
Berto Bertù, *Lo spirito di Rossini (aneddoti)*, G. Federici, Pesaro, 1927
Giuseppe Radiciotti, *Gioacchino Rossini. Vita documentata. Opere ed influenza su l'arte*, 3-vols, Arti Grafiche Majella, Tivoli, 1927-1929
Aneddoti rossiniani autentici, raccolti da Giuseppe Radiciotti. A. F. Formiggini, Roma, 1929
Arnaldo Fraccaroli, *Rossini*, A. Mondadori, Verona, 1941
Franco Schlitzer, *Rossiniana; contributo all'epistolario di G. Rossini*, Quaderni dell'Accademia Chigiana XXXV, Siena, 1956
Luigi Rognoni, *Gioacchino Rossini, Nuova edizione riveuta e aggionata*, Giulio Einaudi, Torino, 1977. 2/ed. 1981
[a cura di Mauro Bucarelli], *Rossini 1792-1992 Mostra storico-documentaria*, Electa, Perugia, 1992
Rossini à Paris, Musée Carnavalet (27 Octobre - 31 décembre 1992) [Catalogue rédigé par Jean-Marie Bruson], Société des Amis du Musée Carnavalet, Paris, 1992
Cia Carlini, *Gioacchino Rossini, lettere agli amici*, Istituti Culturali della Città di Forlì, 1993
a cura di Luigi Verdi, *Rossini a Bologna, note documentarie in occasione della mostra 'Rossini a Bologna'*, Pàtron Editore, Bologna, 2000
Paolo Fabbri, *Rossini nelle raccolte Piancastelli di Forlì*, Libreria Musicale Italiana, Lucca, 2001
Jean-Marie Bruson, *Olympe Pélissier, la seconde Madame Rossin* (*Rossini in Paris Tagungsband*, Leipziger Universitätsverlag, Leipzig, 2002)
Reto Müller, *Gli scritti su Rossini di Edmond Michotte* (*Bollettino del Centro rossiniano di studi*, Anno XLIV, Fondazione Rossini, Pesaro, 2004)
水谷彰良「ロッシーニのピアノ音楽――その近代性と魅力の秘密」(『ロッシニアーナ』第26号、日本ロッシーニ協会、2004年。53-82頁
AA.VV. *I péchés de vieillesse di Gioachino Rossini*, a cura di Massimo Fargnoli, Guida Editori, Napoli, 2015
Marco Beghelli, *Braga e Rossini: lampi fugaci di un'amicizia artistica*, (*Bollettino del centro rossiniano di studi*. Anno LVI, Fondazione Rossini, Pesaro, 2017)
水谷彰良「パリにおけるロッシーニ作品の受容（1816〜1830年）」(2014 / 2018年。日本ロッシーニ協会ホームページ掲載)

中山千夏子（訳と解説）「テオフィル・ゴーティエ　評論「ロッシーニの《スタバト・マーテル》」（1842年）」（『ロッシニアーナ』第37号、日本ロッシーニ協会、2017年。5-12頁）
水谷彰良「時代を駆け抜けた天才」（「東京・春・音楽祭2018」プログラム所収）
中山千夏子「スクリーブと《パリのロッシーニ、あるいは大宴会》ーパリはロッシーニをいかに受け容れたか」（『ロッシニアーナ』第38号、日本ロッシーニ協会、2018年。1-22頁）
吉田牧子 訳「ジョアキーノ・ロッシーニについて知っていることージューリオ・リコルディが見たロッシーニ（1867年）」（同前、23-27頁）
水谷彰良「リリー・モールトンの書簡の中のロッシーニ」（『ロッシニアーナ』第40号、日本ロッシーニ協会、2020年。34-39頁）
水谷彰良「ロッシーニ最後の４年間（1865〜1868年）」（『ロッシニアーナ』第41号、日本ロッシーニ協会、2021年。1-49頁。改訂版を日本ロッシーニ協会ホームページに掲載）
中山千夏子「Ｅ・ミショット『ワーグナーのロッシーニ訪問』——その読解と背景の考察」（同前、50-92頁）
水谷彰良「1822年ヴィーンのロッシーニ旋風とその背景——ベートーヴェン時代のヴィーンとロッシーニの受容」（『ロッシニアーナ』第42号、日本ロッシーニ協会、2022年。1-25頁。改訂版を日本ロッシーニ協会ホームページに掲載）

19世紀の新聞・雑誌

記事の日付、引用と詳細は本文とその註を参照されたい。

La Pandore, Paris, 1823
La Mode, Paris, 1837
La Presse, Paris, 1838, 1840, 1842, 1845
Le Figaro, Paris, 1839, 1856, 1858, 1860, 1868
La Commerce, Paris, 1840
The London Magazine, London, 1840
Revue et gazette musicale, Paris, 1840, 1845, 1866, 1868
La France musicale, Paris, 1843, 1860, 1868
Der Humorist, Wien, 1844
Le Globe, Paris, 1845

La France, Paris, 1845, 1887
Le Phare, Paris, 1845
L'Aube, Troyes, 1857
L'Écho des vallées, Bagnères-de-Bigorre, 1857
Figaro-programme, Paris, 1858
Le Monte-Cristo, Paris, 1858
The Musical World, New York, 1858
The Times- Picayune, New Orleans, 1858
La Gazette de France, Paris, 1860
L'Indépendance, Belge, Brussels, 1860
Le Gaulois, Paris, 1860
L'Indépendance, Belge, 1860
Journal du Cher, Bourges, 1860
Le Petit journal, Paris, 1863
Lo Spirito folletto, Milano, 1864, 1865
Le Ménestrel, Paris, 1865, 1867, 1868, 1869
Le Moniteur universel, Paris, 1866
Le Philosophe, Paris, 1867
La Liberté, Paris, 1867
Le Charivari, Paris, 1867
Le Messager du Midi, Montpellier, 1868
La Petite Press, Paris, 1868
L'Illustration, Journal universel, Paris, 1869
La Chronique illustrée, 1869
L'Ordre de Paris, Paris, 1879
L'Événement, Paris, 1886, 1898
La famille, Paris, 1889
La Salle à manger, Paris, 1890
Le Cultivateur, Québec, 1891
Gazzetta musicale di Milano, Milano, 1892
Les Annales politiques et littéraires, Paris, 1892
Il Pasquino, Torino, 1892
L'Événement, Paris, 1898

デュマ、バルザック、ハイネ

Alexandre Dumas, *Un dîiner chez Rossini* (Constitutionnel, 22 juin 1849)

Alexandre Dumas, *Causerie macaronique* (*Le Monte-Cristo*, 03 juin 1858)

Alexandre Dumas, *Deuxième lettre a un prétendu gourmand napolitain* (*Le Petit journal*, 09 décembre 1863)

Mes mémoires par Alexandre Dumas, Tome 9, Nouvelle édition, Calmann Lévy, Paris, 1870

Grand dictionnaire de cuisine / par Alexandre Dumas [et D.-J. Vuillemot], A. Lemerre, Paris, 1873

Henri Blaze de Bury, *Mes études et mes souvenirs; Alexandre Dumas sa vie, son temps, ses œuvres*, Calmann Lévy, Paris, 1885

アンドレ・モーロワ『アレクサンドル・デュマ』菊池映二訳、筑摩書房、1971年

ガイ・エンドア『パリの王様』河盛好蔵訳、講談社、1973年

Claude Schopp, *Dictionnaire Dumas*, CNRS Édition, Paris, 2010

中山千夏子（訳と解説）「A. デュマ「ロッシーニ家での晩餐」」（『ロッシニアーナ』第42号、日本ロッシーニ協会、2022年。26-42頁）

Honoré de Balzac, *La Comédie humaine*, 12-vols, Bibliothèque de la Pléiade, 1976-1981

ロベール・クルティーヌ『食卓のバルザック』石井晴一、渡辺隆司 共訳、柴田書店、1979年

Balzac, *Lettres à Madame Hanska*, édition établie par R. Pierrot, 2-vols, Robert Laffont, Paris, 1990

『バルザック 風俗研究』山田登世子訳、藤原書店、1992年

Balzac: Correspondance tome I. 1809-1835, Édition de Roger Pierrot et Hervé Yon, Bibliothèque de la Pléiade, Gallimard, 2006

Balzac: Correspondance, tome II. 1836-1841 [...], Gallimard, 2011

ハイネ『告白』土井義信訳、『フローレンス夜話』井上正蔵訳（『世界文学大系 78 ハイネ』筑摩書房、1964年）

Heinrich Heine, *Cronache musicali 1821-1847*, a cura di Enrico Fubini, Discanto edizioni, Fiesole, 1983

ハイネ『ミュンヘンからジェノヴァへの旅』鈴木謙三／鈴木和子訳（『ハイネ散文作品集』第二巻、松籟社、1990年

その他

Leigh Hunt, *Letters from Abroad, Letter III. Italy*（in *The Liberal. Verse and Prose from the South*, vol.II, Printed for John Hunt, London, 1823. pp.47-65）

Eugène Scribe et Édouard-Josephe-Ennemond Mazères, *Rossini à Paris, ou Le grand dîner*, Pollet, Paris, 1823

Lady Morgan, *France in 1829-30*, Saunders and Otley, London, 1830

Théophile Gautier, *Les Jeunes France, romans goguenards*, E. Renduel. Paris, 1833

Biographie universelle et portative des contemporains, ou, Dictionnaire historique des hommes vivants, et des hommes morts depuis 1788 jusqu'a nos jours, F.G. Levrault, Paris, 1834（Vol.V）

Wit and Wisdom; Jokes, Conundrums, Sentiments, and Aphorisms, Ward and Lock, London, 1860

[Pierre Larousse] *Grand Dictionnaire Universel du XIXe siècle*, 15-vols. Administration du Grand Dictionnaire Universel, Paris, 1866-1876

Catalogue général de l'Exposition Universelle de 1867 à Paris, publié par la commission impériale, Deuxième partie (groupes VI à X), Dentu, Paris, 1867

[Berlioz] *Mémoires de Hector Berlioz*, 2-vols, Calmann Lévy, Paris, 1870. 2-ed. 1878

Wilhelm von Lenz, *Die grossen Piano-virtuosen unserer Zeit aus persönlicher Bekanntschaft*, B. Behr's Buchhandlung, Berlin, 1872

Recent music and musicians as described in the diaries and correspondence of Ignatz Moscheles, edited by his wife and adapted from the original German by A. D. Coleridge, H. Holt and company, New York, 1873

[Carlo Barassi] *Lettere di Mendelssohn 1830-1847*, 2-vols, Ulrico Hoepli, Milano, 1895

Richard Wagner an Mathilde Wesendonk: Tagebuchblätter und Briefe 1853-1871, Neunte Auflage. Alexander Duncker, Berlin, 1904

Lillie de Hegermann-Lindencrone, *In The Courts of Memory 1858-1875, from Contemporary Letters*, Harper & Brothers, New York, 1912

Alessandro D'Ancona, *Pagine sparse di literatura e di storia*, G. C. Sansoni, Firenze, 1914

太田黒元雄『水の上の音楽』（第一書房、大正14年［1925］）

Vincenzo Bindi, *Gaetano Braga. Da' ricordi della sua vita*, Francesco Giannini & figli, Napoli, 1927

Arturo Codignola, *Paganini intimo*, Edito a cura del municipio, Genova, 1935

Stendhal, *Correspondance I 1800-1821*, Bibliothèque de la Pléiade, Gallimard, 1968

セイヤー『ベートーヴェンの生涯』〈上〉〈下〉、エリオット・フォーブズ校訂、大築邦雄 訳、音楽之友社、1974年

チッコリーニ＋山口昌男《祝祭としての音楽》（『音楽の手帖 サティ』青土社、1981年所収）

エルネスト・W・ハイネ『大作曲家の死因を探る　音楽ミステリー』市原和子訳、音楽之友社、1986年

リヒャルト・ヴァーグナー『わが生涯』山田ゆり訳、勁草書房、1986年

エーゴン・フリーデル『近代文化史 3』宮下啓三訳、みすず書房、1988年

Franz Liszt, *Correspondance: Lettres choisies, présentées et annotées par Pierre-Antoine Huré et Claude Knepper*, J.C. Lattès, 1987

Hector Berlioz, *Correspondance Générale V: March 1855-August 1859*, éditée sous la direction par Hugh J. Macdonald et François Lesure, Flammarion, Paris, 1989

Edmond et Jules de Goncourt, *Journal, Mémoires de la vie littéraire*, 3-vols, Robert Laffont, Paris, 1989

Adrian Williams, *Portrait of Liszt, By Himself and His Contemporaries.*, Clarendon Press, Oxford, 1990

『グリルパルツァ自伝』佐藤自郎訳、名古屋大学出版会、1991年

水谷彰良「失意のオタマジャクシ料理人」（『日本経済新聞』1993年10月 6 日（文化欄）

Anselm Gerhard, *The Urbanization of Opera: Music Theater in Paris in the Nineteenth Century*, University of Chicago Press, Chicago & London, 1998

瀬尾まいこ『そして、バトンは渡された』文藝春秋、2018年

索引
（人名・作品名）